論祕密社會的叛亂

一個微觀社會學的視角

潘榮飲 著

文 史 哲 學 集 成

文史哲出版社印行

國家圖書館出版品預行編目資料

論祕密社會的叛亂：一個微觀社會學的視角
/潘榮飲著. -- 初版. -- 臺北市：文史哲,
民 106.06
　　頁； 公分（文史哲學集成；699）
　ISBN 978-986-314-369-7（平裝）

　1.祕密社會　2.中國

546.992　　　　　　　　　　106008432

文史哲學集成　　699

論祕密社會的叛亂
一個微觀社會學的視角

著　　者：潘　　　榮　　　飲
出版者：文　史　哲　出　版　社
http://www.lapen.com.tw
e-mail：lapen@ms74.hinet.net
登記證字號：行政院新聞局版臺業字五三三七號
發行人：彭　　　正　　　雄
發行所：文　史　哲　出　版　社
印刷者：文　史　哲　出　版　社
臺北市羅斯福路一段七十二巷四號
郵政劃撥帳號：一六一八〇一七五
電話886-2-23511028・傳真886-2-23965656

定價新臺幣三八〇元

2017 年 （民一〇六） 六 月 初 版

自 序

　　本書是作者博士論文改寫而成，文中除了第一章前言和第六章結論有較大的修改，其他章節修改有限，除此，題目也做了適度的更名。

　　當初選擇歷史社會學，以清代秘密社會做為研究主體，是個人對學習需要的考量，加上一點點的衝動。作者跨領域進入社會學後，主要的學術訓練並不涉及歷史社會學；事實上，歷史一直不是我的主要興趣，但歷史確實很重要，所以當我迷失於理論的迷霧，一時找不到出路時，一股強烈的念頭督促我回到經驗事實中去尋找學習的一線生機。但一開始作者對歷史社會學領域作者所知有限，只能邊學邊寫，殊不知此舉開啟作者一連串災難的大門。首先，作者放棄自己熟悉的範疇，跨足一個相對陌生的領域，是高估自己，也是低估歷史社會學，吃苦頭可想而知。

　　接下來的災難發生在題目的選擇上，秘密社會研究在社會學界是冷課題，至少在我所蒐集的文獻中，未曾發現社會學界有任何相關的研究。不過，我選擇以秘密社會做為研究主體，或多或少也是基於這個理由，「想研究比較特別的東西！」這是我對指導教授質問的回答。作者一開始是想借用 Toqueville「舊

制度與大革命」的概念，分析清代秘密社會和中國近代民主革命的關係。指導教授卻說，革命議題太多人談，既然要特別的，就研究秘密社會的「社會連帶」。教授這步指導棋下得輕鬆，我接得相當辛苦，因為 Durkheim 的理論一直以來就是我的死穴，因為沒興趣，所以鮮少接觸，接下來的日子可想而知。所幸經過無數次的折騰、責難、爭論，終於弄出一篇指導教授滿意的研究計劃，然而，那已經是兩年以後的事。

回到正題，所以，從社會學的角度而言，本書到底可以爭辯或證成什麼？清代秘密社會包括秘密教派和會黨兩大宗，其中以白蓮教系統和天地會系統影響最大。大部份人談到清代秘密社會，腦中浮出的不外乎神秘、暴力、革命等等印象，但讀者是否查覺，截至目前，秘密教派或會黨的許多影子依然在現今生活周遭若隱若現。也就是說，一般認為的神秘性、暴力性和革命性的民間秘密結社，一直以來都與我們的日常生活脈動相連，不曾離開我們。即便現代現政治對類似的民間組織有相對較好的治理方式，秘密社會的歷史殘影卻總在某個時機出現社會的某個角落，攪動一湖春水，輕者濺起一些水花，重者波濤洶湧，就像社會的不定時炸彈，不知什麼時候被引爆。因此，如果我們只因白蓮教和天地會在清代發動集體暴力，便認為這樣的集體政治暴力行動都是邏輯的必然，因而接受傳統古樸反抗研究的說法，例如天災人禍、官逼民反等；甚至認為存在某種本質的因果關係支配了秘密社會的集體行動，以為所有的秘密結社都必然走向集體暴力，就像統治者直接在官方文獻上稱他們為「教匪」、「會匪」一樣，採用本質主義的思維，未審先

判，忽略了由秘密社會本身的特質與社會條件共同形成集體行動的可能。所以本書提出不同的認識進路。

「社會連帶」的概念是由 Durkheim 發揚光大，談的是社會脈絡形成及其影響，和另一位古典社會家 Simmel 的看法形成對比，所以本書的理論對話，兩位大師是主要對象。社會脈絡及生活習性如何影響秘密社會走向叛亂一途，主題的確夠吸引人，但如何可能是本書的分析重點。作者無意反駁官逼民反及天災人禍對民間秘密結社叛亂的影響，相反的，作者肯定這樣的因素是存在的。但歷史在另一個側面告訴我們，這些因素只在解釋秘密社會什麼時候、什麼地點、有那些人發動叛亂時有效；它無法解釋，他們為什麼可以被動員，如此快速，而且力量龐大。應該有特別的生存形式存在其中，形成行動機制，例如結構性的文化習性、社會關係脈絡以及特殊的信仰系統和方式等。如果清代的秘密社會叛亂的原因有遠近和內外在之分，天災人禍和官逼民反是近因，是外在因素，是它們點燃了叛亂之火；而特殊的信仰、習性和社會脈絡則是遠因，它們屬於內在而長期形成的因素。前者是可視的，可以輕易被鉅型視角所觀察；後者不可視性，因為它們隱藏於日常生活，是微觀的，而這正是本書所要證成的部份。本書還有一個附帶的目的，即透過分析清代秘密叛亂的微觀因素，以更逼近真實的方式，捕捉和揭示清代底層社會生活樣態。把社會學關於日常生活的觀察方式帶進歷史研究雖非作者的首創，用以研究秘密社會，確實前無古人。

寫論文的日子說長不長，說短也不短，卻嚐盡人生酸甜苦

辣。人無遠慮，也有近憂，指導教授黃金麟博士在我寫論文期間罹病，無法全程指導，我在承受不同壓力下逐步完成論文，就在我畢業前一個月老師溘然逝世，成了我求學之路最大的憾事。作者出版論文正是為了紀念黃老師，做為他的關門弟子，這是我唯一能做的。

潘榮飲 於台中市

論秘密社會的叛亂
一個微觀社會學的視角

目　　次

第一章 問題的提出

　　秘密結社指非官方的、不受官方認可的、或不公開的民間自主性結社。[1]由於「非官方」和「自主性」在某些特殊脈絡下含有對現有統治權挑戰的意味，秘密結社常被統治者視為具有潛在危險的群體，而被放在對立的一面。古典中國社會的民間結社有悠久的歷史傳統，就現實所呈現的形態來說，民間結社既可以是一種有社交或互助機能的民間社團，也可以是秘密運作的地下社會。前者對安定社會提供了一定程度的助益，所以在中國傳統的政治治理範疇受到倚重；相對來說，後者對社會

1　社會學少見針對「秘密社會」進行定義，但 Simmel 是個例外，他把「秘密社會」架構在「秘密的社會」脈絡之下。「秘密的社會」指人在社會互動過程存在許多不能公開的秘密，不能公開是為了維繫人與人交往能順利進行，使社會互動成為可能。用直白的話來說，就是「說謊」，它不一定是善意的謊言，但對維持人際關係有重要而正面的功能。「相互信任」被 Simmel 視為秘密社會的首要內部關係，團體內的人都要相信彼此能信守保密的要求，保密的目的就是保護。所以，當一個集團中的成員把他們的存在和社會其他人對立、孤立起來時，為了生存的必要，他們必須共同對團體以外的人說謊（不承認團體的存在或自己屬於該團體的成員）。說謊和保守秘密一體兩面，秘密社會做為社會形式之一，他們的存在，以及回應生存的方式都具有特殊性，例如他們會通過集體力量的保護，回應各種破壞團體的外力。見 Georg Simmel，林榮遠譯：《社會學—關於社會形式的研究》(北京：華夏出版社，2002)

安定構成威脅，統治者自然不能接受它們的存在。[2]本書所關注
的對象就是存在於清代不被統治者接受的民間秘密社團。從歷
史事實來看，秘密結社成員的集體行為雖不符合民間及官方普
遍的期待，卻能在歷史上佔有重要的一頁。他們只是草根性的
組織，卻從其日常社會行為發展出許多政治和社會相關的歷史
議題，值得關注。因此，秘密社會如何在日常生活建構集體行
動的能力，又與他們走向集體暴力如何形成的相關性，是本書
關懷的主軸。

　　結社在中國社會既是一種生活方式，民間結社當然不會隨
時間消聲匿跡，而是從普遍性的結社，分裂為政治上的合法與
不合法。基於民間結社不同的功能性，歷代中國統治者對民間
結社通常採取監視與合作兩種策略，標準取決於對結社者行為
在政治監管下的可視與不可視，秘密結社因為它們日常活動的
不可視，是受政治監視的一類。清代社會受監視的民間結社，
以會黨和秘密教派最具代表性。結社常與集體行動聯想在一
起，這是統治者所以在意民間結社的原因之一，因為集體行動
一旦形成，就屬政治問題，在這個意義之下，清代秘密社會集
體行動的原因就格外令人好奇。民間結社的集體行動多半受到
官方的嚴密監視，但秘密宗教結社和會黨都不在一般性的社團
的範疇，有的更進一步成為具有政治企圖或實際進行政治實踐

2　「秘密社會」一詞乃學術用語，源於西語 secret society，秘密社會之所以是「秘
　　密的」，是它們不受政治統治者的承認，因此，和一般民間社團的差異主要依
　　據政治權力對他們合法與否的界定。統治權力界定民間社團合法與否的標準，
　　乃根據民間社團是否侵犯人民正常生活和統治權的完整。

的團體。這種演變過程必然有許多條件交雜，除了外在宏觀條件，也有微觀力量在其間生成。宏觀因素與民變之間的因果有較高的可視性，相關研究容易入手，相較之下，微觀因素甚少被做為分析對象，本書則以此做為挑戰。

結黨在傳統中國政治思想上並不具正當性，這是中國社會長期受儒家思想影響的結果，儒學相當程度左右了中國傳統文人對包括民間組織在內的各類結社的價值判斷，直到有民間社團和現代「革命」建立連繫，秘密結社的歷史價值才被重新估量。但重新評估其歷史價值不代表重新認識秘密社會的歷史，我們從清代末期起看到許多對秘密結社不同描述的歷史敘事，這些敘事往往具有強烈的目的性，似乎有一隻不看見的手操縱著史學家對清代秘密社會的歷史書寫，這種現象持續到二十世紀中後期。很明顯的，清末以降，華文學界對清代秘密結社的研究始終受特殊議題的支配，例如，從陶成章的《教會源流考》主張「教、會合一」，到上世紀七〇年代，清代秘密結社研究經常擺盪在兩個主要議題之間。第一個議題是「民族革命」，這個議題延續清末革命黨人的主張，把秘密社會的集體行動用不精確的民族主義附會之。另一個議題是在馬克思主義史觀「指導」下，把中國歷史上所有民間叛亂一概視為「農民」起義。這兩種主題都因隱含強烈的意識形態及目的論，所以常遭到當代學者的質疑。

過度目的論把歷史事件概括為某個特定的範疇，抹煞人類歷史的社會性演出，這是本書發問的初衷。社會學相信，社會性的形成來自社會場域中人與人互動的總成，它構成人類歷史

的主要軌跡。因此，充滿活力的民間社會，應該是架構歷史的重要動力，歷史的時間與空間所含納的事物，無一不與民間社會的行動發生關係。歷史應該就是一部人類的生活史，在流動的時間向度裡，人類行為所以成為有意義的歷史，是因為部份的人類在流動時間的某個空間進行影響人類社會的活動。因此，當我們思考歷史事件的場景建成，應該同時思考事件中人類群體在歷史空間發生什麼有意義的交集，尤其是人們日常行動如何與人類的歷史、文化、社會演進所發生的意義。

人類如何讓日常中的文化對歷史和社會產生意義，首要條件必須是人與人共同的創造，舉凡合作、團結、仇恨、鬥爭、服從、反抗，都需要在兩個人以上的場域才會發生。一個人無法單獨完成他的歷史，歷史既是時間的，也是空間的。一個人孤獨的老去只在時間上有意義，它意味生命的存在和消逝，但空間在這個時候沒有歷史意義，因為沒有其他的人分享及紀錄他與空間所發生的一切。如同人類學家的發現：人類是在相互的關係中而不是孤立地營造他們各自的文化。[3]人類的歷史，應該從人類的共同行為中去梳理。同樣的道理，秘密社會的歷史，應該透過他們自身的日常行動去發掘，而非僅僅依賴一個大結構的設想理論化他們的生活細節。

職是，審視清代秘密社會的歷史意義時，選擇深入他們的生活互動內容是必要的。秘密社會成員來自平常人家，他們遵循某種生活規範，這些規範的源頭與尋常百姓的道德要求沒有

---

3 Eric R. Wolf，趙丙祥、劉傳珠、楊玉靜等譯：《歐洲與沒有歷史的人民》(上海：世紀出版社，2006)，頁1。

太多差異，但秘密社會發動或參與政治暴力卻又讓我們無法把他們的行為與尋常的道德要求連結。合理的解釋是，秘密社會有特殊的互動機制，因而創造出不同的價值體系，此體系受到某些內在自發性的特質所影響。換言之，是秘密社會以自身的特殊性，透過他們互動與習性，產生不同於一般性民間結社的社會形成。

　　「社會的形成」意謂秘密社會形成的過程存在著具有社會意義的某些理由，並且隱藏在「形成過程」的動態中，也就是 Simmel 關於社會形式論述中「成為社會」[4]基本概念。但為什麼是秘密社會？就過去的研究文獻，我們已經意識到，大部份針對清代秘密社會（主要對象為白蓮教和天地會）的集體政治暴力歷史敘事被鉅型理論所支配，因而產生許多當下對這類話語權威的質疑和知識合法性的爭議。例如在政治、經濟、民族優勢意識下，秘密社會的反抗敘事被限制在一定的範疇：階級的、國家的、種族的，看不到底層回應外在壓力和操作自己命運的真實樣態。如果「底層」是一個被社經地位定義出來的社會事實，那麼他們的反抗不過是被動的（例如在階級的脈絡下解釋各種反抗），這與秘密社會的自主性格有所衝突。

　　或許，結社的自主性不能類推反抗的自主性，但秘密結社在中國社會由來已久，白蓮教總是在關鍵時刻從沉默的底層竄

---

4 「成為社會」（德文 vergesellschaftung）是一種社會轉變的動態過程，大陸學者譯為「社會化」，因易與 "socialization"（社會化）混淆，本文採鄭志成所譯「成為社會」。見鄭志成：＜藝術作品的社會性如何可能：一個 Georg Simmel 觀點的審視＞，《社會分析》第九期，2014 年，頁 9，註 4。

出，清代的會黨更參與了史無前例的革命事業。流動的時間進程中，歷史在其間不斷被創造，並且代表不同的意義。秘密社會的叛亂在清史中或許是眾多小敘事的幾個單元，似乎無法撼動關於大敘事的地位，但這不代表小敘事不能挑戰大敘事，不代表小敘事不能與大敘事一樣取得話語的權威性。這樣的企圖對社會學而言是必要，因為人類微小範圍互動表現的社會形式從古典社會學開始就是社會學的核心關懷，更何況清代秘密社會影響清代歷史頗鉅，只是社會學很少從這個角度去關懷，至少在底層研究這個範疇，清代秘密社會不曾被社會學所關注。

　　清代秘密社會被各種論述碎片所組合，學界已有透過秘密社會在文化、情感、信仰和社會關係網絡的建立，觀看秘密結社在清代社會的外在形貌，若進一步追問：秘密社會整體結構如何被建立？組織成員關係如何發生？如何交互影響？以及，這些議題的意義是什麼？與他們走向集體政治暴力行動如何形成因果？這是社會學必須回答的問題。社會學依賴歷史資料的目的，不是循著相同的方法再建立另一套相同論述，是在歷史的時間軸線中找到某特定空間中的人類及其活動的意義。就本書的企圖而言，乃在透過龐雜的清代社會史史料，建立一個微觀但不失鉅觀視野的清代秘密社會行動分析研究。

　　秘密社會雖然被主流視為社會中的「秘密團體」或「地下組織」，但其生存資源仍然由主流社會提供，包括成員的來源、物質的供應、親情的連繫、活動的範圍，都與主流社會有所連結或重疊。但秘密社會如何在主流、體制型社會中另起爐灶，卻與主流社會保持一定的依存關係，並且滿足某種程度的「社

會需求」？亦即，清代秘密社會在當時的環境下構成一個有意義的社會事實，一方面與整體社會的演進扣連，一方面是整體大社會中的小社會，卻與母社會保持距離。本書把秘密社會在清代歷史進程中的變化設想成它們「成為一個社會」的過程，乃試圖從清代歷史與社會的意義上找到秘密社會獨特的社會形式和形成形式的內容，並論證這種可能性。

秘密社會如何可能？

　　把秘密社會的形成視為一種動態過程，而且是可被改變的情況下進行。社會學因為有「社會如何可能」的發想和提問，才從歷史學和政治經濟學等多方面脫離，成為另一門獨立的專門學科。社會會這門學科一開始就在追問「社會如何可能？」，從對資本主義社會的批判，到社會結構，以至於對社會系統的討論，社會學無一不是針對「社會如何可能」的議題進行闡發，只是發問的方法不同。

　　秘密社會成員角的多樣性因為與主流社會或制度性規範有所衝突，比一般人有更多的限制，尤其他們大部份的活動受到法律的禁止，必須採取與一般社會不同的交往方式。但某些人所以願意甘冒來自主流社會有形無形壓力，選擇與母社會的生活規範和責任義務中脫勾，必然是眾多主客觀因素的加總和盤算，才選擇了一種相對適當的生活形態和交往模式，做為他在

安置身心的處所。這種選擇過程本身大部份不涉及道德問題，而是生存的考量。

　　從這個脈絡思考可以發現，秘密社會所以可能，重要的原因乃部份人意識到他們的社會必須存在某些關係，如生存動機、情感、思想、生活需求等等主觀的需求。一個社會不只提供給社會成員生存的物質條件，以及開放追求物質滿足的各種方式，也須提供心靈需求的滿足。Simmel 特別強調，社會的形成必須人們在心靈上獲得某種一致性，並促使人們去實踐，這種心靈的一致性表現人與社會產生相互依存的生存形式，尤其表現在人與人互動所形成的各種社會形式。[5]社會中的個體在各種社會形式中進行互動，不同目的的互動產生不同的社會形式，提供個體間互動的要素，秘密社會在這方面的表現應該也是具體的。人類社會因存在而需要互動，而個體之間的互動之所以能促進社會各種形式得以實現，是因為人類預期從互動中可獲得某些特定「需求」的滿足，例如：對情感的需求，互動以傳達情感並獲得回饋為目標；認同的需求，因為認同而建立關係連帶，包括血緣和非血緣連帶關係的建立；利害與共的需求，人是群居的動物，群體內必然涉及利害問題，這些問題唯有透過互動方式才會發生，進一步調解和共同促進。

　　社會關係是社會形式中重要的一部分，秘密社會尤其重視關係的建成。他們處於各種威脅下，社會的層層關係可以形成一道道的牆，這些牆面既有保護作用，必要時可成為轉守為攻

---

5 Georg Simmel,：《社會學—關於社會形式的研究》，頁 14。

的資源。所以，秘密社會注視關係網絡和關係互動是基於生存的需要，他們根據自己的需求建立關係網絡，也因為某種目的與他人建立某種關係連繫。大部份秘密社會建立關係最初是仿血緣基礎的初級團體模式，隨著連繫網絡需求的擴大，個人脫離最原始的血緣關係，進而被「根據內容（即互動）關係而進行的聯合所取代」。[6]「聯合」可以是一種社會行動，或者行動的結果，也就是組織。組織以「較高的、實踐的觀點把來自非常陌生的、和沒有結合在一起的各種群體的相同各人團結在一起。」[7]簡單來說，人類透過互動的種種內容完成社會各式各樣的形式，秘密社會也不例外。

任何大小社會所以存在，必然透過人們在社會中的互動，包括強烈目的性的經濟行為互動及政治行為互動，如合議、形成組織、權力結構、紀律和懲罰，以及普遍存在的一般交流互動，因而產生各種利害關係，社會及其組織因此豐富而複雜。本書將秘密社會視為一個有獨特性的社會單元，就是因為秘密社會形成一個不同於一般社會，但又具備一般社會既豐富又複雜的有機體。秘密社會之所以是已然形成的社會，乃因他們的互動關係使其社會像有機體一樣多樣而具有能動性。秘密社會利用互動發現個體的差異化，並修正互動的方式，同時也發展出各種條件進行對個體約束，保證更進一步的互動得以繼續，其中也包括集體行動。

---

6 G. Simmel，林榮遠譯：＜關於「社會如何可能的？這個問題的附錄」＞，《社會學─關於社會形式的研究》(北京：華夏出版社，2002)，頁 296。
7 G. Simmel,：《社會學─關於社會形式的研究》，頁 296。

　　在傳統的中國農業社會，形成具體的集體行動並非易事。社會是一個鬆散的統一體，它所形成的社會關係很大的成份是架構在個體之間的互動之上。由於個體具有自主性，要形成一個統一體，必須對個體有所限制。反過來說，要讓成員為一個共同目標展開集體行動，讓一個自由個體投身集體行動的行列，需要比限制一個人不去從事某件事更具挑戰。由於秘密社會的特殊性，限制個人或把個人拉進一個集體行動反而較一般社會更容易。它們向集體行動發展的過程中，受到各種內外因素的限制和修正，例如利益、情感、威脅和來自社會體制壓力等。因為這些因素的存在，他們不斷調整自己的行動方式和目的，個人的自主性在調整過程中逐漸被統一化，共同服膺於某個信念之下，團體中的階級、角色分派、內規和某種團體象徵物（如意識形態），這些特點區辨了秘密社會與一般社會團體的主要差異。

　　但這似乎同時也強調，儘管秘密社會強調了個體間的互動，還是沒有脫離社會集體的影響力。社會中的系統、制度和許許多多風俗習慣等結構性的東西，影響著人們的社會行為。大部份的社會互動發生於個體與個體，或個體與集體間，後者所謂的集體，不一定指具體的組織，也包括社會的集體價值和規範。它們從社會中產生，產生的過程乃透過個人的心靈活動被集體化的過程，並且再回過頭來支配個人的心靈和行為，而非社會的集體性先驗存在於社會。在秘密社會的自主體系中，即便有自己的行動邏輯，這些邏輯不可能完全不受到大環境（結構）的影響。

　　從 Simmel 個人互動到社會統一體成立的論證中，我們也發現了社會形成的各種重要因素，從情感、信仰到關係網絡的建立，再到集體的利益和對集體約束效力的建置，共同組構了社會的形成。也就是，社會形成除了是透過個體互動形成的關係網絡共同形塑社會整體，也透過社會整體對個人特質的綜合和雕琢形成行為統一體。整體對個人的影響，甚至整體與個人特質之間的相互競逐，才是社會發展進程表現多樣化的根本。不過，Simmel 對「社會形成」沒有主張社會只是由人類互動時產生的共同體，也包括團體與個人的互動，它意味著共同體對個人的含納和影響。也就是，個人與社會的關係形成的統一性，並非只發生在個體之間的互動，也包括集體的。集體的部份表示個人也受到社會的結構所形塑，這才是「成為社會」較完整的意義。Parsons 的「行動與秩序」就充份闡揚了這個概念，他把 Hobbes 對「社會秩序如何可能」的提問做為他建立社會系統的命題，強調個人的行為即便自由，都受社會規範、價值的內化所框架。

　　就理論層面來看，Simmel 相信，社會的形成在人類的互動之下能竟其功，因為集體價值是所有個體價值的集成，而個體價值具有先驗性和獨立性。[8]所以，個人與社會的關係是對等而

---

8 Simmel 認為，完整的社會乃由集體的社會和眾多獨立的個體共同形成，兩者偶有衝突，唯，衝突正也是社會的主要形式之一。但 Simmel 並沒有主張以個體做為社會互動的絕對性，因為隨著小團體的產生，個人的純粹性被綜合出來的集體價值所掩蓋，例如貨幣價值的出現，翻轉了社會的價值評估，個人的價值觀終究淹沒於其中。相同的道理，當秘密企圖建立共同價值體系時，必然以更高層次的象徵價值取代成員間混亂不一的價值觀，關於這點，在進入細部論述時會有更細緻的分析。

平行的，儘管 Simmel 也主張個人也必須與社會集體發生互動。但依結構功能的說法，Simmel 的社會形成主張仍有許多不足之處，人的特質可能因為統一性的形成被消磨。在這個前提下，認為個體的互動可以擺脫社會集體、甚至是文化的影響力，顯然忽略「個體的獨特性在時間的際遇鏈中被塑造的可能性」。[9]以秘密社會的互動內容而言，會黨在許多方面模仿傳統文化與社會制度，做為結社的情感黏合劑，憑藉這個有利的集體情境，讓會黨的成員在情境中獲得認同。而參與結社的個體儘管多以個人利益的理由入會，卻往往在情境中失去個體性，發展出集體行為，這是傳統價值賦予這項功能。以白蓮教為例，秘密教派原來就建立在集體的信仰中，以信仰作為集體行動的價值合理性，才有機會在日常生活中發展個體交流，固然個體的活躍使秘密宗教的組織行為異於制度性宗教，仍然需要利用信仰鞏固他們的集體性。

所以，白蓮教的信仰為自己的集體行為賦予了一個結構，在人類行為中，有目的的行動非單一理由所能激起，還包括別人的期待和監視，後者的概念其實接近 Durkheim「群體權威」的精神。在 Durkheim 的脈絡下，集體的權威就是集體道德，一種對特定群眾行為具有支配性的規範。規範和道德都從團體中發展出來，當社會創造了自己的規範，即意味著人們願意受規範的約束。規範並非一定是有形的條約，也包括各種互動形成的社會關係，如血緣、親屬、鄰里、長幼、尊卑、職業倫理等

---

9 Randall Collins，林聚任、王鵬、宋麗君等譯：《互動儀式鏈》(北京：商務印書館，2009)，頁 33。

形成的集體狀態，即所謂的「社會連帶」（social solidarity）。

我們可以從秘密社會中可以看到許多文化的挪用或傳統價值的自然移植。許多社會形式乃由文化所結構化，而文化的最初卻是人類透過行動內容逐漸建立起來。人類的互動受到許多結構化、或受因循的習性所驅使和限制。人類因為生存必須互相合作，因合作而有群居性生活，又因群居性建立共同體，產生不同的連帶關係維繫共同體。儘管這種以生活為目的共同體會隨社會分工的細緻度逐漸分解，但在此之前，社會關係連帶仍然在傳統社會具有相當的支配性。因此，「互動」的意義不僅僅強調社會構成於個體之間交流互動的微觀社會，也包括 Durkheim 集體主義的宏觀視界。

但由文化形成的結構是否符合 Durkheim 的想像，甚至如 Parsons 所言，社會存在自我平衡的功能，人們的行動永遠離不開既定的框框，這恐怕言之過早。就像 Giddens 所言，結構與行動之間「既不是個體行動者的經驗，也不是任何形式的社會總體的存在，而是在時空向度上得到有序安排的各種社會實踐。」[10] 這種支配權力放在白蓮教與天地會的脈絡裡能產生什麼意義呢？事實上，秘密社會的所有參與者乃基於不同的主動性（目的）或因為不同的被動性（如結構性等外在因素）加入社團，他們在我們熟悉的社會形態之外形成另一種不同形態的社會，而且以行動向歷史呈顯其特性。我們不僅對清代民間結社有這樣的發展感到興趣，也對他們如何發展出如此的行動能量充滿

10 Anthony Giddens，李康、李猛譯：《社會的構成》（台北：左岸文化，2002），頁3。

好奇。針對於此，結社與行動的自主性和被動性是兩個必須被討論的議題，本書針對這兩種關照點，嘗試進入清代秘密社會形成的探討。

　　清代秘密社會乃社會的隱性團體，如果他們僅僅是受統治者監視的一群，社會行動意義顯而不露，其歷史獨特性就沒有彰顯性。但秘密社會在清代歷史構成的意義在於他們的集體暴力行動產生的政治、文化、社會的影響。而且，這些暴力行動許多情況下與政治目的有關，所以才顯現它的歷史意義。那麼，由交流互動產生的關係連帶與他們的政治集體行動是否因此建立了因果關係？回答了這個問題，同時也部份回應了一個常被爭議的問題：秘密社會發動政治集體暴力的原因受外在宏觀因素還在微觀因素的影響？這個問題的設計至關重要，它在本書中具有引領作用。透過互動內容與發動集體行動的因果性分析，不僅證明清代秘密社會並非只是「秘密的」社會，他們的社會形式和歷史性也有更完整的分析與描述。

　　秘密社會多是平常人家，他們所以被賦予特殊性，一方面是統治者基於治理手段之必需，對他們進行鎮壓和追緝，才有了它的政治定位。史學者基於秘密社會的歷史意義進行不同角度的詮釋，創造出他們在歷史經驗中許多不同的性格，很明顯，這些性格被過度工具化。秘密社會在清代社會中的確具有特殊性，但特殊性僅僅反映他們的生存之道。秘密結社依據清政府社會控制的佈局和力道的興衰有所進退，就一個有機組織而言，這種做法符合組織生存必須與社會脈動緊密結合的邏輯，也因此顯現了它們的社會學意義。

　　本書試圖從「成為社會」及「社會連帶」的概念，窺探清代秘密社會的社會關係網絡及其在現實中的運作，以網絡、信仰、情感、懲罰及利益等五個具體面向，希望能勾勒清代秘密社會不同的歷史形貌，以期對他們社會活動的刻劃找到新的歷史意義。這五種面向並非利用分類學概括出來，它們看來似乎缺乏特色，那是因為過去的研究賦予秘密社會太多「特殊」意義。過去，秘密社會與社會群眾之間的界線只有在描述他們進行集體行動時才被討論，很顯然，這是學界在此一領域的忽略，而這個界線隨著清朝年祚的逐漸消蝕變得越來越模糊。像這樣的一種自發性結社，儘管在許多方面表現了傳統和落後，在清代歷史進程中因為互動的內容使他們的組織形式與行動內容充滿社會學的趣味，不應該在歷史書寫中被偏廢，更不用說，清代秘密社會以行動證明了自己在歷史存在的意義。

範圍界定與方法說明

　　清代秘密社會包括會黨及秘密教派，因為數量龐大，本書論述對象以白蓮教與天地會兩大系統做為主體。秘密教派是以信仰為基礎的民間結社，基於過去的歷史經驗，白蓮教被清朝官方律法定為「邪教」，但從官方取締的情形來看，實無一定標準。今日慣稱的「白蓮教」，只是一種通稱，泛指民間秘密宗教，但並非所有秘密宗教都涉及政治運動。唯，本書基於文獻及過

去研究者的作法，乃沿用白蓮教之名，範圍則擴及所有民間秘密宗教，所以是一種「泛白蓮教」的概念。

　　清代會黨自成體系，其中以天地會為軸心的系統最為龐大，包括天地會、添弟會、三點會、三合會、小刀會，均可視為天地會系統。但這分類僅僅是以結社特質或終極目標（反清復明）的延續性做為判斷標準，若純粹就結社的模式，例如儀式、規範及結社的目的，從林爽文事件後，清代會黨結社大多受到天地會影響，範圍遠超過上述列舉的會黨。所以，和泛白蓮教的概念一樣，仍以「泛天地會」概括本書的研究範圍。就時間系列，清代白蓮教和天地會的發展貫穿整個清代或半個清朝，這期間，泛白蓮教和泛天地會的數量不下百種，而且性質不盡相同，各有特色。為了避免歷史材料因雜多而流於空泛，同時考量論述主體的代表性和延伸性，本書只進行歷史個案研究，針對某個特定的歷史事件進行分析。以某一個特定的歷史事件做為分析主體，目的在探索事件發生的方式與相關因素。選擇事件的代表性對於研究結果至關重要，因為它必須把結果延伸到其他相同類型的事件上。發生在清朝嘉慶元年到九年的中期白蓮教叛亂事件，以及乾隆五十一年的台灣林爽文事件是本書選擇的事件史，這兩起事件的代表性將在進入事件分析提出說明。限於解釋性歷史必須同時兼顧資料的豐富和對事件的延伸意的掌握，必要時仍然需旁引不同時間所發生的事件，此時就得依賴「泛白蓮教」及「泛天地會」所提供的資料。

　　而在文獻資料的使用上，雖然清代秘密社會相關文獻已有大量出版，但普遍為官方文書奏摺，描述清政府從中央到地方

查緝、追剿「會匪、教匪」的情形，實難從中獲知秘密社會的關係交往，即便是當時文人的著作，受「文字獄」的箝制及儒者普遍反對結黨及怪力亂神之下，言論多傾向官方。惟官方文獻中為數可觀的口供，雖不乏避重就輕的供詞，卻可以從中過濾材料。所以在文獻的參考引用上，口供為本論文重要的參考文件，再配合官方奏摺和當時的文人著作，輔以當代二手研究。使用口供的目的著眼庶民生活與文化邏輯的查考，口供雖然是一種透過官方書寫的庶民文本，卻相當程度保留了庶民的「口氣」。解讀類似文本通常在配合自己的立場下進行，才能去蕪存菁，排除各種不必要的干擾，分析時方可充份進行口供文本的再詮釋。

本書以五個向量（信仰、社會網絡、情感、懲罰和利益）分析清中期白蓮教五省之亂及台灣林爽文事件，依歷史社會學的方法及要領，進入清代歷史情境，把五個分析主題和兩起歷史事件帶進歷史與社會範疇的考察。考察中，社會學理論穿梭其間，分析白蓮教與天地會在社會關係互動的意義，並把互動的過程與結果帶到集體行動的成因探討中。也就是，以秘密社會的集體行動為用，秘密社會的互動內容為體，架構秘密社會的社會形式。

清中期白蓮教五省之亂與台灣林爽文事件發生的時間、空間及形式都有許多雷同，不過，不同組織發動的集體暴力行動，必定存在不同的主客因素和特殊的時空情境。為了找到兩者的共同點和個別性，解釋清代秘密社會的特殊性格，有必要進行兩個組織的異同區辨。尤其兩者後來以不同的社會姿態進入清

代晚期，扮演不同的角色，對清代政治及社會產生內容不同、程度不一的影響，本書對這樣的過程及結果充滿興趣，也認為必須有所交待。而這同時也是討論秘密社會形成可能性的必要進程，我們以比較法去完成這個任務。

第二章 結社與叛亂

「叛亂」不是一個中性的名詞，因為它在不同的時空被不同的偏見和政治立場所詮釋。但不管被什麼立場定義，它的確反映了部份的歷史真實，至少證明，那是一件在人類歷史的某個時間和空間曾經發生的集體暴力。秘密社會有其特殊的生存手段，他們回應不同外在壓力的方式常以集體的行動表現，但集體行動的發生，發生的形式，行動的目標因壓力來源的差別而有所不同，影響也不同。在君權時代，集體行動一旦造成治理權或統治權的緊張，就可能構成叛亂的條件。就這個條件，清代秘密社會的集體暴力行動因此有「反抗」和「反清」兩個不同的層次，兩個層次分別有不同內外因素交雜其中，其叛亂的本質很難被精確定義，但所有的叛亂都有脈絡可尋。以下我們藉由這些交雜因素的分析，以有效區分秘密社會「反抗」和「反清」的各別特質及差異，再由這樣的差異性辯證叛亂的本質。

「反清」是以清朝統治權為目標的反抗行動，通常背後有一個意識形態支持，它是政治的，而「反抗」純粹是對公權力的不滿和反擊，它屬於生活的。「反抗者」不一定「反清」，除非他的反抗與政治意識形態有關。但「反清」以「反抗」為基

礎，反對政府的原始情緒來自對政府社會控制和種種政策的不滿，當反抗者由「反抗」走入「反清」一途，已然經過內在諸如意識形態、文化構建等價值系統的洗禮，或者至少與意識形態形成共謀。從歷史經驗上看，清代秘密社會大部份時間都處在「反抗」階段，這與外在生存條件有關，其中來自官方的壓力是重要因素。但在特殊時機，反抗者們被整合成為一支固定的反政府力量，這種整合時機或緣於團體自發性的需求，或受到官方壓迫，一旦形成，就會在反抗的同一時間形成一套反清的論述。當這套論述被他們認為具有正當性時，力量就會持續，並且在人群中擴大，這是清代秘密社會的反清運動常見的形態。換言之，「反清」和「反抗」被目的性整合，然後以政治的姿態出現，常見的表現方式就是秘密結社的方式直接向統治者的合法性挑戰。由於這種潛在的挑戰一直是造成統治者危機感的理由，使統治者對這類團體產生了政治性預設，兩方的矛盾與對立因此尖銳化，讓彼此處於緊張狀態，權力與反抗的基本模式於是在他們的鬥爭場域輪番上演。

揭示清代秘密社會與統治者之間矛盾與敵對，是希望透過這樣的歷史背景的揭露，進窺秘密社會在清代政治與社會史上的進程與意義。不可否認，秘密社會在清政府嚴厲的取締下還能不斷成長壯大，的確具有被問題化的條件，但這樣的問題不能完全附和傳統政治經濟因素，或推給社會變遷的必然性。秘密社會是一種自主性團體，他們反清就像他們存在的理由一樣，有其內在邏輯。觀看白蓮教與天地會的反清史，他們從流動的社會進程中直接擷取社會資源，並且據此建立「社會支持」

的網絡和能量，足夠說明其集體行動不是被動的。但面對國家暴力的強大鎮壓，反抗如何可能？要回答這個問題，除了把兩者的歷史放入社會史的考查，也要進入秘密社會的日常生活去一窺究竟，這樣應該比單純從外部事實的觀察更有機會發現事件的歷史真實。

　　本章從叛亂入手，乃基於叛亂行動既是白蓮教與天地會的共同歷史經驗，也是他們操作動員的最佳表現場域。集體行動的動機與目的不是先天存在的自然條件，而是行動團體回應生活的方式之一。因此，鎖定他們發展集體暴力的各種因素，可以拉出更多白蓮教與天地會這類特殊民間結社與現實社會的關係網和交往互動形式。在此有一個需要額外補充說明的，「叛亂」與「革命」的意義在白蓮教及天地會多樣的行動形式和目的下很難獲得統一的界定，因為不管是過程或結果，都影響兩種意義的詮釋。我們慣用的「起義」一詞，本身就涉及行動正當性與成王敗寇兩種截然不同的詮釋。若加上詮釋者主觀見解或立場，任何一場大小不一的羣眾武裝暴動可能是叛亂，也可能變成為具政治目的與組織性的革命。這裡使用「叛亂」，雖然無法完全避開價值判斷，卻可以有各種可能性的發展，當然也包括革命。事實上，以某種角度來講，白蓮教和天地會表現的集體行為符合了這種曖昧的定義。

　　探討集體行動的理論很多，但吾人相信，各類集體政治暴力行動都可能同時受到內外主客因素影響。基於這個立場，本章將針對造成白蓮教及天地會叛亂的主客兩種因素一併進行檢視，為下兩章進入個案細節探討開路。不過，在此之前，我們

需要先弄清楚，清代社會有什麼微觀及宏觀條件促使這兩種民間結社在清代社會盛行？另外，既然我們認為清代秘密結社以自成體系的方式建構一個有別於主流的社會形式，那麼，在清代的特殊社會體質中，它表現了什麼樣有意義的社會內容？結社雖然是中國社會普遍存在的民間習性，但民間結社的傳統不能輕率地與白蓮教或天地會這類結社劃上等號，也不能隨性移用中國民間結社有限的組織技術去理解白蓮教及天地會。一般民間結社充其量提供如互助等結社習性相關的條件，這些條件並不充份，因為它們有一般民間結社所缺少的特殊性，秘密教派及會黨得以在惡劣的環境中，發展不同的生存機制。這些機制使秘密社會表現出來的集體行動和一般因為政治或經濟因素而「抗爭」的底層群眾集體暴力不同。作者一再強調，並不否定政經因素對集體行動具有關鍵性，但秘密結社的集體行動與臨時起意的經濟型「社會動亂」不同，原因在於雙方的組織性格不同，這個論證過程後面將有所補充。

　　本章的任務在針對清代社會與秘密結社進行整體性描述，不會直接進入個案的討論。內外因素共同構成清代秘密結社的組織形式和能動性是本書論證的基礎，藉由對內外因素的討論，可以理解關於秘密結社如何表現結社的組織技術，以及進行集體行動的動員過程。但重要的是，我們還要找出秘密結社從日常實踐中發展具有政治目的行動的各種可能性。因此，在進入更細部的歷史細節與理論的分析之前，本章針對秘密結社在清代社會發展的概括性描述，並與相關的理論進行對話。主要在分析並釐清它們的形成及走向叛亂的客觀條件，這些客觀

條件如何與內在因素相互成全及形成邏輯的一致性，以及兩者孰重孰輕？

第一節　發生什麼事？

　　白蓮教與天地會在清代社會產生的影響擴及政治、經濟、社會與文化各個層面，正是這些不同層面的影響一直在改變他們的組成和組織目標。前面提過，秘密社會被各種不同的歷史觀點所定義，有些觀點因為立場過於凸顯，為了強調某個特定論述進路，只概括性地理解秘密社會所有的事件，忽略針對秘密社會不同的行為進行不同層次的考查，例如，在界定秘密社會的叛亂行為時，很少人會用「反抗」和「反清」進行區別。秘密社會雖然是清代社會活生生的「社會事實」（social facts），但也具備了許多特殊性，這些特殊形式的社會事實形構了秘密社會與一般行動團體的差異，為秘密社會在清代烙下歷史刻痕，這一道又一道的歷史痕跡便是我們瞭解他們的起點。解釋歷史與描述歷史雖然是不同的層次，但並非不能一併存在。本節即嘗試透過清代秘密社會的歷史概述，勾勒白蓮教及天地會的特殊性，尤其著力於微觀條件對形成白蓮教及天地會在反抗及反清上產生的不同效果。

一、流轉於權力洪流的白蓮教

　　由於地域性的差異，滿清入關之前未對白蓮教等民間宗教

結社進行有系統的瞭解。取得統治權後，清政府才意會到「邪教」對中國社會的影響及國家統治權的威脅超乎想像。清順治皇帝因前朝殘餘勢力尚未完全清除，又意識到民間「邪教」蠢蠢欲動，對白蓮教採取強力鎮壓手段。最著名的案例是發生在順治三年到四年間（1646-1647 年）的「大成教案」，該案不少人被牽扯其中，許多大成教眾被依叛亂罪逮捕伏法。[1]清政府在此教案中的大動作確實達到短暫殺雞儆猴的作用，民間祕密宗教大型政治行動暫時受到抑制。不過，白蓮教從明朝就發展迅速，進入清代，「廣義白蓮教」[2]已然成形，他們的地下活動明顯未受到大成案的嚇阻，傳教還是異常熱絡。

　　從文獻資料中可以看到，康熙、雍正到乾隆取締「邪教」的力道逐次在加強，白蓮教為圖其生存發展，改以其他名目掩人耳目，祕密傳教。但白蓮教體內淌流著一股不安定的血液，清政府強力鎮壓只獲得暫時性效果，並未徹底改變整個民間宗教結社的結構，民間藉信仰而行的結社風氣依舊盛行。從現實生活需求來看，信仰和人民生活緊密連接，人們透過信仰獲得物質以外的心靈寄託，也從結社中得到實質的人際關係，進一步試圖尋找生命的出口，例如，參與社團的集體行動。因此，儘管滿清的富強基業在乾隆中後期有一些改變，但基本上尚稱盛世，沉潛多時的白蓮教卻已經按捺不住。乾隆三十九年（1774 年）八月，清水教教首王倫在山東叛亂，九月就被平定。同年，

1　馬西沙、韓秉方：《中國民間宗教史》(上海：上海人民出版社，1992)，頁 591-592。

2　清代的白蓮教因應清政府的查緝，以各種不同的名色出現，或遵守傳統白蓮教的傳教及運作方式，形成廣義上白蓮教的支脈。

混元教樊明德在河南倡言「末世劫」，宣稱「乾坤已易位」，準備起事，因消息走漏，遭清政府瓦解。乾隆晚期，湖北的劉松及劉之協以復興混元教之名創立三陽教，並提出「彌勒轉世，保輔牛八」，進行傳教，遭到大力掃蕩，劉松迫於情勢，企圖叛變，被清政府早一步查獲。

從清代白蓮教的發展史來看，乾隆中葉以後，白蓮教的大小叛亂就不斷，似乎在預告白蓮教的反抗勢力已經蓄勢待發，反映了清朝命運一葉知秋之鑑。乾隆時期一連串白蓮教叛亂事件意味著兩件事，首先，它說明白蓮教的叛亂舉動某個程度有其自主性（而這項預設正是本書所要證成的重心），儘管在客觀上與清政府的取締有關，但兩者之間互為因果。另外，野火燒不盡，在底層社會活動頻繁的民間信仰活動似乎在預告更大的白蓮教串聯行動可能發生。的確，真正讓清朝走入民窮財盡的白蓮教關鍵叛亂就發生於乾隆剛交棒的第一年：嘉慶元年（1796年）。此次事亂，戰火延燒川、陝、楚、豫、甘五省之大，歷時九年，清政府調集十六省份精銳進行征剿，軍用花費兩億兩，相當於清政府四年財政收入。[3] 該事件讓清政府損兵折將，國庫空虛。

五省之亂後，白蓮教的叛亂並沒有停歇。過了九年，即嘉慶十八年（1813年），天理教發動進攻紫禁城的革命事件，本事件是繼川陝楚之亂後，催促清朝命運走向衰頹的又一次關鍵性叛亂。這次的民變雖然在很短的時間被弭平，卻已讓清朝的統

---

3 劉平：《中國秘密宗教史研究》(北京：北京大學出版社，2010)，頁105。

治階層寢食不安，事後嘉慶皇帝曾經自嘆說：「朕雖未能仰紹愛民之實政，亦無害民之虐事，突遭此變，實不可解！」[4]嘉慶皇雖然自認為「無害民之虐」，但他責無旁貸，畢竟，民變是百姓對統治者治理失望的指標。天理教事件後，清政府對白蓮教的查緝行動達到另一個高峰。若從統計數字上分析，清政府取締白蓮教的案件從乾隆就開始激增，[5]意味著乾隆對白蓮教勢力的擴張已經感到極度焦慮。嘉慶承接了乾隆的局勢，雖然相對於乾隆皇帝，嘉慶對秘密社會的態度看似溫和，若按官逼民反的說法，民間反叛應該收斂才是。但從各方取締奏摺的數量沒有明顯緩減的事實來看，嘉慶期間的白蓮教活動依然活躍，而且似乎越演越烈。白蓮教的活動從乾隆開始進入高潮期，嘉慶時期所經驗的「造反潮」是這批浪潮的其中一波。嘉慶解決的方法看似沒有像乾隆那樣的單一粗糙（嘉慶還懂得使用蘿蔔和棍子的兩手策略）他不曾因為不當取締的教訓而手軟。

　　一般都認為，官方的取締行動是造成民間秘密教派反抗的原因，這是權力與反抗必然對立的思考邏輯。不過，對統治權的反抗須考量本身的條件，如果沒有一定的實力，反抗很難成氣候。專制的清朝，集結民間力量反抗統治權力的後果相當嚴

4　載玄之：《中國秘密宗教與秘密會社》上冊，(台北：台灣商務印書館，1992)，頁21。

5　根據莊吉發的統計，雍正期間的秘密宗教案數約三十二件，到了乾隆前期（1736-1755），總數增加到四十四件；乾隆中期（1756-1775），受到乾隆四十年（1775）的全面性取締，降到三十六件；但到了乾隆晚期（1776-1795），總案數暴增到五十四件。見莊吉發：《真空家鄉清代民間秘密宗教史研究》(台北：文史哲出版社，2002)，頁88-163。

重，這種集體向統治權對抗的遊戲涉及身家性命，反抗的情形卻依然層出不窮，說明清代民間社會一定程度存有抗官的氛圍。民間的反抗或許是對公共政策的不滿，或許受到某種意識形態影響，或有著利益的盤算，不一而足。當然，這種抗官的氛圍不是普遍性的，在各個階段有不同的輕重，也不包括社會各個階層。相對來說，士紳階級及其所領導的社區共同體對反抗運動並不支持，且大部份站在反清的對立面。也因為這種對立始終存在，民間的反清行動往往受到來自對立力量的反撲而失敗（由地方士紳領導的民團一直扮演這個對立的角色）。對士紳而言，反抗統治者有損士紳的階級利益，所以，中國士紳階級很少帶頭反抗政府，除非自己的權益受到明顯侵犯。[6] 相對於士紳掌握的社會資源，白蓮教除了少數的領導者，大部份是社會資源分配的弱勢，社經地位較低。

　　總之，白蓮教以特定的群體為主，他們表現於外的社會行為讓我們認識到清代白蓮教信仰文化深層的另一面，有一股游走於權力與生存之間的生命力。對參與政治暴力集體行動的白蓮教教眾來說，權力象徵富貴，即便不能富貴，至少有小利可圖，只不過，這些小利也需要用流血的代價來換取。但不管如

6 根據巫仁恕的研究，明清兩代都有士紳階級加入群眾的抗爭運動，而明代更甚於清代，這是因為士紳、尤其晚明的政爭在知識界掀起政治狂熱。清代的士紳因為受到清政府的打擊，力量消弱許多。如果把紳與士分開觀察，紳是既得利益者，反抗政府自然沒有太多著力點，清代士紳參與的抗官事件大部份都與抗糧有關。但未被任官的知識階層，常因不能獲得官方的錄用而遷怒，參加抗爭意願反而增加許多。見巫仁恕：《激變良民—傳統中國城市群眾集體行動之分析》(北京：北大出版社，2011)

何，秘密教派的叛亂從嘉慶以後就在清代社會經常發生，雖不能說是常態，也相去不遠，這種演變的確與清政府不放棄取締的政策相關，但非全然。

以上的描述會讓我們瞭解，白蓮教的反抗並非完全來自統治者的壓迫，他們的「反抗」與本身的組織企圖有一定程度的相關。事實上，民間秘密教派在發展過程中不斷取得集體行動的主動權是不容忽視的事實，尤其白蓮教在發展組織的手段上，往往不會只透過信仰（白蓮教的信仰中很少涉及叛亂），反而是人脈的建立為白蓮教建置了反抗的可能性。白蓮教平常把活動重點置於自己的生存與發展上，所以將人際網絡的建立和開拓視為要務。可以說，民間教派的生活是一種由「關係」構成的生存樣態，包括人際交往的精神生活及所有物質生活，它構成大部份白蓮教徒的日常文化。信仰是白蓮教人際交往的重要場域，它屬於精神的，一旦被刻意或不經意加入其他條件，如利益、情感等，這些因素固然不是立即可見的地位和名望，卻是驅使信仰者願意投身權力遊戲的文化驅力。所以，人際網絡構成白蓮教集體行動的基本能量，這些能量強大時，可能因此促使能量支配者產生權力慾望而進入權力遊戲的場域。

進入權力遊戲的首要條件就是能有效動員，進行人力動員時，沒有足夠的人脈，僅靠信仰的影響力顯然不夠。人力動員涉及動員者與被動員者之間如何達成共識的主客觀條件，其中，兩者的關係是重要條件。白蓮教的組織關係對組織動員形成的支配性從下面這則口供可以看出一些端倪：

劉得山供：我係通州易村人，年五十六歲，父親劉
三道，即劉興禮，母親齊氏，妻曹氏，並無弟兄兒子。
本年夏間，李老到我們家來說，要幫助林清做大事，邀
我們大家幫扶，說黃村已經聚了一百多人，要九月間進
西華門起事。[7]

這是嘉慶十八年天理教案的一則口供，天理教事件的動員
相當程度是依賴由組織構成的人際網絡關係，被動員者接受教
首的指示，加入一場代價過高而沒有勝算的武裝叛亂，[8]這種行
動模式在白蓮教內經常發生，又如：

張泳瑞供：我是董村人，年二十九歲，十七年六月，
屆四收我入會，教我念真空家鄉、無生父母八字。本年九
月十三日清早，屆四著（囑）他的閨女醜忍兒將我同我哥
哥張泳貴叫到他家，說要反，叫我幫他，將來有功勞，事
後給我好處。十五日早，屆四給我們每人刀一把，白布二
塊，一塊蒙頭，一塊栓腰，叫我們跟他到了東華門，門已
關閉，我們同屆四當時都逃了回去了，是實。[9]

---

7 ＜軍機處 林案供詞檔1＞，收於齊汝萱：《清代秘密會黨人物研究》附件一，(台
北：文史哲出版社，2014)，頁413。
8 嚴格來說，「癸酉之變」並不是計劃周詳的革命行動，對勝算沒有十足把握，
計劃也不周全，不是在追求利益最大化的前提下展開，而是憑著某種關係網絡
的啟動，所以，天理教的這次集體行動並不符合理性，雖然有利益的想像，卻
在資訊不透明的情況下進行。許多人加入這次行動並未認真思考利益問題，而
是基於人際關係。
9 ＜軍機處林案供詞檔＞，收於齊汝萱：《清代秘密會黨人物研究》附件二，(台
北：文史哲出版社，2014)，頁429。

　　屈四是白陽教的教首，屬八卦的一支，當時林清掌八卦教，他的天理教因此成為八卦教系統的最高領導機構。林清發動叛變，屈四是重要的幕僚，但他動員的方式卻相對草率，張家兄弟竟也不加思察屈四口中承諾的真實性便答應屈四的動員。

　　很顯然，白蓮教教內應該存在一種內在機制，這道機制隨著他們政治鬥爭的經驗累積，產生比外在條件對他們集體行動更具體的影響力。根據馬西沙和韓秉方的統計，從嘉慶到道光年間，秘密宗教進行的重大集體暴力行動有三十幾次之多。[10]道光以後，清政府面臨更惡劣的外來挑戰，對白蓮教依舊窮追猛打，隨著客觀環境的變化，才逐漸呈現其強弩之末。隨著時間的流轉，官方打擊邪教的意志固然依舊堅定，白蓮教卻能趁著清政府社會控制力道的衰頹，以換湯不換藥的方式輪番出現。

　　晚清的白蓮教的形式與早期的白蓮教有很大的不同，主要受到清政府不斷的取締與滿清權力結構的改變所致。太平天國之後，社會的統治結構明顯受到衝擊而漸漸崩解，具有武力的民間結社開始盛行，由士紳主導的團練、具有宗教色彩的拳、會（一種泛白蓮教的變種）以及會黨，都在這個時期大量出現，各自扮演重要的歷史角色，白蓮教在這波變遷中也進入另一個階段的蛻變。白蓮教承襲明代秘密宗教的強韌生命力，他們與統治者的興衰形成相反的兩條線，於嘉慶時期形成關鍵性交叉。經過與統治者長期的交手下來，白蓮教沒有獲得更多勝場，反而隨著客觀環境和時間進程，以更多樣的形態進行蛻變和融

---

10 馬西沙、韓秉方：《中國民間宗教史》，頁 329、538。

合，在組織形態上以公開的社團，如團練、刀會、拳會、道門
等形態再現江湖，義和拳、大刀會、紅槍會等都可以視為泛白
蓮教的流派。[11]從這些演變不難發現，許多流著白蓮教血液的宗
教性結社已非純粹的民間信仰（他們一直都不是），毋寧是一種
依仗信仰建立的民間組織。

　　僅靠民間有限的組織力量企圖獲取政治權力本來就不容
易，尤其企圖把權力的格局拉到統治權的爭奪更難。翻開白蓮
教的「革命」史，從明朝開始，白蓮教的集體政治暴力行動就
不曾獲得具絕對性的戰果。清代在統治者嚴格把關下，也始終
沒讓白蓮教越雷池一步，但白蓮教發動的集體行動依然前仆後
繼，以不同的方式和規模在不同的時間和地點呈現。頻繁的集
體行動透露出白蓮教是一個具有強烈主體能動性的民間結社，
這種主動性正是古典中國許多民間密結社的特質。因此，查考
白蓮教的歷史，應該對形成這股主動性的組織文化、組成特色
及其社會互動等方面進行更細緻的推敲，才足以理解白蓮教反
抗史所傳達的歷史背景和深層的社會意義。

二、游離的闇黑世界 —— 清代民間結會組織

　　清代民間秘密結社（會黨）最早形成的原因有兩種，第一
種是蛻變於游民組織。游民在清代社會的特殊背景下形成固定
的社會階層，民間結社雖然不是移民社會的專屬現象，但移民
社會的結社因為涉及生存問題特別顯現其意義。移民通常由中

11　劉平：《中國秘密宗教史研究》，頁 128-129。

心向邊陲地境、或一個邊陲向另一個邊陲移動。南境的台灣、
福建、湖廣[12]，西南的四川、雲貴，以及東北地區等都是移民社
會相對發達的地區。大量移民產生新的聚落，這些新興聚落龍
蛇雜處，常處於不穩定狀態。移民面對不確定的未來和可能的
威脅，以建立共同體的方式進行新社會的秩序整頓。在移民社
會秩序整頓中，有一群人不能獲得主流秩序的接受，如犯罪者、
地痞、失業流民或陌生人（指非同一宗族或同鄉），他們物以類
聚，行事作風常與主流秩序對立，很快就發展成自成體系的民
間結社，這是一般會黨的起源。

　　會黨產生的第二種因素同樣發生在移民社會，但並不一定
由游離於農村的人口所組成，而是底層勞動者的組合，它大部
份發生在新興城市或都會地區。前面提過，會黨的原型是游民
組織，但發生在城市的會黨很大部份是勞動階級中的水手、礦
工、手工業、流動性販夫等下層人民，這些人也屬於流寓人口。
流寓人口的不穩定狀態常被視為潛在的犯罪人口，以下的例子
雖非對流寓人口全面而準確的描述，但可以說明這些人口的部
份生活樣態，以及加入結社組織的原因：

　　　　據楊集榮供，年四十三歲，是湖南清泉縣人，並未
　　娶妻，是三十一歲時到四川重慶府撞輞度日，在香水橋
　　住了幾年。這石添香也住在香水橋地方，傭工廖文遠是
　　四川長壽縣人，因他族人廖老二在重慶府開飯店時常往

---

12 清代「湖廣」行省的範圍包括現今湖北南部、湖南、四川重慶東南部、廣東
　　北部及廣西少部份地區。

來，與小的們熟識相好。乾隆四十四年冬，聞石添香與
廖文遠兩人因沒處傭工，都往別處覓食。四十五年二月
內，小的因窮苦難度，知道胡範年是個嘓匪，有錢使用，
想要入他的夥，就去尋見胡範年。[13]

　　會黨的形成看似客觀環境供形成的條件，這是從結社的大
原則來看，民間結社本身有明顯的自主性，但人在什麼情況下
會做什麼行為，主觀意識與客觀環境都是條件，一旦客觀環境
被創造出來（例如生存問題），自發行動就會被引發。自主性結
社的動力來自社會把某類型的人用各種方法進行區隔及整合，
例如法律、經濟、文化或關係等，不同的社會團體也在氣味相
投、共同利益或共同喜好等等不同理由中被形成。移民社會隨
著社會的成熟，新秩序被建立，穩定的社會關係和舊制度的複
製等，產生新的移民社會，就會向另一個成熟社會過渡。這些
社會進程呈現山田賢的重要發現，即，新的成熟社會經過內部
秩序整頓和制度的建立，強大的內聚力開始出現排他性，凡在
秩序之外的不確定人事物都可能被視為非善類而遭阻擋於成熟
社會的正常制度之外，包括暫無居所的流民、犯罪者、外鄉人
和非制度內的民間結社。每一個外來移民都可能被穩定的社會
所監視，更有可能因原居民對新移民的猜忌和不信任而發生衝
突。處於穩定系統之外的移民，因為立足之地受到排擠，儘管
生活勉強可以在移民社會中保有一席之地，不過，由於缺乏主

---

13 〈奏拏獲嘓匪夥犯並審辦之情形附件—湖南拏獲嘓匪楊集榮石添香廖文遠供
　　單〉，《軍機處檔摺件》乾隆朝，編號：031813，(台北：國立故宮博物院)。

流秩序的保護，對週遭環境充滿不確定感，只能選擇加入主流秩序之外的其他民間結社，形成所謂的「背離軌道的社會組織」。[14]

另外，社會等級形成的仇恨不但是社會不安的來源，這些不安的來源也是形成反抗團體出現的原因。在許多相關研究文獻都可以看到，反抗者常把社會的不公或自己生存問題歸咎於社會等級，統治者的族群背景尤其給這個衝突增加更多藉口，反抗者因此有理由主張：擺脫政治與社會對他們形成桎梏的直接有效方法，就是改變主導社會等級劃分的統治者。但這些政治性的理由卻有層次上的區別，我們觀察天地會的發展，反清最後由政治意識形態做為精神指導，目標指向統治權力，實際的實踐目的往往不是如此。儘管清代反政府的民間力量指向統治階級的族群問題，純粹是為了從中獲取某種好處，不是想改變社會等級制度。民間結會組織是因互助原則而結合，隨著組織坐大產生社會影響力，開始思考如何擴大自己利益。所以，會黨的發展很大程度是建基於某部份人想改變本身在社會獲利的思維上，尤其被新興城市從農村吸引出來的大量人口，他們懷抱著夢想離鄉背景，圖的不只是脫去社會等級的外衣，而是藉由獲得利益去掉施加在身上的枷鎖。所以，儘管清代會黨的「反清」行動偶而是建立在對統治階級不滿的基礎上，但這個不滿與統治者外族身份不一定有直接關係，與利益奪取受到干預，以及解決生存問題較具有相關性。身負剿平台灣林爽文叛

---

14 王日根：《明清民間社會秩序》(長沙：岳麓書社，2003)，頁8。

亂的福安康在事後對台灣會黨反政府行動的評論中說到：

> 台灣民情刁悍，史治廢弛，營伍全不整飭，屢有械
> 鬥拒捕重案，僅將首夥數十人究辦不足以懲奸，民等益
> 無忌憚搶奪成風，凡內地無藉莠民漏網逸犯多至台灣聚
> 處結會樹黨，日聚日多，不肯隨同入會之人即被搶劫，
> 及事漸敗露，人眾勢張，轉藉官吏侵貪為辭，肆行謀逆。
> [15]

　　這份奏摺雖然官腔官調，避重就輕，但多少說明了會黨反
政府的部份實情。清代會黨與政府對立的原因一開始不是基於
政治信仰的對立，更多屬於單純的社會治安問題。可見，清政
府對這類組織的存在與發展動向早有防範，只不過，清朝法律
上把會黨視為「有組織」的叛亂團體，是乾隆晚期的事，其中，
林爽文事件是分界點。在此之前，會黨被清政府視為治安治理
的對象，之後，清政府把防範會黨的政策提昇為政治層級。此
一政策同時帶動會黨自身的改變，由原來互助型的暴力組織，
逐漸從具體行動上溶入政治意識形態，嘉慶年間的會簿已出現
相關內容（第五章有進一步的說明）。由於這樣的改變，會黨終
能與新興的民間政治革命勢力結合，開創他們的新局面。這裡
我們發現一個充滿社會學趣味的現象，會黨發展與社會進程的
關係中，從一個由社會客觀環境造就出來的事實，後來成為某
些人的需要而組織會黨。很顯然，會黨的發展進程最明確的蛻

---

15 〈奏為詳查逆匪林爽文滋事起由恭摺奏事〉，《宮中檔奏摺》，編號：
　403053565，(台北：國立故宮博物院)。

變，就是結社不再因應環境，而是他們自己覺得需要結社，這種自發性特質有可能影響他們發起集體行動的動機和目的。

如同 M.Mann 的說法，民間結社是一種社會性（social）需求，而非社會的（societal）需求。社會性需求強調社會在演化中自行產生對某種結構條件的改變或形成的需求，社會控制逐漸薄弱化時，人們會以另一種方法控制社會秩序，或以不同的方法維護自己不因社會失序而造成損害，其中，結社是在這種需求產生的。這種社會性需求與結構功能論不同，因為「人們不需要一個有固定邊界及以某種方式建立的社會總體」，[16]換個方式來說，社會不需要在各種既有的制度、組織或任何固定的意識形態調整它的總體完整，但生活在社會中的人們可以因需要而建立各種組織、制度、生產、信仰及意識形態。在這裡，人的能動性指揮著社會的形式與變遷，非社會固定的單元支配人們的生活，所以說，人是社會性的動物，不是「社會的動物」。清代會黨屬於「社會性」的，它體現清代某一類型的人在社會中的主觀意識下建立的民間結社。林爽文事件後，天地會大量在中國移民社會產生，顯然非社會需要它們，而是人們需要透過這類結社去滿足自己生活上的需求。

天地會是清代最具代表性的會黨系統，林爽文事件後，天地會系統開始大量由中國東南沿海地區往長江流域流傳，帶動整個中國會黨的發展，並隨著殖民國在南洋的開發被帶到中南

---

16 Michael Mann，劉北城、李少君譯：《社會權力的來源》(上海：世紀出版集團，2007)，頁17。

半島國家以及歐美澳等國，它代表的意義不僅僅是一個中國傳統社會中的民間結社，也意味著，天地會這類結社不能僅以焚表結拜的游民組織等閒視之。此時，會黨這個議題對清政府而言，不再只是純粹內政中的治安問題，或許就像乾隆把平定林爽文事件定為十大武功之一的象徵性一樣，天地會引發的政治聯想，從那個時候開始，已經成為清朝統治者們的重要政治議題。的確，如前面所言，天地會系統在嘉慶年間開始出現系統化，[17]逐漸形成政治問題，超越內政所能處理的範圍。例如，太平天國時期，天地會與太平天國合作，在廣西建立政權，這是天地會第一次在中國內地具體而有規模的政治革命。但並非所有的會黨成員都有政治傾向，曾國藩陣營內就出現大量會黨成員（屬哥老會系統）。他們在湘軍解散後，將會黨的勢力向社會各階層擴張。這些由湘軍或其他民團解散的散兵游勇組成的會黨因謀生不易，接受反清意識形態不無可能，因為那是當時普遍存在的社會氛圍。就在中國社會對清政府統治中國失去信心的同時，天地會在組織文化中擴大操作反清的意識形態，逐漸被一批主張暴力革命的知識份子所接納。[18]

---

17 嘉慶十六年（1811年），清政府在廣西武緣縣查辦姚大羔組織天地會，這是目前被認為最早的天地會會簿，內容對天地會的結合儀式及內規已見雛形。

18 Hobsbawn 認為，像天地會這類從傳統農村起家的「社會型盜匪」成為革命家有兩種可能性，一是領導舊社會抵抗對舊社會的破壞者，二是呼應農民對不公義的反抗。這兩種主張都把社會型盜匪限制在傳統社會維護者的定義中。天地會的「反清復明」主張的確是 Hobsbawn 所謂的「舊社會」思想，但這並非天地會奉行的本意，反清才是真目的。中國的社會型盜匪如天地會者，他們與革命派知識份子結盟，引進了「進步」的思想後，就不完全是「舊社會」的擁護者。相對來說，白蓮教較符合這種定義。見 Eric Hobsbawn，鄭明萱譯：《盜匪》(台北：麥田，2004)，頁 17-19。

　　秘密結社走向反清不應該只是因緣際會，他們的自主性、內發性因子可以提供什麼線索更值得深入探討。雖然中國民間結社一向具自發性格，滿足生活上的需求為其結社動力，只是，白蓮教或天地會這類結社顯然與一般民間因需求而結社的互助社團有所差異，其差異尤其表現在目的與行動的選擇上。白蓮教與天地會在清代政治與社會激起風雲，若從歷史意義去定義白蓮教與天地會，總是無法脫離政治經濟的框架。白蓮教與天地會既為一社會事實，那麼，從形式與內容上，如何把他們與一般民間結社進行有效的區隔，又要擺脫政治經濟的限囿，內容的探索和描述就不能再遵循前例。但內容的描述如何與他們的集體行動建立連繫又是另一個重要課題，擺脫既定的政治經等鉅觀範疇，又得兼顧微觀與行動的關聯性。

　　本節僅對白蓮教與天地會在清代社會的發展進行概略的描繪，但至少對白蓮教與天地會涉及的反抗和反清有一個具體的說明。這樣的圖像還稱不上立體或全面，需要進一步針對他們是如何形成結社進行回答。反抗和反清僅反映清代秘密結社的行動形式，卻不能反映結社的內容。秘密結社的反叛並非他們結社的最初目的，走向反叛之路，必然是他們的結社的主觀特質與客觀因素在某個時間、地點發生交會。因此，我們需要溯其結社的源頭，了解他們為什麼要結社？什麼原因促使他們結社？

第二節　他們爲何結社？

　　群聚是人類的本性，大團體中建立次級團體在人類社會相當常見。但成立一個不受大部份人認同，或者參與國家法律禁止的社團，甚至是冒著生命危險進行結社，其牽涉的原因就不是用人類本性可以解釋的，清代秘密結社即屬這類。上一節從整體清代社會的大環境分析秘密結社在清代形成與演變的概況，但對於白蓮教與天地會發展進路呈現不同的結果尚未有詳細的交待。一樣的社會條件產生不同的結果，本質的差異是合理的解釋，本質差異造成兩者在面對客觀環境時做出不同的應對，間接促成兩者演化的路線的不同。然而，這不意味像白蓮教與天地會這類民間結社沒有可以相提並論之處，他們在結社的先天條件或許不同，但「結社」在中國古典社會之所以具有普遍性，表示人民對結社這樣的社會行為有一定的理解，也對結社有所期待。這些理解與期待和客觀環境的因應有關，當然，更多時候是基於本身的需求。

　　所以，秘密結社的特殊行為在清代社會形成的歷史痕跡是社會形式的表現，也是社會實踐的重要內容。不過，分析社會內容與形式，必然同時涉及內外因素，雖然結社是基於參與者本身的需求，但外在因素有其決定性，外在因素可以決定在什麼環境下可以或必須結社。換言之，為什麼要結社？必須考量的條件是結社是否有其必要性和可能性，這些都指向外在環境

的充份與否。因此不能把外在因素視為歷史背景，應以這個背景為前提，再找出內在因素的決定性優於外在因素的理由，至少必須與外部因素一樣同具決定性。以下就針對這樣的邏輯，分析秘密結社的結社原因，必須內外因素兼顧

一、外在環境因素

　　天地會與白蓮教都發展出集體暴力行動，如果如前面所述，互助及信仰分別是它們結社的理由，這些單純的目的所以發展出集體暴力，絕非結社初期所預期，而是經過其內部運作和外部情境相互交流、長期醞釀而成。結社既然是人民因應外在環境所產生的行為，外部情境對結社產生的影響自然具體可見，本章一再強調的移民社會，其中的流動人口尤其容易產生結社條件。常見民間結社，特別是非法的秘密結社，他們的結社行為及集體行動，大多發生在移民社會或擁有大量流動人口的新興城市，這個現象說明秘密結社與不穩定的流動人口有很大的關聯性。

　　首先，移民社會與會黨產生有什麼直接關係？第一節提過，移民社會的問題不只是社區共同體的人口結構與社會秩序在重整中自行產生的問題，更多是因為過程中產生許多進不了社區共同體的流寓（sojourning）人口。流寓人口指居無定所的流民，此類型的人游離於新土地與舊土地之間，因為對新土地產生認同的問題和歧見，行為上常常表現出對生存環境的「叛逆」和「疏離」，成為新土地認同上的「內部敵人」（Simmel 的用語），他們常與在地的主流社會形成對立化和外在化。為了對

抗被外在化的困境，他們以自私的方式獲取個人利益，不惜擾動社會安寧，與主流社會之間的關係因此受到相當程度的傷害。

生存的基本需求並不一定逼一個人投向反抗社會這條道路，但如果受到客觀環境的鼓舞，就另當別論。在清代社會，底層社會的生活幾乎圍繞著基本的生存問題打轉，而生存問題通常被外在環境所引發。民間結社組織形成的宗旨，在解決大環境不能提供給他們的生活幫助，或生活需求的滿足，其中有一部份屬於物質層面，例如，許多口供都提到，會黨起會的目的，都因「思其貧困」，所以想透過結社獲得物質上的支援，甚至不惜結夥搶奪他人財物。但這並不是說，加入會黨及秘密教派的人都是移民社會的流民，也不是強調他們一定與地方共同體處於實質的對立關係，但從大部份的口供中獲得的概略印象，會黨的組成份子都有這些傾向。

所謂「實質對立關係」的形成不是單方面造成，亦即，秘密社會與主流社會的衝突不能完全歸因於主流對非主流的排斥。例如，清代社會的流寓人口中，除了上述游離於移民社會的流民外，存在一群較特殊的人口，他們沒有土地的根，常隨波逐流。這些人在中國傳統社會由來已久，他們不士、不農、不工、不商，不眷戀土地，沒有固定住所，最典型的職業如江湖賣藝、戲班子、臨時工、行乞者，臨時工包括拉夫、礦工，以及當時的織工、染匠、踹匠。這些脫離傳統生產秩序的賤工、臨工是因生存問題造成的社會特殊人口，常被視為化外之民，對主流社會普遍缺乏歸屬感（而非主流社會對他們的排斥）。他們的生活環境常發生物以類聚的自然情況，或因工作在一起，

形成一股集體力量，使他們在面對利益衝突時，動輒使用暴力，故常引起統治者的注意。以清朝重要的紡織工廠內的臨時工為例，其背景和漕運水手類似，大部份是從農村流出的勞動人口。他們在城市沒有根，常常會聚眾鬧事。乾隆時期就有官員奏議對踹匠立法約束：

> 查蘇松踹匠雖分散各店，而往往群眾作奸，歷為地方之害，李衛所奏立法禁約，於地方有益，應准其具題。[19]

事實上，清朝統治階層對諸如踹匠這類游民早有所惕，也提出相應的對策。康熙三十七年（1698 年）在松江府婁縣便有相關的公告，周知各布坊要對踹匠「勒石永禁，不許結黨生事」[20]的禁令。康熙五十四年（1715 年），嘉定知縣出現這樣的告示：「包頭內擇老成者為坊（踹坊）長，管轄九家，如容留流棍（即游民踹匠），坊長十家，一體治罪。」[21]當官方用「流棍」取代「踹匠」，所有從事這類工作的人被輕率地污名為某「潛在的敵人」。意思是：「原來應該在一般社會交往中很容易被接納的個人，只因為具備一項突兀的特質，而使他遇到的人對他產生厭惡。」[22]從踹匠、冶礦工及各種臨時工，到街頭賣藝、酒館跑堂、

---

19 ＜奏議李衛奏請蘇松踹匠准其具題摺＞，《宮中檔奏摺-乾隆朝》(台北：國立故宮博物院)。

20 引自馮爾康：《生活在清朝的人們》(北京：中華書局，2005)，頁 30。

21 引自馮爾康：《生活在清朝的人們》，頁 30。

22 Erving Goffman，曾凡慈譯：《污名—管理受損身份的筆記》(台北：群學出版社，2010)，頁 5-6。

歌妓及娼妓，無一不是底層社會日常生活的一部份，他們的「突兀特質」卻是統治者參考過去經驗值的預設，雖然部份是真實的，部份卻是透過想像而來。

這種策略造成的後果是，把他們推向一個反社會的境地，強化了社會中「內團體」（in-group）和「外團體」（out-group）之間的隔閡，埋下日後衝突的種子，例如，乾隆為了防止宗教結社滋事，下令摧毀江南漕運水手的信仰廟宇，反而促使青幫的誕生。這種由政策形成的內外團體之間因為欠缺互信機制，隔閡始終存在，內團體的人把這些人排除於團體之外，逐漸的，被視為團體之人也自為性地形成內團體，並視相對的社會為具有敵意的外團體。物以類聚，人以群分，暴力型的民間結社常因此而起。

以上僅以一般性的現象說明如何在政府的政策下形成會黨的可能性，但它不一定完全符合清代會黨產生的客觀條件。最重要的，任何秘密結社不可能完成獨立於母社會而存在，自成體系的過程也受到母社會的影響，只是外顯的行為超出主流社會的期待，才受到主流的否定與排斥。但任何社會都經由微小部份組成，而且是透過日常生活不斷結合與重組。會黨結社的理由和行動的目的一開始都只是一般社會生存問題無法透過正常方式解決，或者現實生活不能自我滿足的情況下，企圖結合他人的力量得到補償。當然，這種社會心理學取向的解釋必須把重點優先放在社會條件上。

宗教結社的外在因素與會黨有些類似，例如，山田賢的《移民的秩序》一書也提出移民社會對白蓮教產生的影響。雖然山

田賢的重心集中在白蓮教「為什麼叛亂？」，而非「為什麼結社？」但他也論證了白蓮教在「地域變動」之中被組織起來的過程與事實。民間宗教結社是從民間信仰形成一個組織，是民間相對自主性形成的信仰結社。大部份的中國民間信仰都保留著草莽性格，雖與主流文化格格不入，卻是民間組織的本質。由於這樣的性格，吸引的對象多屬於低層社會的群眾，他們在互助的基本需求下，投入白蓮教這類宗教組織，可以產生加入會黨同樣的好處，同時得到精神滿足。

　　民間宗教結社既然流著民間信仰的血液，其信仰的模式和民間信仰就有一致性。如果排除特定人以特定目的組織宗教結社不談，就白蓮教而言，它就是民間信仰的一部份，加入白蓮教信仰如同對熟悉的神祇行信仰儀式一樣理所當然。白蓮教走向叛亂通常與他們結社背景沒有直接關係，叛亂行為的發生大部份由上而下的發起，即由組織中的核心發起，非全由外在環境讓他們起了叛亂的決心。韓書瑞（Susan Naquin）也採同樣的說法，他對白蓮教在中國的生存狀態有極貼切的描述。他說：這一宗教的信徒通常只關心自己個人的祭拜活動，但他們預料將會出現一個災難深重的時期，到那個時候他們就不能過正常的生活。[23]這裡還是強調，外在環境的困境不會間斷民間信仰的持續，因為信仰是人們生活的一部份，不輕易受外在因素影響而中斷。即便他們因特定目的而結社，也把結社的基礎奠基於信仰的日常生活化，以信仰去吸引人加入，而不是強調外來環

---

23 Susan Naquin，陳仲丹譯：《千年末世之亂-1813年八卦教起義》(南京：江蘇人民出社，2012)，頁3。

境因素。然而，人們的信仰固然不會輕易因為外在因素而中斷，外在因素可能改變人們的信仰，或者吸收沒有信仰的人加入。這種現象尤其在社會出現類似預言所描述的現象時（天災、兵燹），加入民間宗教結社的動力會被強化。相對而言，真正的天災人禍不一定促使人們成立社團，但會讓加入既有社團的意願提昇，甚至脫離原有原生團體，轉而加入其他社團。

就以上的分析得到結論是，民間秘密教派的結社受到外在環境影響的因子與會黨有相同之處，也有所差異。綜合來看，兩者在不穩定的社會中受到信任，會黨提供互助，秘密宗教提供心靈庇護。但這種外在因素只顯現其原則性，更正確的說法是，因為流動社會造成的不安定，例如被隔離、被限制或被監視，這個不安定的群體物以類聚，企圖從這些限制中走出一條生路，所以他們成立了目的性的團體。民間結社有相當高的自主性，在多方監視之下，投身不同的秘密結社自然有不同的需求，會黨與宗教結社是不同的類型，在相同的環境下提供不同的結社理由。只不過，這些外在因素都是否決定兩者走向政治集體行動，則待後再進一步討論。

二、結社的內在邏輯

民間秘密教派是一個延續性的民間結社，人們加入宗教結社大部份與信仰有關，這是一種民間生活的文化習性。因此，即便教首對結社另有所圖，也是透過信仰為手段去完成。中國民間教派淵源甚遠，東漢末年的五斗米教相當程度表現中國傳統社會宗教結社主要特色：一種互助性、信仰性、集體性，以

及可被支配性。吊詭的是，宗教結社既然是互助的，加入民間教派的人為什麼甘心受別人支配？回答這個問題不難，就團體內的互助而言，它需要有統合力量的機制。不過，此一問題與民間教派為何走向集體暴力的答案不同，並非所有宗教結社都會走向這條路，何況人們加入宗教結社之前，不會被告知加入的團體與政治目的會有關聯。就宗教結社的主體而言，他的宗教行為是基於對信仰的需求，雖然宗教可以激發人們的集體興奮，人也容易集體興奮所感染，但需要情境的配合才可能與政治目的連結。

所以，人們為什麼加入宗教或相關的結社，通常是基於精神生活的需求，但在實際生活中，人們更需要物質生活問題的解決。既然結社的目的是互助，宗教結社如果僅以信仰招徠信徒入教，效果恐怕有限，所以民間教派發展出各種招攬教徒的方法，有些方法以解決教徒生存問題為噱頭。明代末期的聞香教教主王森是當時的大地主，他利用捐地享受免田賦，也透過民田分佃收徒，養了一批忠心的白蓮教徒。這些人後來成為他的兒子王好賢和徒弟徐鴻儒共同發動的白蓮教叛亂中的主要成員。[24]清初，王家後代曾經複製過去以田養教的經驗，但隨著清政府對王家後代進行抄家式的清剿，田產被沒收，以田養教在王家才成絕響。

以田養教並非王家白蓮教的特例，嘉慶年間，清政府查獲張四鬍子以同樣的手法糾人入教：

---

24 酒井忠夫著，青格力譯：＜善書的流傳以及新儒教、新道教和民間信仰＞，收於路遙編：《民間信仰與社會生活》(上海：上海人民出版社，2011)，頁 54-55。

> 邵俊供：張四鬍子攬種旗地……張四鬍子說他是白
> 蓮教，叫我入了他的白蓮教，他將旗地轉租幾畝給種，
> 還可減讓租錢，我因沒有錢租地，不願入教，張四鬍子
> 又說，既沒有錢租地，若肯入白蓮教，將來秋成後收取
> 旗地各佃戶租錢的時候，叫我跟著他去扛租錢，有一畝
> 租錢給我十個大錢。[25]

信仰是文化習性的一部份，以田養教則著眼於教徒的生存問題的解決，生存問題可以吸引人加入秘密宗教結社，即便它可能是非法的，但這些條件尚不足構成像白蓮教這類具有政治鬥爭經驗的教派走向集體行動的真正理由。若以「人們為什麼結社？」去檢視宗教結社，有一個問題必須先理清，組社團和加入某個社團是不同的行動層次，前者是主動的，後者被糾入教是被動的。所以，以文化習性和生存問題去回答「為什麼要結社？」時，必須有優先順序。宗教結社的習性一直存在於中國傳統社會中，這裡的「為什麼要結社？」主要是追問清代白蓮教為什麼會被再一次集合起來，而文化習性和生存問題觸及民間信仰活動的普遍狀態，對解釋人們為什麼要結社的一般性條件都含蓋在裡面。另外，關於天災人禍是否促成民間教派的形成，這個問題雖然屬於外在條件，但既然結社文化和信仰文化本來就普遍在於民間，天災人禍不過是給人們一個再現結社文化的理由。

---

25 〈白蓮教邵俊供單〉，《軍機處檔摺件-嘉慶朝》，編號：050181，(台北：國立故宮博物院)。

　　所以，民間信仰的習性形成結社文化的普遍化，它與生存問題可以交互影響民間宗教結社，也可以單獨成為結社的原因。在平常時期，生存問題集中在物質條件的改善，它和信仰的精神生活的重要性並列。常見的一般民間結社內部活動，包括傳徒及收取根基錢，都足以說明，人們熱衷於結社的目的很大部份是基於利益的獲得。一旦社會發生重大的生存問題是結社內部無力解決時，信仰的原因就相對落入次要，此時，宗教結社就不再是單純的信仰組織或互助團體。

　　大部份的秘密宗教教義不會強調反抗主義，但從宗教結社發展出來的各種社會行為，包括各類型的集體行動，不一定完全從信仰目的所產生出來，很多時候是由彼此日常交往中透過互動建立起來的。山東王倫的清水教在這方面的表現最典型，他所收的徒弟男女不拘，傳教更不以傳授經文為本，而是透過治病、練拳和收義子義女的手段。這些關係一經確立，基於對倫理關係的重視，純粹的師徒關係很容易形成有形的支配關係。

　　這個例子並非強調王倫的清水教不重視信仰，而是說明，即便白蓮教以信仰做為傳教的前提，仍然需要透過其他更具入世的手段達到集體意識的建立。相對於會黨，白蓮教的目的單純許多，入教者的動機一開始通常基於信仰的理由，與會黨有強烈的行動目的有大的差異。不過，從結果來看，兩者往往殊途同歸，許多宗教結社最後走向利益爭奪和集體暴力，產生這樣發展的關鍵已經不是來自信仰或教義，而是在結社後才發生質變。宗教結社之後的質變，意味著結社內部不再單單從信仰的基礎去凝聚群體，而是在內部群體中發動超越信仰及其教義

的行動，原來的信仰基礎因為被行動所超越而弱化。

　　會黨結社原因在主觀因素上和宗教結社類似，但也呈現些許差異。雖然宗教結社是中國民間結社的原型，但大部份的宗教結社與以信仰為出發點，會黨則在互助的強調上更甚於宗教結社。互助在結社的原始設計是分工合作，目的是為了在共同事物上相互協助。但會黨的特質與民間一般結社不同，它傾向暴力，法律上被視為非法組織，所以他們互助的手段、目的也與非法及暴力有所連結。[26]會黨使用暴力通常有兩個時機，一個是利益的爭奪，另一個利益的保護，包括保護自己或必須被保護者（如家人或組織成員）的生命財產。會黨利益爭奪與民間教派利用信仰「斂財」在形式上不同，兩者都被視為非法，但使用暴力更涉及社會治安問題。

　　　　小的鄒永祿，又叫鄒滿二，假名劉榮德，原籍湖廣，住在金堂縣，年二十歲，父母俱故，在外遊蕩。今年二月間在墊江縣地方遇到朱大漢，跟他到楊通廟與胡範年、劉鬍子、廖豬販子們入夥。胡範子起意邀眾人要搶大客商銀錢，小的應允。三月初一日在巴縣地方與胡範年們一夥人同到合州草街子歌宿，並未搶竊，不料場上人報了官。初五日早，小的先已起身，隨有兵役來拏，

---

26 「會」與「社」都沿用於中國傳統社會集體制度的用語，它有集體的意思，結會或結社在中國清代以前的社會同時存在於公部門或民間。古代結會或結社不一定涉及不法，但民間集體行為一向被統治者所顧慮，對各種民間結社從嚴檢視，清代統治者尤然，而這裡指稱的「會黨」是指天地會為主的暴力型「非法」結社。

> 胡範年們拒捕傷人，小的並未在場，只一同逃往梁山墊
> 江，胡範年們又搶奪過客銀錢，傷了事主。聽得官兵四
> 處查拏，大家逃散，小的也各自走了。[27]

　　許多查獲的會黨案口供中都把對他人使用暴力做為他們結社的目的，對他們來說，這是解決生存問題的方法。會黨這種解決生存問題的方法一直沒有改變，即便後來部份會黨產生政治意識形態，始終沒有改變使用暴力滿足生存需求的特質。只不過，當解決生存問題不必依賴搶奪或其他直接加諸他人的暴力時，暴力會被刻意隱藏起來，例如，晚清以後，許多勢力較大的會黨利用本身的影響力開設賭場、烟館、妓院以獲利，他們的暴力隱身在圍事、爭地盤之後，以合法掩護非法，官方的干預變得不那麼直接。

　　會黨以「互助」為結社理由，互助實踐是他們日常交往時的最高原則。會黨起會常見的原因包括貧困，企圖藉眾人之力獲得好處，可見，他們的集體性為「互助」這個集體道德所維繫，在這個維繫之繩尚未被另一套規則取代之前，「互助」原則是成員形成連帶關係，並且確保這種關係持續的保證。另一種情境也可能促使會黨結社，因利益爭奪形成集團與集團之間的仇恨，為了報仇，或爭利，利害關係相同的人以結社的方式形成團體，遂行他們的目的。這種結社形式尤其以移民地區最為常見。移民常因新來後到，或者地緣及血緣的分類而起衝突，

---

27 〈奏報搜獲噶匪首犯審明正法並現在辦理中情形〉，《軍機處檔摺件-乾隆》(台北：國立故宮博物院)。

結社以求自保，或捍衛家產。嘉慶二年，台灣淡水楊肇組織小
刀會，當時在台閩廣兩個聚落早有宿怨，楊肇乃起意打劫廣東
莊：

> 嘉慶二年十二月初間，我同鄭化們閒談，起意仿照
> 天地會結盟，同心舉事謀叛，大家應允。……大家推我
> 做會首，鄭化們七人都做頭目，拜天立誓，歃血飲酒，
> 鑽刀定盟。我說一人有事大家幫，泄漏機關劍下亡。……
> 我想閩廣莊素有分氣類，必須激成械鬥，可以掩飾結會
> 情形，以便乘間起事，我就製造「漳泉滅廣」布旗。[28]

楊肇領導的小刀會在十二月初起會，二十日就豎旗打劫廣
東莊，殺死廣東籍魏華古等九人。在口供及奏摺中都提到，楊
肇企圖利用械鬥掩飾他們「謀反」的事實。這種說法當然不無
可議之處，不排除官員為了方便定罪，歪曲了真相，打劫廣東
莊基於雙方私怨（分類械鬥）的可能性較大。況且對小刀會來
說，這麼少的人（根據奏摺，被逮捕的人共計七十五人）在這
麼短的時間決定進行叛亂，可行性微乎其微。

會黨的結社模式說明他們建立共同體存在明顯的目的性
（互助），這個目的性因為不同的目標設定展現不同的行動方式
與結果。他們在「有事大家幫」的共同目的下結社，其集體力
量在結社的同時被建立，但力量投向何處，則按不同的情境和
互助的方式而有所不同。互助成為會黨的集體道德，天地會甚
至從中發展出內規，這對天地會後來的發展意義重大。

---

28 〈台灣鎮總兵當阿奏審擬楊肇等結拜小刀會摺〉《天地會》（六），(北京：中
國人民大學出版社，1987)，頁78-79。

　　從之前分析外在環境和會黨結社的原因分析中，兩者看起來似乎形成一種被動關係，但這樣的解釋可能產生由外而內的盲點，容易把會黨對社會或統治者的反抗導入決定論的模式。所謂「秘密結社」，意味著法律不允許他們公開行動，至少不能公開他們的集體行為，所以在制度下他們沒有自由。但對結社的個體而言恰恰相反，就因為他們想實踐個人自由，所以企圖脫離規範，不管是制度性規範或傳統規範。所以，若問秘密社會為什麼結社？以下應是個適切的回答：因為結社可以藉眾人之力獲得個人無法企及的慾望。這種慾望如果有特殊情境配合，可能往諸如統治慾望轉變，甚至可能發展為政治慾望，那就與叛亂連繫起來了。

　　如果信仰與情感的總合可以構成一個明確的生活體系，[29]那麼，白蓮教也好，天地會也罷，他們的生活體系不同於一般社會大眾的生活體系是毋庸置疑的。恰恰因為他們的生活從一般社會生活體系中被區隔開來，所以更凸顯自成體系的特質。他們所以需要結社，正是因為他們試圖在結社的實踐中體現在現實社會生活所被抑制的個體慾望。

第三節　社會互動的日常實踐

　　關於清秘密社會集體行動的宏觀因素與微觀因素的關聯性，經過以上的分析，已經有一個相對清晰的辨識。同時，我

29　Emile Durkheim,：《社會分工論》，頁 36。

們從中得到一個重要的事實：微觀因素是秘密社會形成集體行動的關鍵因素。由於白蓮教與天地會均為長時間形成的牢固組織，與一般臨時起意的烏合之眾不同，更容易看到微觀因素與集體行動之間的因果性。但秘密社會用什麼方式實踐他們的日常關係？以什麼形式進行互動？即本研究所設計的五種向量所表現出來的社會內容。本節就五個分析面向，討論它們在白蓮教與天地會各別的意義和重要性。

一、白蓮教

秘密結社是某部份社會群眾的集合體，這個群體的成員與一般群眾的生活環境與好惡理應沒有太多不同，只不過，他們用極端的手段呈現自己特殊的生活方式。在日常生活中，信仰、情感及生活慾望提供秘密結社的原始動力，這些是結社的起始點，也是他們產生互動的內容。因應秘密結社成員之間的互動產生各種結果，秘密社會組織一方面從中吸取有利的部份，一方面對發展不利的部份進行規範和防制，這是秘密結社確保自己得以持續發展的重要手段，而且它表現在他們的日常生活的交往中。

每一個構成秘密社會統一體的因素彼此自成重點，但環節相扣，而且表現於日常生活中。沒有這些日常實踐，無法建構秘密結社組織的特殊性格，也就難以從細節中推測他們集體行動的動能。所以，必須先從瞭解秘密社會的關係結構開始，從其組織構成方式和結構大小，去觀看整個組織足不足以提供一次動員能量。就白蓮教來說，因為以信仰做為結社和動員的理

由，比起天地會，白蓮教在人力動員有其優勢，但在組織結構上比天地會更複雜。明代的白蓮教就有所謂的三宗五派、九幹十八枝、九宮八卦、五行十地等名目。[30]不一而足的分枝散葉，讓白蓮教以輻射型網絡在民間傳教，關係脈絡環環相扣，構成一個共同體生態，生態系統裡每個人命運相依。清代的秘密宗教大部份遵循這種組織建置與發展的模式，即便在官府的權力監視下，依然持續不斷發展，保持關係網的活絡。

保持關係網活絡的前提，必須建立可讓關係結晶化的生活脈絡。我們進一步考查白蓮教的歷史與組織發展，可以看到一個比較清晰的進路，那就是，白蓮教對師承系統的重視。以影響清代白蓮教系統極大的明代灤州石佛口王姓白蓮教系統為例，這個系統的白蓮教強調三教（儒、釋、道）合一，即白蓮教在佛教範疇加入其他信仰，尤其引入當時流行於民間的羅教。王家白蓮教因為大量引進民間信仰，他們的傳教因此更融入一般群眾，勢力擴展快速，遂於天啟二年（1622 年）由王家白蓮教第二代王好賢與門徒徐鴻儒發動叛亂。失敗後，王家潛伏民間，用各種不同的名目在各地繼續傳播白蓮教。而後，王家代代以傳播白蓮教為職志，直到清代中期，王家傳人才逐漸凋零，但白蓮教已在社會紮下穩固的基礎。

其實，王家把白蓮教當事業經營，很重要的原因是透過社會脈絡的建立以圖利，這在白蓮教建立人際網絡的理由上是重要的動能，儘管這個動能可能是單方面的。建立關係脈絡是秘

---

30 劉平：《中國秘密宗教史研究》(北京：北京大學出版社，2010)，頁 179。

密宗教傳教工作的必要過程，傳教的目的是傳播信仰，透過信仰的接受與否，才確立傳教成功或失敗，關係脈絡也同時被確立。所以，信仰才是傳教的必需工具。明代秘密宗教信仰的傳播一直得力於「寶卷」的廣大流傳，清代的秘密宗教雖然還保留著看似系統性的「寶卷」，內容已經脫離傳統經文的精神，而是因應社會環境和行動目的進行修改的「創作」。[31]原來，民間秘密宗教的「寶卷」除了部份藉由書卷流傳，但底層群眾受限於識字能力，通常需要透過說書及民間戲曲才得以普遍流行。明代傳教方式中，寶卷的使用佔有重要作用，但因寶卷的文字限制，影響力有限。清代的秘密宗教為了擴大寶卷在民間傳播的效果，傳播者把深奧難懂的佛教教義，用通俗的語言重新編寫，或加入故事性較強的民間故事，以符合表演及說經的格律和內容。過程中通常有意無意中也匯入重編者的個人意志，並且與現實生活結合，以逼進生活現實，進行心靈的交往，教義與教眾在生活上產生連繫，傳教者與教徒得以產生相互依賴與信任。秘密宗教如同大部份的民間信仰一樣，對教義的傳播與一般民間信仰具有同樣的期待，都以順利進出教徒的心靈為主要目的，如同通過宗教灌頂儀式。所以，從某個角度而言，秘密宗教結社的傳教就是一場儀式性過程，透過此一過程，彼此在的心靈上建立了統一性，進一步建立生活共同體。有了這些

---

31 以王家白蓮教為例，其所傳寶卷中以「三教應劫總觀通書」，這本寶卷後來成為影響清代白蓮教信仰最大的經書，同時，王家也是把三教合一傳入清代的重要教派。見王爾敏＜灤州石佛口王氏族系及其白蓮教信仰傳承＞，《近代史研究集刊》第十二期，(台北：中研院近代史研究所，1983)，頁13-40。

內在的基礎，行動上就容易建立一致性。這是由信仰形成的社會連帶。

　　強調信仰所建立的社會連帶與日常生活的關係，主要在說明秘密宗教的集體信仰和他們的社會連帶的一體兩面。一般社會產生集體信仰的目的是為了架構社會信仰秩序（如法律或道德），在這個秩序下，社會連帶同時獲得穩固。建立新秩序需要長期的磨合，過程往往冗長複雜，但秩序一經建立，則具有穩定性和持久性。除此，秘密宗教建立信仰的另一個目的是構成個體之間的連帶關係，因為他們對連帶關係的確有急迫性，它關係到彼此是否有進一步發展集體意志的可能性。由信仰建立個體關係，再經由個體關係的透穿性，交織出大整體的信仰體系。

　　在建立以信仰為基礎的關係網過程，情感與信仰如影隨形。情感與信仰是秘密宗教用以支撐人際關係的兩大支柱，教首與教徒之間透過兩大支柱環抱成一個虛擬的大家族，具有實質的親密性（如義父義子關係），這種親密性又因信仰而被強化。但秘密宗教結社通常兼具橫向及縱向雙管齊下的組織方式，只憑情感與信仰形成的親密性要維繫一個時刻面臨生死交關的組織有一定的難度，這意味著情感與信仰在組織中產生效果有其限制性。就組織的完整性而言，信仰與情感都屬於心理層次，秘密宗教結社勢必從行為的外在去建立防護機制，外在機制通常與懲罰有關。

　　一般的宗教道德對日常生活有指導功能，卻無法單獨形成集體連帶，因為欠缺行為意志的驅動力，所以要訴諸情感。但

感情具有相對主觀性而常有變數，不能僅僅依賴情感建立連帶關係。信仰、情感與社會關係相輔相成，以此做為對內關係的黏著劑，可降低彼此關係結合的溶點。但面對利益關係或生死交關時，需要另一種不同於親密性的中性條件去調合因為利害關係出現的裂痕。如果前面表述的各種因素：信仰、情感與社會網絡等作用是一種長久存在的、代表機械連帶社會團結的重要條件，當這些條件無法修補或預防連帶斷裂的可能性時，就必須另行建立機制。因此，「懲罰」在情感的對立面另立一個驅動集體意志的功能。宗教信仰並不適合以世俗法規規範教眾的生活，只能藉由改寫教義勸人為善，或利用災難預言強化信仰中心權力的象徵性。白蓮教常以人們害怕災難、趨吉避凶的本性，在關鍵時刻祭出「末世劫難」，通過不可預見的懲罰達到威嚇的目的，進一步建立信仰的共識。宗教性懲罰與世俗法律的懲罰不同，以死刑為例，同樣面對死亡，法律上的死亡只有行刑前肉體疼痛的恐懼，宗教性的死亡不只是表現對肉身消失的懼怕，也對如何死亡，何時死亡及死後靈魂何去何從都會產生不可預知的恐懼。因為不可預知，所以有更多想像、更多層次的畏懼。

宗教懲罰看起來相當現實，對教徒的精神生活反而因此具備了支配性。人們創造宗教不是希望從宗教中獲得信仰的喜悅，更多時候是為了獲得關於災難的提醒，這種宗教提醒通常也會帶出救贖的機會。宗教掌握了對災難的提醒及消災的話語權而形成支配關係。即便支配形式明顯形於外，預言有不可預測性，只要人類需要宗教，關係就會存在。災難性預言在民間

信仰中不一定看得到，但它往往被秘密宗教做為支配者與被支
配者之間權力關係的定位。我們在白蓮教中看到其他制度性宗
教看不到的東西，這些東西扮演它對教徒精神及行為形成的宰
制。石佛口王家留下來的《彌勒出西寶卷》，就針對末世失序的
社會及政治現象發出警告，做為一種說服性的提醒：

> 如今末劫動刀兵，癆病災難，瘟癀相侵，夫妻不顧
> 各逃生，多受飢寒，有屈無伸。……數年五穀不豐登，
> 缺糧飢寒，又遭刀兵。南北兩直十三省，鬧鬧哄哄人受
> 災星。[32]

透過對現實的批判，寶卷希望喚醒人們不滿的情緒，期待
世界的改變。災難做為白蓮教「告誡」的利器，當然也充份善
用了這股「教民的憤怒」，化作聚集群眾的利器。

所以，白蓮教的懲罰精神層次大於肉體，不像法律具有立
即的威脅，影響卻相對深遠。秘密宗教透過末世論的預言和神
明前的立誓，教徒自願對教首效忠，金錢的供養及身體實踐能
量源源不絕，局外人不明究理，瞭解其自我合理化的內在邏輯
後，自可了然於胸。這種內在邏輯合理化過程通常也是一種集
體意志的建置過程，宗教既是集體的產物，集體意志的產生必
然經過彼此互動的結果。不管信仰傳播如何發生，信仰的核心
價值一定透過人際之間的互動才獲得加強，尤其透過集體的力

---

32 喻松青：＜《彌勒出西寶卷》研究＞，收於馬西沙編：《當代中國宗教研究精
　　選叢書—民間宗教卷》(北京：民族出版社，2008)，頁105。

量把預言式的懲罰在日常生活中不斷重複、不斷堆疊。

不過，一般來說，秘密宗教相當程度承襲了古老的信仰道德。所以，非所有民間宗教教義都與政治有關，也非全是「怪異邪說」，很多秘密宗教教義延用正統佛教，富有社會教化，如「三皈五戒」中的「五戒」指戒殺、戒盜、戒淫、戒葷、戒誑語。戒律是任何宗教基本教義的一部份，也是教眾行為檢驗的依據，其他一般生活中的禁忌也多來自傳統民間文化的道德部份，包括從人倫關係中發展出來的「規矩」，都可能成為宗教的懲罰戒律。這些從文化中摘取的道德戒律，對入教者而言，因為熟悉又具有文化上的親近性，自然容易融入，對教眾的擴充有助益。具有文化道德的戒律乃秘密宗教建立共同體重要條件，只不過，戒律不一定適用在所有的狀況。當傳教者的傳教目的抽離了社會教化、勸人為善，而是斂財、騙色，甚至是發動集體政治暴力，一切社會關係都將一夕生變。

白蓮教的集體行動通常會因為暴力而使得戒律屈居個人意志之下，平常因為戒律而臣服的身體在行動時變得更馴化於人際關係。例如面對生死交關時，戒律只能退居二位。當這種例外出現，白蓮教的懲罰手段就變得直接而殘酷，畢竟生死交關。當他們必須以準軍事行動整合教眾力量，戒律及道德就不再重要，教首與教徒的關係反而成了必須履行的義務。但這種情形只有在進行特殊動員時才會發生，在日常機制中，懲罰只寄寓於信仰，「害怕懲罰」因此變成信仰的一部份，並且將之行為化。

白蓮教懲罰的背後常隱藏利益的獨占。在秘密宗教的世界裡，教首與少數師父瓜分教內的利益，普遍性的利益分享在白

蓮教內並不多見，而更多是以「兵刀之災」威嚇，教眾或以求安的心態、或以保命的前提獻出金錢（根基錢或打丹錢）。在這裡，金錢不但做為關係的媒介，也被用來做為與信仰對象的交流手段，所以被視為神聖的舉動。在神聖象徵的光環照射下，利益的交換也變成一種與信仰般的合理化，進一步美化各種內部的利益行為。但與其說，物質上的承諾是一種「誘惑」，不如說是履行民間結社的本質—利益分享，當然，這種分享是以「交換」的原則出現，利用物質性承諾，換得人力的支援。

> 據孫家望供稱：……我平日卜卦算命營生，嘉慶八年六月十三日……蔡奉春到我家勸我吃齋，蔡奉春說目下年成不好，要死人，此時是三個佛爺管天盤……叫我出錢四百文作根基錢與我天榜掛號，地府抽丁，並說彌勒佛現今臨凡投胎……並叫我初一十五吃齋虔誦咒語可免災……將來如有刀兵，凡念咒的人就可免劫。[33]

「供養」與「分利」構成許多秘密宗教上下關係的重要連結，雖然不能排除根基錢被少數人挪為己用，有了奉獻基根錢的動作，才讓我們瞭解「金錢」在秘密教派中教徒與教首之間扮演的角色。「利益交換」及「利益共享」在秘密宗教是只能做不能說的秘密，官方把秘密宗教利益獲得的手段視為「斂財」，若與一般百姓的稅賦義務比較，教徒供養教首可以得到某些不

33　〈奏為拏獲習教斂財傳咒之犯先將連日親訊供詞恭摺具奏〉，《宮中檔奏摺-嘉慶朝》，編號 404018945，(台北：國立故宮博物院)。

具文的承諾，或者情感的歸屬，反而具有實質效益。當然，更具體的是，一旦秘密宗教有了政治企圖及行動，為了進行動員，利益下放的程度會被放大，而其目的在利誘。

二、天地會

將焦點轉移到天地會。同為「秘密社會」，天地會與白蓮教在建立社會關係方面還是存在許多差異。天地會成員多來自社會的游離份子，他們通常以互助與自保的前提加入會黨。不過，依民間結社的「互助」模式建立的結社，不代表行動時不會強調利益爭奪的目的性和優先性。天地會的行動雖以集體主義的性格為其特徵，實際的運作上卻常呈現個別性和階級性。個別性出現在面臨利益衝突時，而階級性則在組織化之後呈現。

天地會是一個集合名詞，就像泛白蓮教一樣，「泛天地會」的分支以不同的方式繁衍，名稱也不盡相同。但他們有相似的組織形態，雖然不一定有從屬或傳承關係，但「互助」幾乎是他們的集體價值。「互助」這個概念立基於「互利共濟」，用接近他們的話來說，就是「有福同享，有難同擔」。所以，從結社的本質來說，利益共享是他們的最高原則，其社會網絡的連結也建立在利害關係上，「社會關係」與「利害關係」緊緊相依。大部份的會黨長期浸淫在暴力中，使用暴力的目的無非為了牟利和尋求保護，社會關係的建立當然不離這些思維。然而，純粹的利害關係結合並無助於會黨建立積極的社會連帶，會黨是人的結合，人與人的接觸必然涉及倫理的問題。師徒關係或兄弟關係建立之後，必須經過許多內在因素提供維繫關係，這點

與秘密宗教結社類似。

　　所以，天地會不管以什麼形式建立人際網絡，都需要某種方式或手段確保網絡於不輟，而情感是建立連帶關係不可或缺的因素。「情感」乃形成集體意識的重要元素之一，民間結社表現情感聯繫的目的在確定彼此的關係，關係確立後才可能有進一步的合作。雖然情感具有主觀性，但以集體意識的建立為前提的情感，必然兼具客觀的、外在條件的要求。就像宗教結社，會黨需要情感的建立，以穩定結社的內在基礎，但這種情感不是建立在主觀上一個人對另一個人的感覺，而是以產生集體情緒及集體認同為目的。在這個前提下，情感意味著可以被某種集體氛圍建構。然而，集體情感並非隨時都堅如盤石，它之所以能形成又能持久，需要經過外在壓力的考驗，包括生死威脅及利誘。過程中，集體情感被各種力量所轉化，可能因此削弱，也可能因此被增強，更有可能被當作工具操作。所以，從某個角度而言，天地會建立情感所以重要，背後的功能性意義比情感本身帶給成員的愉悅或其他效用都來得大。「講義氣」是會黨最常見的集體情感，在通俗文化中，這是高貴的情感體現。不過，一旦這種情感被通俗文化昇華成為集體價值，就具有動員的能量，因此也容易被操作。

　　集體情感提供組織合作的基礎，但進一步的團結要靠信仰。清代天地會在晚清投入政治革命，但大部份的會黨並不存在政治信仰。天地會成立初期不存在任何政治信仰，爾後為了確立自己的信仰，才以小說的方式進行擬真歷史，建立一套天地會反清復明的「虛構敘事」（fictional narrative）—西魯故事。

在「西魯故事」[34]的擬真歷史中，天地會編造了康熙皇帝火燒少林寺的故事，僥倖逃出的五個僧人成立天地會，盟約報仇，使「反清」的論述有了立足點。五位僧人逃亡中，遇到朱元璋的後代，天地會與明朝朱家於是建立淵源，使「復明」的論述有了合理性，並且與「反清」無縫接軌。

信仰與行為的差別，一個表現在內在思想上，一個表現在外在的舉止上，兩者共構完整的信仰意義。從行為與目的的觀點，行為通常受思想所指揮，受信仰支配。天地會建立思想的方式透過儀式進行，目的在進一步確立組織成員的集體意志。雖然在客觀經驗上無法確定天地會建立的信仰對成員的行為構成的實際效果如何，其集體氛圍在天地會從事的反清行動中的確有明顯的效果。尤其當集體行動的召喚出現時，信仰和行為的紐帶會被集體的氛圍所連結。

情感與信仰產生秘密社會的內在聯繫，但這些內在聯繫並非堅固而不能被截斷，不要忽略會黨始終是一個以利益為前提的結社。如果秘密社會可以透過文化（如傳統、宗教符號或政治意識形態）建構認同，當然也可能因為這些文化力量的不足或受到其他因素（如生死交關或利益的誘惑）而被解除。因此，會黨建立一套懲罰機制，防止因為個人的背叛或其他因素危及成員的安全，這是會黨與秘密宗教不同的地方。

與白蓮教不同，天地會的懲罰機制明確，而且溶入信仰、傳

---

34 「西魯故事」普遍存在天地會的各類會簿中，史學界認為在目前既有文獻中，「西魯故事」的描述最具代表性的，首推由貴縣修志局所蒐集的會簿，可參閱羅爾網編著：《天地會文獻錄》(南京：正中書局，1943)，頁 1-40。

統與利益等內容。首先，天地會因為缺乏宗教信仰對成員進行精神約束，向宗教借用預言去建立他們的懲罰系統；由於缺乏血緣的連繫，會黨建立虛擬血緣，並以此規範違反血緣關係的懲罰，其中也包括利益原則。建立虛擬血緣與地緣宗族的目的異曲同工，但更強調強制性，這種強制性可以從誓言中獲得一些線索。天地會先天上缺乏傳統中國民間結社的同質性（血緣）及共同領域（地緣）的特質與條件，所以需要透過結盟，建立成員的同質性。但同質性的建立需要外力的形塑，懲罰就成了重要的手段。

文化的跨越是一個人納入新文化環境的必經過程，但長期處於新文化之下，是否依舊抱持初衷是值得懷疑的。即便集體氛圍可以在不斷的交往過程中為組織成員保持高度警戒，人性的疲乏和利害的糾葛往往防不勝防，用內規建立防範機制就成了必要手段。從官方文獻中可以閱讀到，天地會早期立會過程相當的隨意性。民間結社以互利起會，得先有「互利」的結社條件，才够吸引他人入會。在人少的組織環境中，口頭約定或風俗習慣足以使一個結社在共同監視下運作。一旦人數超過可監視的範圍，往往需要建立內規做為共同的規範。所以，天地會成立內規的重要目的乃在因應人數可能增多情況下，確保及延續虛擬血緣的效用。透過相對殘酷的懲罰制度，從對肉體傷害的恐懼威嚇中建立屬於會黨專有的道德系統，進一步達到精神及行為的一致性。

懲罰可以成為會黨特定意識形態形成的手段，但天地會是否僅僅靠誓言和內規就能維繫對內關係，尚有變數。秘密結社少則十數人，多則成百上千，所有組織成員是否願意無條件的

狀態被說服且臣服於內規與誓言之下，以秘密社會的成員背景及結社特性，不無令人質疑之處。就當時的客觀環境來看，自乾隆中期以後，清朝的社會控制就不斷遭到挑戰，各種社會力量開始相互整合，秘密結社更是蠢蠢欲動。這個情況下，要求會黨成員在這個時候堅守某一組織的誓言及內規，有實際上的難度（到案的犯人口供都不曾表述關於組織對規範的執行情形）。這並非質疑或否定會黨的懲罰系統，而是在上述懲罰難度的條件原則下，導出另一個秘密社會底層連帶的因素—利益。會黨的集體社會行動，包括一般暴力行動或政治暴力行動，都有目的性，其中，追求利益是重要目的。因為追求利益，他們有理由被集合起來。

懲罰是一個團體用以維繫對內倫理秩序的重要手段，但懲罰手段卻不能保證秘密社會永遠處於團結狀態。團體除了依賴懲罰制度維繫其倫理，避免因為倫理脫序造成的組織崩壞，同時要讓成員活在希望之中，對未來的所有憧憬，至少必須具備解決燃眉之急的功能，才能維持集體行動的動力。天地會的集體行動常常必須以生命相搏，成員之間雖然以生命相許，若沒有強而有力的利基為誘因，很難支撐成員的行動熱忱，而這個利基在信仰或內規上根本無法獲得。

根據大部份的口供資料的描述，組織天地會的目的有兩個：斂財及壯勢。斂財包括搶奪及圍事，壯勢則在遭遇危險時可以有所照應，相互支援，包括遭遇官方取締時，可與之拼鬥。兩種目的的實踐建構大部份天地會的真實面貌。大量的口供文獻都出現類似的陳述：組織天地會乃在因應貧窮。人們面對貧

窮的心態不盡相同，三五好友聚在一起，酒過三巡，常有超乎
預料之舉，結社是其中常見的舉動。而根據文獻，官方查緝會
黨的不法事證可歸納有三種：仇殺、搶奪、反叛，其中又以搶
奪財物由為大宗。甚至，為了私利，天地會成員也不惜同室操
戈。嘉慶八年，廣東東莞縣發生同族兄弟因利益反目成仇，一
方組織天地會搶劫另一方的案件：蔡廷仕及蔡斗南原為同族兄
弟，蔡斗南家有儲穀，蔡廷仕企圖用低於市價三十文的價錢向
蔡斗南買穀轉賣獲利，被蔡斗南拒絕。蔡廷仕心生不滿，糾人
結拜天地會，並於會後糾結三十四人到蔡斗南家搶糧燒屋，殺
傷多人。[35]

　　這個案例赤裸裸呈現天地會人際交往的現實面，如果把天
地會充滿異姓結拜的義氣之理，以及正氣凜然的反清復明詩句
與天地會的現實經驗做對照，恐怕會產生認知上的落差。就當
時的環境背景與生活條件，要求社會群眾鎮日懷抱「復國」大
夢簡直緣木求魚。就會黨的立場，或從立會的方便性及其效益
來看，成立會黨組織不但可以聚眾自保，又可斂財。會黨立會
的目的以能形成集體行動為首要考量，否則結社就沒有意義。
既是集體行動，利益及風險都由集體共同分擔。當天地會走向
集體暴力行動，從其中的風險分攤及利益分配過程可以看出他
們之間的連帶關係。

　　「利」把人從分散的狀態聚攏起來，把散漫的個體凝結成

---

35 〈兩廣總督倭什布等奏拿獲東莞縣天地會首蔡廷仕等人摺〉，《天地會》
　　（六），中國人民大學暨中國第一歷史檔案館合編(北京：中國人民大學出版
　　社，1987)，頁 446-450。

一個集體。天地會是個以利為出發點的民間結社，過度強調他們「復明」的革命特質顯然是溢譽之詞，惟在「反清」的意義上，從他們決定挑戰社會規範開始，就已經扮演了反清的角色。如果不從道德的立場切入問題，就底層社會的生活現實來看，民間結社以利為出發點符合「理性選擇」的原則，會黨自然不在話下。

第四節 小 結

「反清」最常被用來標誌清代白蓮教與天地會，但直接的因素連結大部份指向外在因素方面，而且往往是選擇性的強調，模糊了許多細節與真相。本章以「外在因素與內在因素孰重孰輕」做為主要論述軸線，企圖藉由白蓮教與天地會的「反清」，引出內外不同因素，思辨何者是造成秘密結社走向集體暴力、甚至走向反清的關鍵。本章的分析中，客觀的外在環境造成的分離意識，如社會等級及宗族制度，是秘密結社走向反清的重要催化力量，而經濟及政治問題通常在反清事件中扮演充份理由。但在論述過程中逐漸發現，內在因素在決定白蓮教及天地會反清動力來源上，扮演了不能忽視的角色和份量。透過這樣的視角觀看清代白蓮教及天地會如何啟動集體政治暴力的動能，除了可以彰顯兩者的特色，也對白蓮教與天地會的集體行動有更多元的詮釋面向。

　　清代的統治者對秘密社會的治理方式，不管是會黨或秘密宗教，一律採取禁制的手段，透過緝拿及極刑使有形的威脅獲得控制，但成效有限。清代秘密社會的「反抗」事件不斷提醒著統治者，其反抗的力道不但強勁，而且逐日增強，深入社會。這樣的發現強調一件事實，秘密社會的反清與清政府武力鎮壓雖有因果關係，卻沒有絕對性。因為事實證明，秘密社會的防線沒有因為統治者的強力查緝而崩潰，反而在逐次抵抗過程中找到生存方式。他們善用本身的優勢，例如社會連帶形成的關係網絡，把它運用在社會交往中，一點一滴地使自己壯大，也一步一步地入侵大清國所能掌握的社會基礎。就在一強一弱交互消長，一進一退的交互出現中，統治者對反清力量越見恐懼，也越採取嚴厲措施；受壓制者為求生存，越傾向採取武力對抗。

　　秘密宗教與會黨在各自以自己的方式形成生存世界，為了因應生存世界對內與外界的互動，各自發展出特殊的內在條件，形成兩者特殊的氣質。獨特的互動方式、對文化的挪用等等，讓民間教派及會黨在清代社會的傳統社會制度中獨樹一格。Simmel 說，社會形成於社會成員相互激起的快意和痛苦、利益與對抗不斷的發生中，而社會的要素（指社會的組成份子，如個人或團體）則借助這種起伏不斷地獲得、喪失和變化著它的均勢。[36]民間秘密教派自元代以來就扮演破壞政治均勢的角色，清代的白蓮教也在這角色上有積極的演出，會黨在這個角色的詮釋上更具關鍵性。由於這類民間結社在清代政治與社會

---

36 Georg Simmel,：《社會學-關於社會化形式的研究》，頁 12-13。

發生影響力，豐富了這段社會史及政治史。

　　當然，我們更關心的是，這些被強調出來的影響力與兩者的本質如何共同表現在他們的社會行為、尤其它們與組織暴力實踐之間的連繫。信仰、情感、關係、懲罰、利益五個面向與白蓮教及天地會內在的運作邏輯具有不可或缺性，它們分別造就了白蓮教與天地會潛在的不安定靈魂，就在他們與清政府的一來一往間，成為清代社會進程一個重要的社會要素。從清朝建立以來，民間秘密結社就不時發動局部性社會騷亂或大規模的集體政治暴力，不斷地挑戰統治者的治理政策與社會控制能力。不可諱言，社會環境必然存在可發動社會運動的客觀條件，尤其當相對剝奪感的發生由政策所造成時，反抗很容易被視為理所當然。不過，客觀條件不能解釋這些民間結社的反對運動為什麼與偶發的社會事件越來越不相干，反而越來見其以組織的方式進行計劃性反叛，而且組織以自成社會的形式進行集結和行動。從本章的分析可以得到一些梗概，但如何運行及操作，仍需要從細部去分析。

　　下一章開始將根據上述的發問，分別從白蓮教及天地會的真實案例身上尋找答案。在分析秘密宗教及會黨結社的內容中，可以發現白蓮教與天地會的兩不同的發展類型，但這是從「大環境」的視角綜合他們的異同，無法進入更細緻的社會觀察，所以有必要再從日常生活的交往及其領受文化習性的情況中去挖掘它們的社會真實。白蓮教和天地會存在同一時空背景，這個方便性提供了比較觀察的平台，免除因時間空間差異可能造成的錯誤。但更大的意義在於，可透過分析所得到的結

果，廓清兩者模糊又曖昧的關係，還給歷史一個真實面貌，這是進行秘密社會發展考察的必要過程。

為求研究的精準，以及避免因研究時間過長、對象太多而產生過多資料的干擾，以下兩章將以事件史為分析對象，白蓮教將以清中期白蓮教五省之亂為主，天地會則以台灣林爽文事件等兩起事件進行個案分析（case studies）。

第三章　清朝中期五省白蓮教之亂

　　清朝的盛世在乾隆時期達到高峰，當時中國乃是世界的強權，乾隆是當時世界最有權力的人之一。從表面上看，強大的大清帝國，理應同步反映在權力的施為上，因為中央權力的強大，意味著社會也同樣受到良好的控制。事實卻不然，乾隆時期的民間力量沒有因為乾隆是當時世界上最有權力的人而中止他們的聚集和勃發。清代社會在盛世的表象之外，另一種社會事實正在政治權力所不及之處悄然生成，天地會與白蓮教就是在乾隆統治的中後期，以自己的方式書寫自己在清代的歷史。

　　清代最大的教亂，即白蓮教五省之亂，就發生在乾隆將帝位禪讓給嘉慶的那一年（1796年），但叛亂的態勢在更早以前就已經逐漸在形成。這個由白蓮教幾近「自發性」形成的反叛態勢，以某個角度來說，它解釋了白蓮教為什麼會走向叛亂、以及統治者所以對白蓮教等民間信仰團體進行政治監視的大部份因素。其實，類似的教亂在清朝早期已有例可循，到了雍正時期，民間宗教結社及其活動雖然受到清朝律法嚴格規範，但逐漸穩定的社會反而有利於民間信仰的活動和教派的發展。[1]到了

---

1 莊吉發：《真空家鄉：清代民間秘密宗教史研究》(台北：文史哲出版社，2002)，頁86。

乾隆，秘密宗教的數量及活動達到高峰，政治觸覺敏銳的乾隆
終於按捺不住，展開大規模查緝行動。

　　乾隆本非胸襟開闊的國家統治者，他對於排除異己一向不
留餘地，尤其對付政治利益處於對立角色的他者，不但積極，
而且手段快、狠、準，「曾靜案」就是最佳案例。此案乃純粹政
治意識形態的議題，但政治嗅覺敏銳的乾隆似乎意識到當時的
民間團體可能是下一個威脅。素來常扮演反政府的宗教結社，
一向被統治者視為大患，乾隆很快就把對付他者的手段從政治
議題的範疇延伸至民間信仰結社。嚴格來說，打壓民間教派本
來就是清朝統治者施政的重點，清代每一任統治者都嚴格奉行
此一政策，唯，乾隆較諸歷任皇帝有過之而無不及。但乾隆把
社會控制重點指向民間宗教並非完全沒有道理，乾隆上任後就
面臨秘密宗教結社發展迅速的難題，他必須有所作為，才能扼
阻整個態勢往更壞的方向發展。於是，一場大規模掃除白蓮教
的行動就在這種邏輯下形成，並且持續而落實。但面對在這樣
的行政命令和官方行動之下，白蓮教並沒有坐以待斃，他們以
自己的方式回應官方的統治暴力，那就是反抗。白蓮教的五省
之亂發生於乾隆一序列取締「邪教」行動的尾聲，在他即將把
統治權交接給兒子的當下。

　　參與本次教亂的主要教派有三個，分別為三陽教（混元
教）、收元教及西天大乘教，但整起事件可以說因三陽教而起。
乾隆四十年（1775 年），官方查緝混元教，河南樊明德等一千重
要教派人物被捕伏法，當時劉松為樊明德徒弟，因在教內地位
不高逃過死劫，被發配甘肅隆德。劉松不是一個等閒之輩，清

政府放過這個人算是失策，他在流配所一心想復興混元教。乾隆五十三年（1788年），劉松的徒弟劉之協到甘肅探望他，兩人密議再立混元教，為避開清政府耳目，改名「三陽教」。劉之協本做布商生意，好交朋友，他入劉松門下之後，對劉松言聽計從，頗得劉松信任。劉松為擴大召募教徒，囑咐劉之協找人充當「彌勒佛」，及明裔「牛八」，以「彌勒轉世，保輔牛八」為真言，招攬人入教。劉松與劉之協的關係在重視傳倫理的傳統中國社會雖然並不特殊，但把這件事與幾年後的白蓮教之亂連結就有些超出意料之外。整體而言，如果劉松及他的三陽教是五省之亂的遠因，劉之協則扮演整起事件的近因。

三陽教另外一個重要人物是宋之清，他原拜在劉之協之下，兩人協力拓展三陽教的教務，劉之協在河南東部和安徽省北部傳教，宋之清則在湖北。當時同為劉之協徒弟的還有阮朋齡和劉起榮，但以宋之清傳教人數最多，獲得的奉錢最豐，相形之下，劉之協就沒宋之清順利。有一次，劉之協帶著他所找到的「彌勒佛」去見宋之清，要求宋支援金錢和教眾。宋之清拒絕，並暗指彌勒佛轉世另有他人，師徒關係因此決裂。宋之清於是宣佈脫離三陽教，另立「西天大乘教」，劉之協與宋之清兩人的戰爭由此開始，最後演成兩個教派的對立，引來清政府的注意。

乾隆五十九年（1794年），清政府查緝三陽教及西天大乘教如火如荼展開，逼得劉松不得不做出回應，他召集各地教首齊聚一堂，討論因應對策。由於情勢已危及自身安全，劉松逕以「興漢滅滿」為號召，準備叛亂。劉松集結各地教首的動作雖

然在秘密下進行，還是逃不過清政府的耳目，消息走漏，清政府早一步採取行動，一干重要人物被捕，包括劉松及其子劉四兒（即劉之協找到的彌勒佛）、湖北樊學明、齊林、陝西韓龍、四川謝天秀等白蓮教重要幹部。謝天秀在審問時因不能忍受酷刑，供出全部案情和涉案人名，清政府按謝天秀供出的名單擴大搜索面，宋之清和八卦教系統的收元教王應琥在第二波追緝行動中被捕，主謀之一的劉之協則聞風遁逃，清政府於是通令全面追緝劉之協以及白蓮教教眾。隔年，即乾隆在位的最後一年，包括山東、直隸、河南、湖北、陝西、甘肅、四川等民間宗教結社盛行的省份，陷入極度恐慌之中，所有民間信仰結社人人自危，這股不安的氛圍如同不定時炸彈，終於在嘉慶登基那年爆炸。

　　過去因為查緝民間宗教結社引發與官方武裝衝突時有所聞，其中發生在乾隆三十九年的清水教王倫事件與本事件的時間最接近。事件起因是王倫聽聞有人向官府告密，想先發制人，才發動叛亂。[2]但清水教事件並沒有在當時的民間社會引起較大的連鎖反應，短時間內就被弭平。所以，相較於嘉慶元年的白蓮教五省之亂範圍之廣，影響之深，遠遠不是王倫事件可以比擬。白蓮教五省之亂的特色之一是多方民間力量的大集結，形成統一陣線。之所以造成這種局面，大部份的資料指向官方取締手段粗暴，地方官吏及差役藉機勒索民眾，亂安罪名，才釀成全面抗官事件。這種說法看似無懈可擊，連嘉慶皇帝自己都

2　＜軍機處東案口供檔＞，《清代秘密會黨人物研究》附件三，(台北：文史哲出版社，2014)，頁 490。

承認，當時「任胥吏作奸犯科，錙銖較量，以致眾怒沸騰，激而生變，官逼民反之語信非謬也。」[3]嘉慶說出「官逼民反」一詞有一部份原因出於兩手策略，通常發生較大的民變後，統治者總是找人當替死鬼，擋住民間怒火不至於燒到中央（嘉慶整肅和珅時，就讓和珅莫名其妙成了白蓮教亂的間接關係人）。

　　事件的引爆點在湖北，而且所有的證據指向湖北武昌府同知常丹葵。常丹葵奉命清查宜都境內的白蓮教，他利用清查亂黨之名，行敲詐勒索之實。宜都白蓮教徒聶傑人是宜都的富實人家，常丹葵多次以清查白蓮教之名，對聶家進行勒索，讓聶家苦不堪言。就在嘉慶元年，長陽的白蓮教徒林之華、覃加耀首先發難，佔據黃柏山。聶傑人見勢，與白蓮教教首張正謨、劉鳴盛等在宜都、枝江地等地起事，由於規模大過黃柏山，一般被認為是此次教亂的首役，事實上首役應該是林之華等人。聶傑人的聲勢浩大，很快就傳遍境內及周邊省份的白蓮教組織。被清政府逮捕受難的西天大乘教教首齊林，他的小妾齊王氏（王聰兒）在齊林的徒弟姚之富等人的簇擁下，打著「為夫報仇」的旗號，加入起事行列，聲勢更盛於聶傑人、張正謨。三陽教的劉之協此時也進入齊王氏帳中，擔任軍師，一場耗時九年，綿延五省的白蓮教之亂就此展開，而此刻紫禁城內的太上皇乾隆和新任皇帝還在辦理交接事宜。

　　表面上看，此次民變起源於官吏查緝無道，例如莊吉發便

3　<清仁宗：御制剿平三省邪匪方略>，收於《清中期五省白蓮教起義資料》第五冊，(南京：江蘇人民出版社，1981)，頁168。

把「官逼民反」視為最重要的因素。[4]但「官逼民反」的命題簡化了許多複雜的變量，首先，它把複雜的社會因素簡化成為權力的對偶關係，即把清政府和白蓮教的對立簡化為「刺激—反應」的恆真命題，忽略白蓮教的主體能動性。戴玄之就不認為「官逼民反」是主因，他一向主張白蓮教是一個「奪權團體」。只不過，奪權團體的說法同樣太過籠統，簡化許多白蓮教起事的內在條件。當然，更多人把整起事件發生的原因歸諸政治及經濟結構形成的社會階級問題（如孫達人 1983；憑佐哲、李富華 1994）。的確有不少窮人階級加入這次民變，但他們在其中扮演的角色不是起事者，而是跟隨者。他們被鼓動、或為生計才加入事變行列，何況這次的事件中，像聶傑人這樣的殷實人家不在少數，那個時候的中國社會並沒有發生重大的經濟問題。

　　以這次事件發生的地區特性來看，參與教亂的陣營中不少來自川陝甘山區的棚民和游民，他們參與白蓮教亂並非完全因為飢餓的問題，而是其他更複雜的地域關係造成衝突。山田賢的研究可以說明這點，他認為，白蓮教造反的原因乃由於移民社會內部因地域爭奪產生的矛盾，一些人被先前移民者建立的共同體擋於族群融合及經濟分享的外圍，埋下往後衝突的因子。[5]山田賢以四川雲陽縣縣北地區為對象，此地區在嘉慶二年響應了白蓮教的集體行動，人數很多，且持續的時間很長。四川是清代官方政策性重點移民地區，移民有先來後到之分，先

---

4 莊吉發：《真空家鄉 — 清代民間秘密宗教史研究》，頁 195。
5 山田賢，曲建文譯：《移民的秩序-清代四川地域社會史研究》(北京：中央編譯出版社，2011)

前移民者佔據了「低平地帶」建立一個融合的社會及秩序，並在出現菁英主義後逐漸與統治秩序相連結，更完整的社會制度也被建立起來。共同體的建設越是成熟，產生的內聚力就越大，出現的排他性也越強，新移入者因此不得其門而入，只得往地勢較高、土壤較貧瘠的高地移動開墾。高地謀生不易，生活困苦，官方一直沒有相對較好的政策照顧這些人，與低平地帶相比，山上的人被視為化外之民，怨懟之心從相對剝奪感發展成為被迫害的想像。這些情緒在白蓮教出現在他們的生活中後，才讓他們找到了出口。

山田賢以相對特殊的視角觀看白蓮教之亂，摒棄「官逼民反」論述，這種視角某種程度提醒我們應注意白蓮教亂與族群衝突的關聯性。不過，山田賢研究的對象是四川雲陽縣的白蓮教，他們直到嘉慶二年，即白蓮教亂隔年才加入整個叛亂行動，並非主動開啟叛亂機制的主要角色，甚至不排除是被動加入或投機動作，以此論「為何要叛亂」的原則顯然已失去其先機。不過，山田氏對白蓮教在移民社會的生存方式與結社背景分析獨到，他驗證了關於中國族群衝突的模式不只純粹某一個特定地域群體，也包括不同的結社及社會制度。然而，如果我們直接問，白蓮教為什麼要造反（而非雲陽縣的白蓮教為什麼要造反），此時，山田賢的「地域變動」的視角就無法兼顧。例如，他忽略了白蓮教結盟的對象中還包括眾多流動的嘓嚕份子，以及生存在低平地帶的白蓮教徒，而非只是他舉例中的白蓮教山寨村。另外，白蓮教徒如何被組織起來，如何被動員，也不能只用單一既存的大環境因素就可以完全解釋，它必然涉及教內

互動產生諸如情感、信仰、關係等被鑲嵌在生活經驗之中的各種因素。或許山田賢也意識到他的不足，因此特別另闢一章談白蓮教造反的信仰問題。總之，什麼因素讓白蓮教形成一個有鬥爭傾向的共同體，不能只從地域衝突解釋，它涉及內外諸多因素。

　　李健民試圖綜合各家說法，也保有自己一部份的創見，他把此事件發生的原因分為：環境因素、社會結構變遷、信仰、官逼民反、經濟問題、清軍的弱點等六個因素。[6]六個因素中，除了信仰屬於白蓮教本身的內在因素，其他都屬於外來原因，其性質不離政治經濟的一般性說法。環境因素和社會結構變遷與山田賢的「地域變動」說法類似，強調移民社會為白蓮教的起事提供地理環境的條件。矛盾的是，這麼多外在因素共同促使白蓮教造反，李健民卻說，白蓮教舉事是自主的行為。[7]他指出，在乾隆五十九年清政府全力掃蕩白蓮教及追緝劉之協，但六十年時發生苗亂，清政府為平苗亂，用於掃蕩白蓮教的兵力相對減少，才使白蓮教有可乘之機。如果這個說法為真，白蓮教選擇在乾隆禪位那一年起事，就不能歸因於清政府的大規模掃蕩，而是白蓮教有備而來的自主行動，外在因素也就不能完全成立。

　　白蓮教五省之亂不是歷史的偶然，但也不是必然，它發生

6　李健民：＜清嘉慶元年川楚白蓮教起事原因的探討＞，《中央研究院近代史研究所集刊》第 22 期（上），（台北：中央研究院近代史研究所，1993），頁 357-396。
7　李健民：＜清嘉慶元年川楚白蓮教起事原因的探討＞，《中央研究院近代史研究所集刊》第 22 期（上），頁 380。

在什麼時候、那個地點、由那些人領導，均非白蓮教自己可以決定。惟就「自主性」來說，在相對的情況下，它扮演的是把白蓮教推向造反之路的重要力量。存在於相同社會的民間組織，為什麼歷史上的白蓮教容易會走向造反一途？「容易」一詞是歸納白蓮教過去歷史經驗的合理推論，意味著白蓮教具備啟動集體行動的本質和行動的主體能動性，這些能量雖然不會如戴玄之賦予白蓮教「奪權團體」那樣絕對，但在白蓮教自成體系的社會中，它們讓白蓮教有那樣的條件從民間宗教團體一夕成為革命團體。只是，這個革命團體通常不會高舉人類高貴的理想大旗，反而以充滿宗教讖語的形式去掩飾各種私慾的表現。而且，白蓮教的集體行動更多時候是憑藉著平常經營的關係才順利達到效果，這樣關係形成的意義強調了白蓮教與一般民間宗教結社以處理宗教庶務為目的的組織形態有很大的差異。當然，它不是僅僅用一般性的民間信仰的宗教質地或民間結社單一方面就可以被解釋，毋寧是兩者的綜合又超越的宗教結社。綜合即意謂白蓮教的宗教組織是一個既有宗教信仰又具有建立現實關係的有機組織，超越則強調白蓮教在現有基礎上具有政治行動的動能。

那麼，具體的行動動能是什麼？既然白蓮教不是絕對的「奪權團體」，他們表現了什麼政治集體行動的「自主性」，而且與環境、經濟或政治問題（如官逼民反）形成區隔？「自主」在這裡的意義也包括一些無法被掌握的自發現象，例如，源自民間結社自然形成的社會連帶，以及人們因適應社會新環境所自發性生產出來的人際關係等等，這些都隨白蓮教組織的運行獲

得了新的意義和生命。當然，個人的慾望是不能排除的自發性性格，奪權團體與個人權力慾不能相提並論，它只意味著個人的滿足，與團體理想的實現很難共同放置在同一標準上比較。

以上的說明除了揭示本書的進路，也強調作者對白蓮教教亂原因所採取的知識立場。本書提出信仰、情感、關係網絡、懲罰與利益五個分析白蓮教形成叛亂的面向，不是要綜合以上各家之說，恰恰相反，是企圖補各家之不足。五個面向環環相扣，共同構成白蓮教「秘密社會」社會構成的內在因素，同時也是他們所以形成叛亂態勢的重要成因。

第一節　信仰與行動支配

清朝中期的五省之亂背後是否有信仰支撐整個行動？答案是肯定的，從發生叛亂行動之前，劉松與劉之協以「彌勒轉世，保輔牛八」做為三陽教傳教的八字真言，引發清政府全面取締，到普遍在清代民間信仰被傳習的「真空家鄉，無生老母」，在這次集體行動中都出現過。信仰與白蓮教集體行動產生因果關係最淺白的道理就是：白蓮教具有社會學對宗教現象所設定的兩個範疇：信仰與儀式，[8]所以白蓮教就形式上可視為一種宗教信仰。但民間結社與宗教信仰之間乃存在差異，最大的差別在於

---

8 Emile Durkheim,，渠東、汲喆譯：《宗教生活的基本形式》(上海：上海人民出版社，2006)，頁33。

兩者對信仰的所懷抱的目的性不同。信仰通常被宗教視為目的，像白蓮教這類宗教結社常把信仰作為手段，尤其常做為動員的工具。

從「彌勒轉世，保輔牛八」和「真空家鄉，無生老母」的教旨，看出清代的白蓮教乃以彌勒佛為基礎的民間信仰。儘管白蓮教也雜揉了各路神明，大部份支配白蓮教核心思想及行動的是「彌勒信仰」。彌勒信仰始於南北朝的彌勒教，主要的信仰內容為彌勒菩薩「從兜率天下生閻浮提世，於龍華樹下得成佛果，三行法令，救世度人。」[9]龍華樹及三行法令後來被簡化為「龍華三會」或「三劫說」，分別代表過去、現在與未來。類似西方基督宗教以千年為一個治世，彌勒佛信仰以三千年為一個輪世，稱為「劫」，分別由燃燈佛、釋迦佛和彌勒佛輪流治世。燃燈已過去，當下釋迦治世，已到劫末，因五穀不登，眾生正受苦難，接掌治世的彌勒佛將以人類期待的彌賽亞（聖經中的救世主）之姿降臨。

彌勒信仰經過白蓮教系統長期在民間傳播，已深植民間的日常生活，使得彌勒信仰在統治者與被統治者之間形成自然而長期的角力。一方面，統治者因彌勒信仰對統治權構成威脅而猜忌，另一方面，被統治者常以彌勒信仰做為挑戰統治權的試金石。一旦統治者的社會控制相對薄弱，彌勒信仰中的劫末思想便會在民間蠢動。劉松在流配所成立「三陽教」，以「彌勒下生，保輔牛八」，命其弟子劉之協依此傳教。劉松提出八字真言，

---

9 引自馬西沙：〈歷史上的彌勒教與摩尼教的融合〉，收於《民間宗教卷》(北京：民族出版社，2008)，頁4。

最初只是為了傳教，殊不知八字真言後來成為整起行動「策略性框架」（strategic framing）中的文化符號之一，這本非在劉松的意料之中，但它的確為這次的集體行動創造了一個行動符碼。

劉松的三陽教以混元教信仰為基礎，因為這是劉松企圖恢復混元教而設。三陽教既是為復興混元教而立，必然承襲混元教的基本信仰，彌勒信仰是其中之一。乾隆四十年間，清政府在乾隆四十年查緝河南混元教，樊明德便是以「換乾坤，換世界，反亂年末劫」[10]散播「逆言」而遭到逮捕伏誅。事實上，清代白蓮教利用彌勒信仰主張革命早有前例，如張保太的「彌勒當世官天下，李開花是皇帝」政治讖語曾經在康熙時期喧騰一時，而後又有馬朝柱假李開花之名企圖起事，都被清政府有效壓制。直到進入乾隆中期，大量跟彌勒信仰相關的政治集體行動如蟄伏初醒，傾巢而出，終於刺激了極度敏感的乾隆。

創造一個可以支配動員的文化符號並非易事，自然不能用某一個時間的斷面去強調文化符碼對集體行動的影響，而是從中找到它的文化因素。白蓮教大部份的信仰乃經過長時間傳教的結果，例如「劫」這個常見的宗教文化符碼，它受到中國傳統革命思想，即「天命信仰」的影響，天命更替意味對當下統治權的否定與取代。唯，彌勒降世雖然有取而代之的含意，畢竟屬於「神界」，必須有一個俗世的代理者。這個前提產生的思維是：革命必須透過偶像的製造，用來達成政權取代的有機循環，而不是思考社會諸多問題的解決（雖然中國的集體政治暴

---

10 《清高宗實錄》，卷九八一。

力常常被鑲嵌在社會問題獲得解決的期待上）。中國過去的歷史上由民間信仰推動的政治暴力行動，常同時也創造了偶像崇拜的情境和被崇拜的虛擬主體，以便於操作。彌勒下生的教義在真實世界本無革命之義，但白蓮教卻巧妙地操作教義往革命的方向發展。

　　天命思想意含政治和道統繼承的合法性，一般庶民對天命大部份仍抱持敬畏之心，但彌勒佛是神格之尊，必須有人間的代理者，這個人的首要條件必須是天命的繼承者，最直接的方法就是假前朝皇室之名。[11]劉松在白蓮教打滾多年，深諳此道，所以他命弟子劉之協找人托名牛八，指稱前朝明皇室後代。

　　從策略來看，彌勒轉世與托名前朝皇室遺裔是兩件事，但兩者對動員能量都有加乘的效果，白蓮教內部始終不吝於重複採取這種手段。所以，除了劉之協創造出「王雙喜兒」為真彌勒佛，宋之清陣營捏造「李瞎子」及「李狗喜兒」才是彌勒佛轉世，湖北的白蓮教聶傑人、張正謨則說「李犬兒」才是真主，所謂的「真主」，似乎是一位集神格和人格於一體的人。古代中國，宗教信仰和政治信仰一直是兩種不同的權力來源，白蓮教則擅長讓兩種權力出現在同一個人身上，或讓它們在同一組人身上發生。當這種權力交互運作時，其加乘效果自然而然加大對被支配者受支配的深度和力度，這是宗教結社才有的潛在優

11　受到現實政治的拘束，白蓮教通常隱身於市，教徒大部份來自智識相對低下的底層群眾，對天命的信仰很少有足夠的能力質疑。況且假前朝皇室遺裔進行革命號召的做法其來有自，元末韓山童自稱是宋微宗八世孫，明嘉靖之間的白蓮教首李同也自稱唐裔。

勢。如果單純利用文化（例如宗教教義）去發動一次集體行動，可能陷入文化內容的多樣性或文化作用的多重功能而使動員施展不開（大部份信仰教義不鼓勵造反），故主事者只能選擇性操作。

除了以彌勒佛為信仰中心，白蓮教也從彌勒信仰中創造出另一種信仰中心，主要受明代羅教的影響。彌勒信仰源自「三佛應劫」的經典，羅教教義也出自三佛，但它不強調三佛的各別信仰，反而強調三位天佛的共同母親一老母，因而有「真空家鄉，無生老母」八字真言。在白蓮教內部既有主張彌勒佛轉世，也有相信真空家鄉者，而「無生老母」的信仰就是從羅教「五部六冊」中抽離出來的概念。老母是萬物的創造者，「元始以來，無天地，無日月，無人物」，而「古佛出現安天地，無生老母立先天」。[12]五部六冊的《苦功悟道卷》有「師傅教我念四字佛，到臨危起三界，彼同天台，無生老母。」[13]「無生老母」創造萬物的思想並非出自佛教經典，而是源於中國易經八卦的宇宙觀。羅教教義並不相信彌勒轉世，在五部六冊中甚至出現批評白蓮教及其彌勒信仰：「書佛咒，彌勒教，正是誑語；凡所相，皆虛妄，永下無間。」不過，羅教的經書直接對白蓮教與彌勒教的批評並非羅教沒有彌勒信仰，是基於彌勒教的歷史經

---

12 《古佛天真考證龍華寶經》，引自劉平：《中國秘密宗教史研究》(北京：北京大學出版社，2010)，頁 264。

13 《苦功悟道卷》之一，電子書：
http://buddhism.lib.ntu.edu.tw/museum/TAIWAN/md/md06-03.htm
http://buddhistinformatics.ddbc.edu.tw/taiwanbuddhism/tb/md/md06-03.htm。資料由成大中文系林朝成教授整理提供。

驗和統治者對白蓮教的禁制，因而試圖與具有彌勒教血統的白蓮教進行區隔，但這種區隔終究沒有讓羅教逃過被白蓮教挪用的命運。羅教的五部六冊在民間流傳其廣，影響深遠，白蓮教本來就沒有系統性的信仰，完全視其生存之道摘取所需，所以從民間吸收羅教的部份經文為其所用，因而有了「真空家鄉，無生老母」，與彌勒轉世成為清代白蓮教的兩大信仰。[14]或者也可以這麼說，儘管羅教在彌勒信仰上白蓮教不同，但在統治者的眼裡，羅教的傳教行為與白蓮教並沒有不同，「雖諱言白蓮之名，實白蓮教也」，[15]因而同被列為非法信仰。

　　羅教思想與彌勒信仰的不同在於羅教保留佛教最傳統、最經典的出世思想，亦即對彼岸的憧憬；[16]相反的，彌勒信仰是入世渡人消災解禍。這兩種思想對鎮日為生活勞碌奔波的底層群眾都具吸引力，但白蓮教最後把兩者統合在一起。兩種信仰形成的行為實踐在白蓮教已經存在多時，並非自清代才開始。而且，兩種信仰經過長時間的傳播和演繹，已經鑲嵌在白蓮教的信仰和行為上，成為膜拜的「心智特質」（mental traits），一種具有集體性格的宗教質地。從歷史來看，白蓮教的信仰並非發生於特定的朝代的特定行為，而是延續性的。也就是說，不管是彌勒信仰的救世渡人，或是無生老母的極樂世界的信仰，這

---

14 把羅教教義帶進白蓮教的是河北欒州石佛口的王森家族，王森家族所傳白蓮教橫跨明清兩朝，對白蓮教發展影響深遠。

15 《明神宗實錄》，卷五百三十三。

16 但這不代表羅教為一個出世的信仰，事實上，羅教起於明代，與大部份民間信仰一樣，都已徹底世俗化，出世的教義僅說明羅較白蓮教系統沉潛，可以吸引不認同彌勒信仰的人，羅教教與白蓮教曾在明代爭正統，但最後被王森家族統合起來。

些早就存在於人們的生活世界之中，成為人們信仰生活的一部份，白蓮教不過把它引來加工罷了。

因此，若僅用「策略性框架」解釋白蓮教對民間信仰的「選擇」似乎缺乏足夠的說服力，因為這些真言或讖語都非運動領導者所創造。但不可否認，因為領導者的刻意挪用，產生與策略性效果。張正謨在起兵前就曾經創造了他們這一派的「劫」的概念和意義：

> 張正模供：山西平陽府樂陽縣王家長春觀出現了真主，是戊戌年生的，名叫李犬兒，左右兩手有日月兩字紋，鳳眼龍睛，相貌異人。劉之協是軍師，朱九桃是輔佐他的臣子。因王家莊向有一塊大石，一日忽然迸開，現出一篇經文，內有「一日一夜黑風起，吹死人民無數，白骨堆山，血流成河」四句。凡是眾人念熟了這幾句經文，就可免得災難。[17]

「劫」的概念雖然起於佛教，但把它與災難結合的延伸解釋已遠離了劫的本意，反而與中國道家的巫巧妙結合。白蓮教雜糅眾神，其中也包括大量摘取道教的巫咒，尤其明代民間信仰發生「三教合一」（儒、釋、道）之後，「劫」便向著災難的方向發展。巫在人類信仰中一直保持某種程度的魅力，它在信仰中常被視為超越一般人類能及的權力形式，使人類因為屈服而產生信仰。因此，傳統的權力擁有者或權力窺伺者不是把巫

---

17 ＜張正謨供＞，《清中期五省白蓮教起義資料》第五冊，頁23。

竊為己用，就是視巫為寇讎，這是巫與權力之間長期以來難分難解的關係。從歷史經驗來看，巫的良與善，往往非取決於它對社會產生什麼影響，而是統治者如何詮釋巫，其詮釋的基準常是通過權力與巫之間互動的結果來判斷。所以，巫既可以被統治者做為統治的工具，也可能被反對者用來做為反抗統治者的工具，功能上殊途同歸。中國民間信仰的巫與神只在一線之隔，偶而相互交替出現，道教就是一個最好的例子。古代中國的巫被儒學排斥，原因在於巫的信仰本身充滿許多不確定性，其行為經常侵犯儒家對統治權忠誠思考模式的破壞，以致涉及國家及社會安全問題，統治者不得不把巫對治安問題拉到政治層級。不過，把巫的「能力」過度放大的結果常常連統治者也相信了其真實性而對巫採取兩種截然不同的態度：據為己用（如求長生不老），或以恐懼的理由加以罪刑化。[18]巫的罪刑化間接讓巫更具有創造性模糊的特性，反而成了被用以對抗現實權力的工具，這是一種作用力與反作用力的現象，意味著滅巫和反滅巫之間永遠的拉鋸戰。白蓮教主事者深諳信仰對中國底層群眾具有的支配性，自然樂於將之挪為動員群眾的一種工具，對巫的運用只是其中重要的手段。

　　巫術信仰和其他信仰產生的效應一樣，都可以由信仰促成行動的能量。白蓮教中有首領出身巫師，四川王三槐供詞中就自稱自己「向來學習巫師，與人攘災治病。」清政府對巫的處理本來就有律法，但白蓮教對巫的實踐常越過統治者的規範。

---

18 如孔飛力（Philip A. Kuhn）的《叫魂》一書中，統治者表現出對巫術的恐慌症。

　　文獻上並未出現巫術在五省白蓮教之亂的作戰方式中，但一定出現在他們傳教過程。《欽定平定教匪紀略》的作者批評白蓮教施用巫術是「以邪術蠱惑鄉愚，而其所謂術者，直兒戲耳」，這種批評充滿對民間信仰的鄙視，從權力的觀點，卻也是一種無知，因為這種無知，統治權對巫術反而充滿不同的想像。還有一種觀點，正如同孔飛力（Philip A. Kuhn）所質疑的，即把中國人害怕巫術解釋為人們「感到自己的生活受到了周圍種種看不的趨勢和威脅」。[19]這類主張忽略了巫術根本就是歷史的產物，而且在現實中很難被證實。巫和懼怕巫一直是中國人生活的一部份，白蓮教充份掌握和運用這個弱點。白蓮教內學習巫術者大有人在，或者應該說，巫其實本來就是白蓮教的特色之一。嘉慶元年在四川東鄉響應起事的王三槐就以「近將遭大劫，天地皆暗，日月無光，人民非被刀、兵、水、火，即罹奇疾，妻女為人淫掠，世界必一大變；惟入吾教可冀免」[20]打動人們「入教避災」，成效不錯。

　　白蓮教巧妙地將巫與佛教的劫連結起來，劫從時間的概念因而變成災難性的概念。在這種轉變中，白蓮教又技巧性地把消災的責任和權力關係建立起來，一種需要透過入教手段才能獲得解決的信仰模式就順理成章提供了白蓮教建立人際關係，以及在動員上的方便性。信仰本身是傳承物，白蓮教仍然承接

---

19 孔飛力（Philip A. Kuhn），陳兼、劉昶譯：《叫魂-1768 年中國妖術大恐慌》（上海：三聯書局，1999），頁 62。
20 《欽定平定教匪紀略》卷十一，收於《清中期五省白蓮教起義資料》第四冊，頁 127。

中國民間信仰的血統，只不過，白蓮教在這種血統中多了行動的基因，可以把信仰變成支配行動的魔力，而支配所以形成，乃信仰為白蓮教建立的教內關係連帶，而這種關係在進行動員時直接而有效，這就是為什麼白蓮教的起事總是伴隨著許多讖語及真言的原因。

第二節　情　感
—— 信仰延伸的支配機制

民間信仰大部份是傳統的承接，但顯然白蓮教缺乏一以貫之的信仰，這也是中國民間信仰的共同特質，只是一般民間信仰沒有像白蓮教一樣把信仰做為社會集體行動的工具進行操作。以下的供詞可以證明：

> 據同供（白蓮教聶傑人、向瑤明）：那李犬兒，小的實不曾見過，這都是劉盛才說的。他同張正謨到過山西，見李犬兒兩手有「日月」二字，頭是禿的，眼邊微爛，現在裝做啞子，實為神將轉世，同教的幫助他們可得好處。[21]

但白蓮教的宗教意識形態受到政治長期的監視，信仰顯然

21　〈聶傑人、向瑤明等自述〉，《清中期五省白蓮教起義資料》第五冊(南京：江蘇人民出版社，1982)，頁7。

無法保證動員能量可以被充份發揮，需要有更細緻的、更接近人性的元素進行人與神整合。神可以透過人傳達意旨，達成宗教性的集體意識，人們彼此卻無法通過神的安排進行有效的情感交流。即便在白蓮教的社會裡，神仍舊只是做為人際交往過程的媒介，白蓮教徒建立實際關係乃需在人的互動中完成。從史料的閱讀中可以發現，人際關係是白蓮教鞏固組織的重要手段，尤其當他們進行集體行動時，人與人的關係往往是相對有效的動員方式。

> 據陶興即陶炘供：（乾隆）五十七年九月內，甘肅的教首劉松寄信給劉之協，叫送王雙喜到甘肅隆德縣去。這王雙喜祖上原是教主，所以王雙喜雖年輕，我們同教的人都仍尊他為教主。小的是劉榮先約會，往甘肅去送王雙喜，並可叩見教首劉松。小的就同了劉榮先、劉之協、李文斗、趙洛、張百四、劉五成、王二妮八人，在河南周家口會齊，同送王雙喜到甘肅隆縣，見了教首劉松。[22]

供詞中雖然只提到八人，卻是一幅白蓮教關係脈絡的小縮影。所以，乾隆對民間教派的壓迫，可能間接造成民間教派的串連，在嘉慶之前，四川到湖北連線省份的白蓮教似乎已連成一氣，白蓮教叛亂就缺臨門一腳。乾隆處決劉松、宋之清和齊林等人之後，以為從此可以高枕無憂，準備高高興興地把位子

---

22 〈陶興供詞〉，《清中期五省白蓮教起義資料》第一冊，頁40。

傳給嘉慶，享受有權無責的太上皇，沒料到白蓮教在這個時候發動大規模的叛亂。如同之前所言，即便是白蓮教，也不會在教義中宣傳叛亂，而此刻白蓮教確實已經有所準備，只是，白蓮教高舉的竟不只是信仰的旗號，更多屬於情緒性的宣示。的確，白蓮教的此次叛亂多數繞著情感因素，其中，「報仇」是常見的宣稱，顯然，情感連帶在此次集體行動起了相當大的作用。情感連帶包含兩種不同的面向，一是對信仰產生的情感，也就是前面提到，透過神達成的集體情感。信仰存在乃因信仰被感覺到它存在的價值（不管這個價值是以物質的方式出現還是精神方式），信奉者認為這個價值有利於自己，進而相信信仰中的教義，也服從教義的規範，並對信仰產生情感的依賴。從這個面向所發展的信仰行為來看，這種情感是集體性的，它具備教義與儀式兩個超越個人關係的宗教基本元素，因此較少涉及人與人之間的情感。

另一種情感與上述宗教集體情感只有間接關係，它的形成是從個體心理開始，乃個體之間形成的情感依賴，即所謂的「忠誠」。忠誠的最初形式發生在一個人對另一個人的承諾，它是從情感中被歸納而產生的心理狀態。[23]一個人與另一個人的關係最初的形式建立在一些同質性的條件上，例如環境、個性、興趣、專業等等，這個關係要如何被維繫下去，必須有更高層次的心理契合。白蓮教不只提供信仰生活，其結社本質也透過人與人的接觸，產生了微妙的人際關係。在白蓮教內的信仰生活就像

---

23 Georg Simmel，，林榮遠譯：《社會學-關於社會化形式的研究》(北京：華夏出版社，2002)，頁 433。

家族生活圈，尊卑有序：

> 教匪口語，同類相稱曰「一家人」，自稱曰「咎家」，
> 人稱之曰「長（掌）櫃」，呼不入教者之人為「石杷子」，
> 亦曰「扁根子」，自命為「紅羊劫」，呼良民為「白羊劫」……
> 婦女入教者尊曰「師母」，餘呼「二善人」。師母出，少
> 婦人五六擎烟袋、手巾，到人家堂中坐，男婦恭之，男
> 以右手掌交左手背，女以左手掌交右手背，叩頭參畢起，
> 遂立兩旁。[24]

　　這種儀式性關係構成的圖像正說明他們的輩份關係一直被
組織所重視，白蓮教通過輩份關係的遵守，建立「一家人」的
情感連帶。做為一種特殊性質的宗教結社，白蓮教建立的行動
目標和行動規模往往超越一般的民間結社之所能，所以很強調
互動過程中情感的連帶作用。宗教情感連帶是將個人情感透過
儀式性的過程，使其同時具備集體情緒和個體情感。集體情感
通常產生於社會化過程，每一個人花一生的時間不斷透過儀式
達到社會化，集體情感就在個人的社會化過程中形成。在白蓮
教內，入教者必須通過一些必要的儀式，才與這個大家庭成為
「一家人」，就像個人情感來源之一的嬰兒出生，教徒通過儀式
在白蓮教獲得新生，無條件接受他屬於這一家人的事實，新加
入者也同時有了履行身為白蓮教的義務，為這家人付出情感。
儀式賦予入教者一個集體的概念，當這個集體被所有入教者視

---

24 《清中期五省白蓮教起義資料》第四冊，頁 278-279。

為個人所屬的統一體時，集體反過來賦予每一個體能量，包括情感的能量。當白蓮教教徒認同了自己的信仰，擁有對信仰的情感，自然而然表現與信仰相同的情感去應對各種情境對情感的要求，包括對白蓮教權力擁有者的服從。信仰與情感的結合，創造了一種非制度性關係的行動意向，一種透過情感達到相互調節的新社會關係，即便這種關係產生明顯的支配性，仍然具備相當程度的合理性。而組織內的充份互動，透過集體中相互傳遞和精神動員，集體情感成為他們共享的經驗。如此繁複多重的互動，集體情感一再被加強，久而久之變成一種道德的符號。就在集體情感被抽象化為符號表徵之後，符號取代了信仰對集體的支配權。

　　信仰、情感、道德三個看似分別獨立的概念，卻在「集體」的意義下被統一起來。白蓮教的集體信仰產生集體的情感，並昇華成為宗教道德的符號，深入白蓮教的權力結構，成為支配集體行動的重要力量。不過，白蓮教情感連帶和信仰之間並沒有完全形成因果，其情感連帶也沒有完全建立在以信仰為行動目的的基礎上。換言之，白蓮教除了存在集體情感，也存在非集體性的、以個人理由建立的情感連繫，它發生在個體的互動之間。與集體式互動不同，個體之間的互動不以建立集體情感和道德為目的，而在建立個體和個體間連繫的純粹性。例如，師徒關係被視為白蓮教內部集體關係的基礎，但不能排除個人更親密的關係也在這個基礎上建立，儘管關係僅限於兩者之間，著眼的利害考量也只在彼此之間。這種關係連繫以並聯的作用形成連帶，也就是，一個人可以同時和其他不同的人進行

情感交流，每個與他交往的人都獲得同等的情感付出，與他保持一定的關係，就像電流平均通過每個電池的正負極端。這種由兩人構成的關係世界，除了婚姻關係之外，個人與個人的關係較少涉及忠誠問題，更多來自對彼此的好惡：喜歡一個人就與他發生情感連繫，反之，連繫就逐漸退去，甚至消失。所以，白蓮教雖然以信仰建立集體忠誠，並沒有因此削弱純粹的個人關係。

個體與個體的關係是一種相互作用的關係，表示一個人對另一個人進行某種交流，並且從中獲得回饋。但這種交流產生的回饋只發生在兩個個體之間，能否擴及雙方所屬的團體則需有更進一步動作出現。在白蓮教的公領域中，師徒關係建立了穩定的關係網絡，在私領域，這種關係反而像是血緣系統，公領域中的權威性在私領域中變成一種長輩對晚輩的呵護和關懷。另外，私領域的情感也可能發展成公領域的正式關係，例如，白蓮教常利用醫療為傳教手段，民間宗教教眾大部份生活在經濟條件較弱的農村，嘉慶元年五省白蓮教事件發生的地方多半在山區及窮鄉僻壤，這些地方的醫療條件普遍不足，對醫者通常沒有太多選擇。混元教的教首樊明德，以及後來在教亂中扮演重要角色的王三槐，都有行醫背景，儘管醫術可能不怎麼高明。

不管公領域或私領域，即便是上級與下級、男與女、父與子，互動時都需要以情感為基礎，使互動進入較佳狀態，這個條件也是兩者互動關係可以達到互惠的一種有力的保證，不管這個互惠屬於物質的，或是非物質的。白蓮教雖然為民間信仰

結社，他們對於成員互動要求大於一般宗教組織。嚴格來說，這種需求並非組織要求，是自然形成的互動關係。從成員結構分析，白蓮教像家族企業，血緣、親屬、朋友等等關係連帶使他們的互動不但深入，而且牽一髮而動全身。因而，常使公私領域的界線失準，造成情感凌駕於現實。嘉慶元年，姚之富等人起意為師父齊林報仇，合力團結齊王氏旗下，這樣的發展很難不去思考情感的因素對整個事件所產生的意義。

白蓮教人際關係所構成的關係連帶不僅僅限於因宗教性的情感，更嚴格來說，宗教結社沒有如一般宗教把信仰凌駕於個人關係之上，也就是把人與信仰的關係抽象化；反而因結社的本質（人與人目的性的結盟）沖淡了信仰的神聖性，增加了人與人之間關係的厚度，包括對履行社團義務的要求、相互關係的強化。這些民間結社的基本特性一旦被昇華為一種情感，成為相互之間必須被保護的關係時，常常可以表現出驚人的舉動：

> 李傑供：今年六月半邊，劉之協又到我家，維時，適值我徒弟孫有恩被人告官，拿去杖責。我心裡氣……就同劉之協商量造反。[25]

李傑所表現的不是一位印象中宗教家的情懷，是民間結社的草莽性格。他的復仇乃出於個人性的，不涉及國仇家恨的裝飾，情感單純而直接。這種情感的流露方式往往在一些能反映群體本質的民間結社中出現，所以白蓮教後來的集體行動中不

---

25 ＜李杰供＞，《清中期五省白蓮教起義資料》第五冊，頁108。

斷有類似的情節發生。上面的案例中，喚起李傑復仇情緒的並非任何一種屬於心理學的純粹本質（如善與惡的二元性），是從社會互動中產生的情感積累。

「復仇」在清中期白蓮教亂中的原因中有相當強大的詮釋性，因為「復仇」實踐意志的強弱意味著情感連帶的強弱。從情感表現的層次來講，復仇的目的在報復情感的延續被強行阻斷，它與官逼民反在情緒的處理上有所不同，復仇具有主動性，官逼民反則是被動下的行動。而復仇行動在未確立政治目標之前，行動雖然屬於政治行動的範疇，卻不能被視為有政治目的的行動，它距「奪權團體」仍有一段路程。但從表現的動態分析，白蓮教把復仇指向一個政治實體，而非個人，這就是一種叛亂（rebellion）。因此，我們分析白蓮教為什麼發動這次集體暴力，在排除信仰與暴力之間存在的不確定關聯之後，首先真確意識到的就是情感連帶，一種簡易的、傳統而又雋永的情緒連結在其中發生作用。由於白蓮教在情感態度上的表現相對傳統，他們的反叛相當程度反映的就是白蓮教本身的某些特質，例如社會關係的機械連帶，下一節即針對社會關係進行論述。

第三節　社會網絡
—— 或現或隱的共同體

上一節以「集體情感」和「個體情感」分析白蓮教表現情緒（emotion）的方式，此一分析不在強調白蓮教普遍存有兩種

處理情緒的方式，而是從兩個不同的角度切入白蓮教關於情感與動員的關係。「集體情感」和「個體情感」並非白蓮教獨有，但透過以上的分析，可以看出白蓮教表現這兩種情感的方式很具獨特性，這兩種特質恰恰是白蓮教等秘密教派進行集體行動時所依恃的心理素質。透過這些觀察，可以進一步掀開白蓮教被集體行動表面所掩蓋的組織交往和個體內心世界的神秘面紗。不過，分析也說明，白蓮教的人際交往同時受到集體文化與現實關係交互影響，雖然集體情感和個體關係都有可能提供白蓮教動員條件，但這樣的結論必須放在另一個層面進行驗證，才有助於理解白蓮教如何有效運用集體行動。例如在人際關係和情感是並存的，情感效果的產生與人際網絡成正比，但隨著更多現實問題的出現，交往的頻率、距離的親疏，或者更多利益衝突等，都會衝擊情感在白蓮教徒之間的運作和發酵。

　　社會關係網絡牽涉白蓮教動員的訊息如何被傳送出去，以及傳送給那些人，擴及那些區域，如此才能估算白蓮教在民間的真實能量。若只按傳統民間結社的特性判斷白蓮教，會受限於結社特性的有限性而失真，例如，把白蓮教的關係脈絡限於民間信仰系統。事實上，在本事件的參與份子中並非全數為白蓮教徒，有大量其他組織或群體的加入，他們有的在事件前就與白蓮教建立關係，有的是中途加入白蓮教起事的行列，包括棚民、嘓嚕份子、客民等。這些群體的挹注，白蓮教聲勢得以壯大。基於此，本節將對白蓮教叛亂前的社會關係進行分析，並試著回答，這些關係網絡如何把白教蓮推向反叛之路？分析將以兩個部份進行，一是探討白蓮教本身的傳徒方式和傳教系統所構成的對內關係脈絡，二是白蓮教如何與當時川陝楚底層社會特定群體建立關係。

　　五省之亂動亂的地區分佈在長江黃河兩大水系的分水領：秦嶺和大巴山脈，有其特殊的意義，就自然環境來看，此地多窮山惡水，易守難攻。但更重要的意義是，這一帶山區是一個移民社會，成份複雜，結社風氣很盛，對白蓮教的傳佈有利。孔復禮（即孔飛力）特別將這種社會形態視為白蓮教壯大的原因，白蓮教在這個環境下甚至把它組織發展遍及低層的公務人員、衙役等，一個超越階級的民間宗教結社。[26]

　　這種「有利」的結社特質尤其表現在白蓮教的實際結社的實踐上，但基本的關係結構還是以教內組織為主。劉松和劉之協在乾隆五十三年（1788 年）復興了混元教，改名「三陽教」；五十七年（1792 年），宋之清脫離三陽教，另立「西天大乘教」；乾隆五十九年（1794 年），張正謨加入混元教，並傳給張宗文，四川宜都聶家和張宗文結親家，也入了教，這幾個系統後來成為此次教亂的主力。白蓮教的家族式連帶千絲萬縷，這種結構形成的利害關係自然牽一髮而動全身，所以儘管三陽教和西天大乘教教首不合，在戰場上仍然保持敵愾同仇。不過，要瞭解真正深化白蓮教關係連帶的原因，必須回過頭來，從他們自身行為去深究，也就是他們的師徒關係，而男女兼修又讓這個特性有更大的發展空間。

　　白蓮教徒尊稱男傳教者「師父」，女傳教者為「師母」，稱最高的領導者（教首）「大師父」或「大掌櫃」。每位白蓮教徒均可以本教之名向外傳教，收了徒弟即晉升師父，對內的關係網絡便因此綿延而去，形成樹狀分佈，構成了白蓮教的組織結

---

26 孔復禮（Philip A. Kuhn），謝亮生、楊品泉、謝思婷等譯：《中華帝國晚期的叛亂及其敵人 —— 1796-1864 年的軍事與社會結構》(台北：時英，2004)，頁72。

構，權力中樞由教首（大師父）及各級師父組成。教首的職位由家族傳承，更替自成系統，與教徒之間沒有直接關係。如果有教徒想成為大師父，必須自成信仰系統，自立門戶。例如劉松原是混元教，後與劉之協共創三陽教，宋之清原是收元教，後拜劉之協為師，之後因為收徒眾多，便自立門戶，創立西天大乘教。以這個權力構成方式來看，白蓮教是藉取中國社會制度的傳統關係安排他們的權力位置，尤其體現「家長制」的傳統。

　　白蓮教講究輩份，輩份的排序是依入教時間的先後，而非年紀，即便是同一家人也不例外，父子一起入教，在教內仍須以兄弟相稱。血緣可以形成一種連帶或權力次序，但在白蓮教的關係結構中，教首可以由血緣關係來繼承。不過，除此之外，在白蓮教內部，血緣反而淪為一種傳遞訊息的單純機制，血親關係的親近性經常被白蓮教的師徒關係所超越。這種發展產生了一個有意義的社會學趣味，即個體關係和集體關係孰重孰輕？或者也可以這樣問：白蓮教形成的集體性意識和家族集體性意識誰較具有支配性？很顯然，在白蓮教的世界裡，師徒關係壓過血緣關係。但並不是說，親屬連帶在白蓮教不重要（如果不重要，教首的位置就不必堅持家傳了），主要因為它涉及了權力行使及其受支配對象兩個有相關性的議題，所以產生了明顯區隔。傳統中國家長制社會，父權系統掌握了家族中的實質權力。相對於重視師徒關係的白蓮教社會，父權還在，但支配權往往拱手讓給師父。師父不能取代父親對子女行使父權，但可以支配所有拜他為師的白蓮教徒。[27]師徒形成的關係連帶如何

27　此處僅僅強調師父對徒眾在白蓮教內部行使的與白蓮教相關事務上的支配權，不包括因家務產生的權力和支配，如父親對子女的經濟控制或身體懲罰權。

超越血親連帶，以下一則供詞內容可以提供更清晰的輪廓：

> 張效元供：哥子張鎮因白蓮教犯事充發後，我就承
> 管白蓮教事務。張效增也是我的本家哥子，他的教是我
> 傳的。我父親的教是我哥子傳的。我們的教不論輩份，
> 所以我父親是我的徒弟。[28]

　　此關係的支配順序不但顛覆傳統古代中國以父為尊的地位，關係實踐也顛覆了親屬間上下堅固的支配性。

　　從外部來看，白蓮教以樹狀分佈向外拓展，建立的網絡從底層群眾向上發展，雖然很難和士人階級搭上線，在一定的社會階層也稱得上無孔不入。因此，白蓮教的成員，除了多數是一般的底層群眾，舉凡地方鉅富、望族、官府衙役都有人入教。苟文明是巴州望族，「一姓數百家」；宋之清的徒弟齊林是襄陽縣衙總差役，弟子眾多，交友廣闊，白蓮教因此得以秘密進入公部門。石香村居士在《戡靖教匪述編》一書中有描述一段故事：嘉慶元年，湖北白蓮教起事，當陽縣令聞之色變，他召集衙內各役商討對策：「白蓮教已反，與邑界近，本邑習教者，嚴緝務獲！」沒想到衙役的回答是：「我等即白蓮教也，更誰緝？」縣令拍桌恕罵道：「汝輩反乎？」衙役回話：「反即反耳，何怒為？」眾衙役拎起袖子，把當陽縣令拉下台殺了，為首的衙役楊起元、熊道成、陳德本等舉起白蓮教旗幟，盤踞當陽縣。[29]本

---

28 ＜張效元供＞，《清中期五省白蓮教起義資料》第五冊，頁113。
29 石香村居士《戡靖教匪述編》十二卷，收於《清中期五省白蓮教起義資料》第四冊，頁106。

故事凸顯當時白蓮教在社會各階層的普遍性，以及網絡的無孔不入。

　　樹狀網絡是白蓮教教內的關係網，屬於垂直系統，系統內有上下之分，階級之別。除此之外，白蓮教也有橫向關係網。嘉慶元年開始的白蓮教事件主要由三的教派所共同主導，即劉之協系統的三陽教、宋之清的西天大乘教及王應琥系統的收元教。雖然是幾個不同教派，實際上彼此關係互有交織，鼻息相通。宋之清原師承收元教孫貴遠，與王應琥為同教師兄弟，後又拜劉之協為師，入三陽教，而王應琥的收元教與山東王倫的清水教同屬八卦教支派。這幾個教派的地緣相互交錯，也都供奉彌勒與無生老母，各教的確脣齒相依。白蓮教在他們的客觀世界裡建構出來的是一個有形的、可感知的關係網絡，實際上這個網絡是一種生命共同體，在有形的關係中同時也被佈署了情感和生死與共的無形拘束，牢牢地把每個入教者拴在一個共進退的方寸之地。情感加上命運共同體，使白蓮教在縱向系統建立穩固的關係網絡，也在橫向網絡擴展連繫而形成規模，上下左右氣息連動，牽一髮而動全身。

　　而值得一提的，以男性為尊的中國社會，白蓮教的關係網基本上以男性為主體，但男女雙修也讓女性在白蓮教歷史上扮演著重要的角色，尤其因為她們在戰場上有所表現。宗教結社通常不排斥女性參與，白蓮教從來沒有強調以男性為主。黃育楩的《續破邪詳辯》中有提到白蓮教經卷中有「或是男或是女本來不二，都仗著無母一氣先天」，以及「吩咐合會男和女，不

必你們分彼此」的內容。[30]所以，白蓮教不忌諱傳徒給女性。女性也可以在白蓮教裡爭得一定的地位，在教內亦自成統御系統。乾隆四年（1739年）河南教亂，乾隆派雅爾圖前往理治。雅爾圖抵達河南伊陽地區，發現當地教派勢力龐大，黨數眾多，便實施鐵腕大力整頓，隔年逮獲一名外號「一枝花」的女教首。[31]

　　然而，即便女性教徒在白蓮教可以形成系統，以男為尊的中國古代社會，女性有限度地被要求在現實生活中實踐三從四德的傳統古典價值體系。S. Mann 說，清代中國婦女的宗教實踐乃獨立於政府的支配或官員的控制，尤其獨立於儒家思想桎梏，女性信徒和統治者之間的連繫，僅僅表現在孝順及順從丈夫而已。[32]言下之義認為，清代女性被排除於儒學君臣教育之外，卻忽略了儒家教育還包括父子、夫婦與朋友之道。因此，即便白蓮教可能形成女性的統御系統，還是在以夫為尊的傳統架構下才形成意義的。例如，白蓮教所見女性信徒出現在戰場上者，大部份都以「替夫報仇」為其正當性。《戡靖教匪述編》記載：「賊陳得俸妻郭氏，著白衣，旗上大書『替夫報仇』。」與明代唐賽兒齊名的齊王氏（本名王聰兒）更是一位典型為夫出征的女性白蓮教徒的典範人物。齊王氏的丈夫齊林在襄陽地區傳教無數，被尊為總教主，氣勢大過他的師父宋之清，人稱

---

30 黃育楩：《續破邪詳辯》，收於《川湖陝白蓮教起義資料輯錄》(成都：四川人民出版社，1980)，頁233。

31 《清史稿・雅爾圖傳》，收於《川湖陝白蓮教起義資料輯錄》，頁34-35。

32 Susan Mann（曼素因），楊雅婷譯：《蘭閨寶錄-晚明至盛清的中國婦女》(台北：左岸文化，2005)，頁379。

「大師父」，四川、陝西都有他的徒弟。齊王氏依丈夫之勢和自己的交際手腕收了女徒弟，建立自己的人脈，有人稱她作「二師父」。齊林被捕伏誅後，齊王氏被齊林的徒弟擁為共主，起兵反清，舉的旗號也是「替夫報仇」。因此，若把白蓮教對內架構的關係網絡視為其組織的結構紋理，會發現一個穩固而環環相扣的關係紐帶清晰可見，且結構完整。縱向的師徒關係有傳統制度和道德做支撐，橫向關係則以共同利害做為結盟的黏著劑，女性教徒的意義雖然不能被過度強調，但歷史經驗卻也證實，並非聊備一格。所以，嘉慶元年的白蓮教事件，若沒有齊王氏出來領導，其內部能否取得行動的一致性還是未定之天。

　　白蓮教內部自成系統的關係連帶提供他們動員時絕佳的能動性，但此事件歷時九年，暴動地區延燒五省，對於大部份沒有受到作戰訓練的白蓮教徒，獲得這般成果，如何可能？或許官方的腐敗可以提供部份的答案，總是不夠充份。整體事件發展過程中，白蓮教徒的確掌握了大部份的指揮權，但參與作戰的成員中非全數的白蓮教徒。這些非白蓮教成員除了白蓮教用暴力裹脅隨軍的平民之外，更多是自願加入的跨界戰力，白蓮教如何獲得他們的信任、提供什麼條件、如何與他們建立關係連帶？顯然，命運共同體不會只建立在情感的基礎上，在廣大的秦嶺和大巴山脈連接著四川、甘肅、陝西、河南及湖北各省份的山地，不但提供當時白蓮教傳教及隱蔽有利條件，白蓮教更得此便利，獲得許多生力軍。

　　白蓮教五省之亂的肇始，是「官逼民反」引燃這把反清的火，這是毋庸置疑的，但通常官逼民反也是造反者企圖脫

罪的藉口。劉之協是事件的始作甬者，他落網後，供出的理由就是官逼民反：

> 劉之協供：襄陽縣查拿邪教緊急，每處村莊，挨戶給門牌，是好百姓給與門牌，是邪教就不給門牌，聽得別州縣也是如此辦法。姚之富說：「如今沒處藏躲，只好造反，免被拿去殺了。」[33]

　　脫罪的企圖已相當明顯。甚至有白蓮教教首直接以官逼民反為理由，聚眾抗官，居住在山區的棚民或游民尤其容易藉故滋事，四川巴州的棚民白蓮教徒羅其清就是以官府無端拿人為由糾眾起事：

> 羅其清供：開店（按：酒店）之日，眾人來賀，點放花爆，有人說我起營房辦會，後來州里來查，並無憑據。隔些時，聽說我多事，不許趕場做生意，又要來拿我，才聚集六十多人，各自糾約，湊有一千人。[34]

　　州官查拿人犯，與群眾聚眾抗官是兩件事，通常不會在同一時間發生，除非抗官者早有準備，但如果是後者，真相就不是單方面說了算。胥吏拿人乃執行公權力，被緝者反抗純粹是個人不認罪。一旦聚眾反抗，等於眾人一致質疑公權力的合法性，或直接對公權力的否定。然而，對公權力的否定不會形成於一時之間，必然是長期的對公權力的不信任所造成。羅其清

---

33 〈劉之協供〉，《清中期五省白蓮教起義資料》第五冊，頁102。
34 〈羅其清供〉，《清中期五省白蓮教起義資料》第五冊，頁72。

家人從父親以降都習白蓮教，是當時川陝山區的「棚民」，在他的生活經驗中，生活的環境不斷製造了他對抗現實的理由與條件。那麼，什麼理由讓棚民起而抗官？他們如何與白蓮教建立連繫？

　　棚民所在高地謀生不易，生活困苦，官方一直沒有相對較好的政策照顧這些人，與低平地帶相比，山上的人被視為化外之民，怨懟之心油然而生。這些情緒顯然在白蓮教出現在他們的生活中後，才讓他們找到了出口。相同情形已在山田賢的研究回顧中提及，可惜，山田賢並沒有進一步交代清楚細節。棚民與白蓮教建立命運共同體，兩者從信仰連結到日常生活，在行動上合而為一，尤其在反客民及清政府形成聯盟後的利益壟斷，兩者意志相投。山田賢解釋「官逼民反」時就提到，所謂「官逼民反」，是「官」放棄了對局部地域的干預，而將一部份行政權力委諸當地的移民地主及依附的胥使，所導致的必然結果。[35]這觀點並非山田賢的獨創，嚴如熤早就提出類似看法，他指出，由於地方官利用先移入者管理後移入者，「山內差役多客民充當，無風生浪，遇棚民有事，敲骨吸髓⋯⋯山民受其凌虐，無可告訴，無為申理。」[36]由此可以理解，棚民加入白蓮教陣營反清，理由充份。

　　除了棚民被視為不安定的因素，盜匪的猖獗更成為地方治安的最大問題。當時從四川山區普遍存在的盜匪稱為「嘓嚕」，這些組織犯罪集團一直被清政府列為必須蕩除的對象。棚民是

35　山田賢：《移民的秩序-清代四川地域社會史研究》，頁160。
36　《三省邊防備覽》，收於《川湖陝白蓮教起義資料輯錄》，頁20。

對山上開墾移民的普遍泛稱，嘓嚕則是移民地區有組織的犯罪群體。嘓嚕可能由棚民組成，但他們從事的工作不是墾荒，而是作奸犯科。嚴如熤描述嘓嚕份子特性：「川中膏沃易於存活，各省無業之民麇聚其間，好要結朋黨……凡數十人結伙，先約遇難不許散幫……其黨極為堅固。」[37] 嘓嚕雖然是自組團體，但沒有像天地會一樣發展出具有理想性、組織性的會黨結構。他們的行為充滿個人慾望的實踐，「白晝搶奪淫凶，如入無人之境」，所以清政府一直把懲治嘓嚕視為川地治安重點。

嘓嚕份子與白蓮教建立關係網絡跟信仰沒有直接關聯，[38]是逃避官方查緝時向白蓮教投靠。這種結盟的方式說明，信仰在白蓮教有時工具性大於實質，信仰被白蓮教用來傳徒和動員，當以上兩種目的不需要透過信仰就可達成時，信仰就不再那麼重要。對兩個陣營來說，他們合者有利，石香村居士直指：「此輩（嘓嚕）藉匪（白蓮教）家藏身，而教匪因以起事」，[39]直接將白蓮教起事與嘓嚕份子的加入畫上等號。說法或許過於武斷，至少說明兩者的確在歷史的某個重要的時空交會過。

白蓮教與嘓嚕出現兩次結盟的時機，一次是乾隆四十七年（1782 年），清政府大力掃蕩四川嘓嚕份子，許多嘓嚕份子躲入深宅大院的白蓮教避風頭；另一次是嘉慶初年白蓮教在五省

---

37 嚴如熤：《平定教匪總論》，收於《清中期五省白蓮教起義資料》第五冊，頁194。

38 嘓嚕份子奉明末流寇張獻忠為信仰中心，見《江油縣志》，收於《川湖陝白蓮教起義資料輯錄》，頁23。

39 石香村居士：《戡靖教匪述編-蜀述》，收於《清中期五省白蓮教起義資料》第四冊，頁52。

起事，嘓嚕見有機可乘，紛紛加入白蓮教。由於嘓嚕份子長期處於非常狀態，善於拼鬥，而白蓮教徒大部份是未經訓練的烏合之眾，兩者結合稱得上互蒙其利，嚴如熤所言甚是：「教匪愚而詐，嘓匪悍而狂。」

在階層流動不易的清代社會，「底層」這概念通常與貧窮、缺乏智識連結在一起，且個體性不突出，底層群眾被想像為一群「無聲的」個體的總合。這些原來互不相關個體一旦以某種形式、或因某種因素集結表現憤怒時，他們從無聲變成噪音。然而，許多研究文獻解釋他們集結的理由卻以無聲的群眾做為基本前提，所以，當反抗出現時，個別的因素被消音，把一切歸諸政治與經濟等結構性問題。「暴力」的大小及承受視暴力的程度須以暴力的總額衡量，但集體暴力並不是一直存在某處，它是個別暴力被誘發及統合的結果。每一個個體潛藏的暴力因子都有它的主觀能動性，它與群體暴力之間互為因果，而非單方面某一方影響另一方。

Weber 認為，社會中的「關係」是一種根據行為的意向內容相互調節，並以此為取向的若干人的舉動，[40]這種說法只能反映在一個具有理性條件的社會行為，當白蓮教把關係網絡延伸及跨界到非信仰的境地，意味著行動意向已邁向複雜化，它就不再只是純粹以行為意向為取向。在白蓮教的所有集體行動，主觀的條件還在（例如堅持以信仰做為號召，加入白蓮教的棚民或嘓嚕也被要求靈修），但客觀上，白蓮教越來越因為這種關係

---

40 Max Weber，林榮遠譯：《經濟與社會》上卷(北京：商務印書局，2006)，頁57。

連帶招惹更多麻煩。羅其清就是典型，他性格強悍，常招惹官方，他加入白蓮教並未從中修煉心氣，反而召集棚民加入白蓮教反清。

> 羅其清供：在方山坪紮寨後，鄉勇們來打我的寨子，我就豎立白旗，派了魏冠儒、夏達恩、苟文宰、苟文相、魏中孚、苟斌、白修義、朱思珠、蘇文遠為大頭目，到頂上等處紮營，到處搶糧。後來人就越聚越多，又挪到孫家梁紮營。[41]

信仰並未明顯地在羅其清身上發揮約束作用，或者，應該說，隨著對客觀環境適應上的需要，白蓮教徒常常在這個環節上表現他們性格上的特質，一種常見於白蓮教歷史經驗中的特質：集體暴力。這種集體暴力又經常是伴隨著複雜的關係網絡和情緒出現，五省之亂就是典型。

第四節　權力交錯的懲罰形式

宗教性懲罰常在白蓮教的反叛行動之初，扮演取代信仰的角色，嘉慶元年的集體暴力行動沒有例外。白蓮教的關係網絡從本身教內的縱橫交錯，延伸到與非典型教徒的合作，關係盤

---

41 ＜羅其清供＞，《清中期五省白蓮教起義資料》第五冊，頁72。

根錯節，但仔細疏理仍然可見清晰的脈絡紋理。白蓮教的關係
網絡可能直接或間接影響他們反清的行動決心和動員能量，沒
有這些可觀的人際網絡為後盾，恐怕很難說服自己及他人投入
一場殊死戰。然而，網絡越是複雜，組織就越難掌握，此時由
信仰教義產生的拘束性就會在適當的時機介入其中，而且通常
帶有恐嚇意味。不過，這種內在的、屬於信仰所產生制約或懲
罰也常在特殊情況下無效，例如面臨危險或利害衝突時，趨吉
避凶的本能可能讓透過信仰或人際網絡建立的關係一夕崩壞。
因此，討論白蓮教的懲罰必須分兩種不同的層面，一個屬於信
仰的，另一個屬於非信仰的，差別在於兩者適用的時機不同。

　　懲罰不管以什麼方式或手段出現，都是一種權力展演。就
關係來說，它不能增進懲罰者和被懲罰者之間的親近性，甚至
有礙兩者關係的和諧。懲罰的目的在防止更多不和諧情事因為
某種錯誤而產生，但白蓮教的懲罰並沒有直接進入一個被預設
的機制中，它不像天地會有具體明確的懲罰內規，懲罰效應卻
可以穿越肉體，直達內心。就形式來看，白蓮教的懲罰形式屬
於傳統的，即一方面以君王意志為懲罰標準的傳統權力關係，
另一方面又表現類似基督教「自我技術」的模式，即透過「告
解」（exomologrsis）儀式，讓人們認識到自己是一名罪人。[42]唯
一不同的，白蓮教的罪是掌教者根據經文論述的再生產，非由
告解者自己說出，這種懲罰屬於信仰範疇，所以充滿報復和災
難預言。不過，如前面所言，這不意味白蓮教缺乏肉體的懲罰，

---

42 汪民安主編：《福科讀本》(北京：北京大學出版社，2010)，頁 260。

當白蓮教本身的災難發生時，為了求生存，肉體懲罰也會跟著發生。

　　宗教懲罰與一般法律懲罰一樣，是集體意志的體現，它假設社會中存在有具體共識的懲罰機制。這種預設的盲點是無法合理化懲罰機制與統治者權力之間的關係，尤其在「君主權力」相對發達的古典時代，懲罰往往只表現統治集團的意志。一般來說，白蓮教最基本的宗教懲罰概念來自佛教的輪迴說，懲罰的運作內容以對信仰的服從及對死亡及災難的恐懼形成心理負擔，達到制約行為的目的，就像大部份的宗教性懲罰一樣，這種懲罰會在心理上產生持續性的效果，最終成為日常生活行為標準，終極意義與君主權力相同。

　　佛教世俗化之後，善道與惡道、天堂與地獄二分概念常出現在不對等的權力關係之中，成為支配者發揮告誡的功能，如師父對徒弟的告誡、父對子或其他如長輩對晚輩的告誡。在白蓮教的社會裡，教首和師父是當然的統治階層，也是支配者，他們與廣大的被支配者—徒弟—之間的權力關係通常表現為信仰代理者對信眾的信仰懲罰。常見的白蓮教信仰懲罰機制的建立分為兩個部份，首先出現在入教的儀式上，程序包括「過願」和「打丹」兩道：

　　　　凡入教之人，先令過願，傳給靈文，後與打丹。所謂過願，即系賭誓學習此教，必須上不漏師，下不漏徒，中不漏自身。所謂開丹，系將姓名、籍貫寫在黃紙，向

　　空焚化，亦有稱打丹者。[43]

　　過願和打丹都是秘密結社常出見的儀式形式，過願就像入教者簽了保密切結，而打丹代表一種對上天的誓言，入教者燒了寫有自己資料的紙張，象徵向天佛登錄，無形的約束從此與他形影不離。這種類似重生的儀式，如同讓一個人離開他原來熟悉的領域進入另一個未知世界時，必須跨過的門檻，也就是Turner所說的「閾限」[44]：越過這個死亡、烏濁、晦暗的門檻，把自己送入另一個不同文化狀態和社會群體。為了重新融入這個社會，接受新的文化狀態，他必須相當程度放棄由過去生活所建立的主體意識，接受新的、由別人給定的價值和對自己意志及行動的支配。白蓮教入教儀式一旦成立，師徒關係也成立，師父及其象徵的誡律也同時成立。跨越儀式的門檻如經歷一次死亡與再生過程，死亡代表對入教承諾及誡律的背叛，遵守承諾及信仰誡律可以避免自己撞入黑暗的懲罰之門。

　　傳教通常需要透過經文，但白蓮教的禁律並不一定與各種寶卷經文所載記教義及禁律相同，儘管明清時代流行於民間寶卷與正統佛教經文比較，已經相對通俗，大部份仍然需要由代理者重新詮釋，因此，誰有詮釋權，誰就擁有實質權力。而誰擁有詮釋經文懲罰內容的權力，誰就佔有支配權的制高點。這

---

43 ＜福康安奏拿獲習教之謝添綉等提省審訊情形摺＞，《清史檔案史料叢編》第九輯，頁179。

44 Victor Turner. *The Ritual Process: Structure and Anti-Structure*, New York: Aldine Publishing Company. 1969, pp: 94-95.

種詮釋權展現在兩個場合時機，一是前面提到的入教儀式場合，懲罰詮釋的作用不只是「幫助」一個人跨過進入白蓮教的門檻，同時也是讓詮釋者在實質上獲得幫助（包括收徒及金錢上的收益）。詮釋懲罰權發生的第二個場合時機是動員，動員未必是集合教眾從事某種集體行動，有時候動員只在強化心理武裝或為了特殊目的。

　　「劫」是中國佛教信仰中常被引用的懲罰概念，而這一概念被白蓮教徹底意識形態化，並且普遍融入日常生活（至今我們仍誤用其義），替白蓮教的領導者打開了支配技術的方便之門。乾隆六十年（1795 年），湖北聶池暨次子聶傑人拜張宗文為師，張宗文為湖北白蓮教重要人物張正謨的徒弟。張正謨曾以「山西李犬兒是真主」為據，吩咐弟子依此說法傳教，說「本年三月是辰年辰月，定起黑風，殺人無數，從教的可以免災。」在湖北擁有經濟實力的聶家父子願意臣從張正謨，實因張正謨擁有懲罰的詮釋權，就與聶家形成不對等的支配關係。[45]這種支配關係如同白蓮教的關係網絡，層層疊疊又井然有序，即便有人因利益或權力對分配有意見，很少有人公開反抗。就以聶家父子與張正謨的關係為例，在聶傑人的供詞中對張正謨的作風頗有微詞，但基於以上的理由，聶傑人始終沒有和張正謨決裂。

　　在白蓮教裡，懲罰與信仰是一體兩面，只是懲罰跨過信仰的普遍原則，為某種特殊行動做預告。當白蓮教祭出劫數降臨的說詞威脅教眾時，伴隨而來的是一個現實的血光之遇，張正

45　聶傑人後來在供詞中避重就輕地把責任推給張正謨，或許有部份原因來自他對這種支配關係的不滿。見《清中期五省白教起義資料》第五冊，頁8。

謨的「黑風起」口訣之後，白蓮教在宜都、江枝揭竿起義；姚
之富、姚文學父子以「劫難將至」，把一群人帶上戰場。一般解
釋傳統中國社會的支配權力時，通常認為，儒家思想由貴族到
士紳系統延伸而來的階級統治意識形態長期支配了中國社會，
儒家產生的支配意識形態所以佔有這個優勢，乃因它吸收了救
世思潮中的理性主義，擺脫了只重精神的、神秘的、躁動的宗
教特質。士人階級從儒學中獲得的治世思想使中國的文化呈現
統一性、持續性及穩定性，符合統治者的期待，中國人也在這
種穩定的環境下，很少去相信外國具有衝突的、不平等的思想。
[46]然而，中國傳統社會的那股注重精神的、神秘的、躁動的宗教
特質是否因此被上層結構的支配意識形態所淹沒？恐怕言之過
早。本段已然證明，遠離儒家的中國社會底層的白蓮教就用自
己的意識形態建立屬於自己的支配關係和社會系統。

　　然，信仰模式或戒律模式的懲罰效果很難被客觀衡量，面
對動員時，這些信條或戒律是否形成動能，實在很難評斷。白
蓮教主事者其實深諳其中道理，在面對生死交關時，戒律及信
仰之外，常用的手段是肉體的威脅。如同前面所述，在白蓮教
內部，誰擁有對信仰的詮釋權，誰就擁有懲罰的權力，這種懲
罰權有時候也觸及肉體的生殺大權。帝制時代，人民的生命除
了掌握在大自然，就是掌握在皇帝及其代理者手中。白蓮教卻
在原有的權力架構下又搭建自己的支配生命的權力，使其成為
現實世界之外的另一個社會真實

---

46 Michael Mann，劉北成、李少軍譯：《社會權力的來源》第一卷(上海：世紀出
　版社，2007)，頁425。

　　白蓮教執行對成員的生殺大權與宗教誡律是背道而馳，反而較像皇權的執行，這種懲罰方式通常只發生在特殊的時空背景下，例如集體行動的動員階段。

> 　　曾世興供：今年二月十三日，姚文學帶了多人，到小的家裡說：「劫數到了，要搶城池。如有不依者，就要殺害。」小的害怕，就隨同搶劫。[47]

　　姚文學當天帶了不少人到曾世興家「威脅」曾世興等人加入他們的造反陣營，之前因為打死了曾家一位兄弟，曾世興被迫聽從。但沒有料到，曾世興的另一位兄弟因為參與白蓮教行動被鄉勇打死，他父母也因此雙雙自盡身亡。這種悲慘的遭遇比照任何寶卷經文所描述的災難恐怕都有過之而無不及，而它真實地發生在白蓮教徒身上。

　　歷史上不曾出現任何一種宗教，預設自己的信仰與反叛有關，即便如白蓮教具有鬥爭經驗的宗教性結社。劉平認為這是神聖的權力被過度誇大之後，所產生的幻覺。中國傳統農業社會中習慣將來自信仰的神聖權力，與具有領袖特質的族權和統治者政治特權作情境轉移，把它們結合在一起，導致宗教領袖產生權力慾望。[48]但這樣的權力慾望並不一定把自己以及追隨著帶上革命造反一途，即便是白蓮教，也從沒以師父主張造反的理由入教，參加造反很多時候是非自願性的。只不過，當一方以暴力威脅另一方履行未經承諾的義務（白蓮教顯然沒有像天

47　〈曾世興、祁中耀供詞〉，《清中期五省白蓮教起義資料》第五冊，頁25。
48　劉平：《中國秘密宗教史研究》(北京：北大出版社，2010)，頁211-212。

地會一樣，把入教的目的與反政府連結起來），雙方的關係就不再是純粹師徒關係。甚至在那當下，所有的關係都因為一方採取肉體懲罰而退回原點，重新定義，但已不可能在行動目的上獲得一致性。或許一方終究屈服於另一方，屈服者也會設法改變雙方的關係

從這裡似乎可以隱約看到白蓮教的肉體懲罰所呈現的的非制度性及任意性面向，它呈顯的是個人情緒的直接反應，而非基於白蓮教的生存思考，更非為了信仰價值。會出現這樣的改變，完全基於現實原則。

> 曹仁貴供：本年有九月十七日，廖得勝帶了一百人……使我們入教，我們從他入教，原不肯隨他造反，因見田登貴們，說他的同教人多，現在湖北都已動手。若是不依，就殺了。沒奈何，只得依允。[49]

用通俗的話來說，所謂白蓮教肉體的懲罰，就是把刀子架在某人的脖子上，逼人就範。這說明白蓮教的肉體懲罰是在跨越信仰之外執行的，已喪失宗教的價值合理性。同樣的，信仰並未在白蓮教的集體行為中成為唯一的意識形態，促成集體行動的因素也不存在絕對性，他們的行動意志沒有受到任何歷史機制（如永久性宗教意識形態或由白蓮教傳統產生的行動密碼）的絕對性支配。所以，白蓮教教眾在面臨死亡威脅時，通常選擇屈服。宜都的聶傑人起兵的第一年（嘉慶元年）因被官兵圍

49　〈曹仁貴供〉，《清中期五省白蓮教起義資料》第五冊，頁48。

困出面投降，隨後張正謨也兵敗被捕，供詞中，張正謨表示想出來投降，因另一位白蓮教首領張宗文「用言嚇阻，心裡害怕，是以抵死抗拒。」

白蓮教的肉體懲罰大部份發生在集體暴力行動階段，此時，暴力與死亡威脅是行動中唯一的憑藉。尤其在生死交關時，白蓮教領導者以死亡要脅他人受其支配，用暴力演繹暴力的本質，可謂淋漓盡致：

> 陳德本供：小的糾約同教的七百多人，各帶家口，沿路燒搶良民房屋糧食銀錢，逼他們跟著助勢。若遇官兵鄉勇，叫良民在前抵敵，如有不從，即在後邊趕殺，大家害怕聽從。[50]

白蓮教在特殊情況下執行肉體懲罰，乃基於集體暴力得以遂行而採取的手段，這種手段殘暴無情，但它只出現在特殊狀態下，尚不足以斷言白蓮教的暴力本質與肉體懲罰有對偶關係。肉體懲罰權原屬於「國王的報復」（Foucault 用語），懲罰是一種上對下的施為，肉體懲罰的意義旨在彰顯權力的至高性。因此，如同清政府以殘酷手段懲治白蓮教，彰顯其統治權的合法性和唯一性，白蓮教使用肉體懲罰，也是宣示權力的一種方式。

把白蓮教的懲罰機制以「信仰」和「肉體」兩種形式分類，是認為白蓮教乃一具備規模和系統的民間組織，如此才能解釋

50　<陳德本供>，《清中期五省白蓮教起義資料》第五冊，頁 28。

白蓮教的內部運作的邏輯。從信仰懲罰中可觀看到白蓮教和一般宗教具有相類似的懲罰機制，但白蓮教進一步把它用做為一種組織宣稱，用以凝聚組織成員的向心，凸顯它的民間結社特質。在肉體懲罰部份則讓白蓮教激底脫離了宗教的特質，信仰在肉體懲罰的階段幾乎喪失其意義。白蓮教徒面對生死存亡時，把肉體懲罰作為動員的非常手段，這種手段在讓白蓮教的民間組織特質中一次又一次被強調出來，其背後的意義卻和權力脫不了干係。

第五節　利益與集體主義的斷裂

懲罰具有目的性，白蓮教的懲罰工程似乎為某種目的舖設渠道。如果懲罰與權力是並置的概念，那麼，權力與利益則是一體的兩面。換言之，白蓮教的懲罰背後潛藏一個真實，就是利益的獲得。白蓮教如何開啟這種運作邏輯，是本節的主要論述。

截自目前，我們看到的白蓮教幾乎是一個集體主義的產物，信仰、情感及社會網絡三個因素環節相連，共同建築在以傳統結社的集體利益為基礎所延伸出去的關係網絡上，一種屬於傳統社會關係的機械連帶中。至於懲罰，不管就其形式，或者內容，它存在的目的是為了確保以上三個因素所生產的集體能動性不要被破壞。但白蓮教懲罰機制除了假信仰之力，在必

要時也進行肉體威脅，此時的懲罰行為已經不再強調連帶關
係。事實上，集體主義在白蓮教的統御模式裡並不擴及所有層
級，在特殊時機裡，懲罰表現的不是基於團體的生存，而是基
於少數領導者個人利害關係。顯然，關係連帶所構成的集體理
想（如信仰）無法充份滿足白蓮教反叛理由的解釋，肉體懲罰
的出現，更意味著白蓮教不是一個完整的目的團體，其內部不
乏利益的算計。

　　利益是任何社會行動的主要目的之一，對白蓮教而言，利
益的追求不但可以說，而且可以做，只不過是利用信仰的外衣
加以偽裝。乾隆晚期，湖北當陽縣知縣彭延慶在《當陽縣避難
記》中描述了他瞭解的白蓮教：

> 　　余被議來湖北之當陽縣，聞有邪教，名曰白蓮者，
> 不知所自始，互相傳，意信心堅。入其教，先輸錢一千，
> 名根基錢，遂列名，厥後漸有加增。推尊權其錢之多寡，
> 多則稱為「掌櫃」，婦曰「師母」，送錢與老師付名曰「進
> 水」。動稱佛視，消災免禍罪，棄生理，輕家業，似別有
> 所持者。[51]

　　這段陳述清楚描繪了白蓮教根基錢與教內權力結構，根基
錢對白蓮教的意義不僅僅在於「錢」如何被神聖化，更在於錢
的分配被階級化。白蓮教組織結構中，據於一方的教主或大師
父是主幹，眾師父是支幹，分支則各憑本事，收了徒便是師父。

---

51 彭延慶：《當陽縣避難記》，收於《川湖陝白蓮教起義資料輯錄》，頁30-31。

徒弟有向師父獻根基錢的義務，師父收到根基錢，一部份留當
「推動」組織基金，一部份則奉給教主。師父總留有一部份根
基錢以資利用，名義上是推動教務，支出標準全憑個人意志。
換言之，白蓮教對於根基錢的運用，完全操縱在各級師父個人
的好惡上。師父們既可支配錢，也可支配教徒。就實質來看，
白蓮教師父的利益不只從根基錢中獲得，還包括「打丹」或治
病，收取的銀兩大都由師父中飽私囊，嚴格來說，躋身領導階
層的師父把收取根基錢視為教務中僅次於傳徒的重要工作。

　　白蓮教因錢的流動方向而劃分出兩個截然不同的世界，一
個是神聖的，這個世界被虔敬的心所包裝；另一個是世俗的，
它對立於信仰，充斥著利益追逐。在白蓮教的利益追逐世界中，
不斷上演各種權力傾軋和利益分贓的戲碼，最典型的例子首推
劉之協與宋之清之間真假彌勒佛之爭。宋之清拒絕相信劉四兒
是彌勒佛轉世有兩個原因，一方面因為劉松與劉之協從宋之清
那裡獲得不少金錢，宋之清心早有不甘。另一方面，宋之清也
想另起爐灶，立教傳徒，不願再屈就劉松、劉之協之下。所以，
宋之清與劉之協的真假彌勒佛之爭，表面上看是爭正統，事實
卻是利益之爭。在情感的歸屬上，宋之清原屬收元教，後進入
混元教，才與劉之協有了師徒的關係，但與收元教仍有舊識，
難免出現忠誠問題。不過，兩者之爭屬於利益的爭奪，扯不上
情感問題，說穿了是宋之清不願與劉松、劉之協分享「利潤」。

　　當「彌勒轉世，保輔牛八」被創造出來後，八字真言在泛
白蓮教陣營蔚成風潮，也成為後來白蓮教舉事時的熱門口號，
但更多是用此進行斂財。當時熱衷於八字真言的，除了劉松、

劉之協的三陽教，以及宋之清的西天大乘教，還有在此次起事中同樣基於領導地位的收元教。當時收元教的代表人物是王應琥，他的父親王全及師父艾秀都師承孫貴遠（屬山東八卦教），孫在乾隆五十年被清政府以教亂案逮捕伏法。王全原靠收元教傳徒維生，但在不預期中過世，王家經濟來源頓失，王應琥乃與艾秀商討興教，誆稱彌勒佛降生河南無影山張家，將輔助牛八起事。王應琥先收了廖芳等十人為徒，令各徒弟要「收徒升丹」，送打丹錢及根基錢給王應琥支用。[52]

王應琥興教傳徒的目的單純想解決陷入困境的經濟問題，他的行動目的是滿足需求，宋之清與劉之協的真假彌勒佛之爭對他而言毫無意義，信仰在利益的權衡之下，也變得相對卑微且具工具性，即便在強調血緣關係的中國社會，也臣服於這樣的利益結構之中：

> 據陶興即陶炘供：五十七年五月，小的拜陶烟為師，共給他過根基錢二千四百文。陶烟教小的唸的口訣是：「二月十五花正開，諸佛諸祖下天來；燒香快進來，速速莫遲挨」四句，說將來求財得財。[53]

陶烟是陶興的堂兄，陶興入教後，兩人的關係從堂兄弟變成師徒。透過師徒關係，陶烟從自己堂弟身上獲得可觀的金錢利益，這種獲利方式無疑是在強調血緣關係的中國社會戳了一

---

52 ＜福寧奏審明宋之清王應琥等徒徒情形分別定擬摺＞，《清史檔案史料叢編》第九輯，頁208-209。
53 ＜陶興供詞＞，《清中期五省白蓮教起義資料》第一冊，頁40。

個大洞。一如前述，在白蓮教的世界裡，血緣關係在建立信仰連繫的方便之門上提供助益，卻不一定具有與一般家族關係相同的社會功能，對白蓮教連帶關係的建立與維持沒有特別的顯著意義。如果說，信仰是處於社會連帶相對較強的社會中的集體意識，那麼，個人利益便是摧毀這種集體意識的強大力量。同樣的，如果血緣關係代表機械連帶社會中最堅固的一道牆，在個體利益的強力環伺之下，再堅固的防線終將被它摧枯拉朽，崩解於利益的現實之前。

　　「不事生產」或「非生產性耗費」是官方取締白蓮教等民間秘密宗教的兩個重要理由，至少從經濟的角度看是如此。而這些理由直接對應的是官方對私人利益不當獲取的厭惡，但在經濟政策的主張上始終說不出所以然（在大部份官方處理秘密宗教案的奏摺中都不曾以經濟理由譴責白蓮教），只好用「端正善良風俗」去敷衍。當然，對統治者構成更大的恐懼來自白蓮教集體主義的歷史經驗。相同的現象，白蓮教徒傳教的目的很大部份是基於主觀的利己主義，非出於對信仰的責任感。許多白蓮教的領導成員的口供都透露因貧興教斂財的企圖，他們雖非全部因此致富，但深宅大院的白蓮教師父卻是常見的。因貧興教斂財之說或許是為自己脫罪，但不可否認，可觀的獲利是他們對傳徒趨之若鶩的主要原因。宋之清落網後，他的口供中也把自己興教傳徒的責任推給「家貧難度」，他傳徒致富之後，忙著與他的師父劉之協劃清界線。他們因獲利的目的而結合，卻因利益的分享而決裂。在現實中，白蓮教及眾多民間秘密宗教一樣，依附社會而興。白蓮教必須依附底層群眾的理由，除

了統治階級不接納，在傳統上，白蓮教始終流行於社會底層，一切資源都來自一般群眾的提供，一旦失去群眾，就形同末日。

可見，在白蓮教中，人與人的關係中相當程度是依賴金錢建立，但也同時意味著，當錢被做為一種關係網絡的媒介時，是錢連結了人與人的關係，這種關係網絡與信仰的連繫相對微弱。根基錢對白蓮教可產生兩種意義，首先，它提供宗教結社活動得以持續的保證，第二，它鞏固了教首與教徒關係。金錢不但做為關係的媒介，也被用來做為與信仰對象的交流手段，因此被視為神聖的舉動。在神聖象徵的光環照射下，利益的交換變成一種與信仰交往的一般化與合理化，進一步美化內部的利益行為。但與其說，物質上的承諾是一種「誘惑」，不如說是履行民間結社的本質—利益分享，當然，這種分享是以「交換」的原則出現，利用物質性承諾，換得人力的支援。

固然不能排除根基錢被少數人挪為己用，但有了奉獻基根錢的動作，才讓我們瞭解「金錢」在白蓮教教徒與教首之間扮演的關係。「利益交換」及「利益共享」在白蓮教是只能做不能說的秘密，官方把白蓮教利益獲得的手段視為「斂財」，若與一般百姓的稅賦義務比較，教徒供養教首可以得到某些不具文的承諾，或者情感的歸屬，反而具有實質效益。當然，更具體的是，一旦白蓮教有了政治企圖及行動，為了進行動員，利益下放的程度會被放大。

孟憲實研究敦煌民間宗教結社時歸納出中國古代社會宗教

結社的功能包括：生產互助、生活互助及精神互助。[54]這些可形成堅固社會連帶的民間習性，把有共同理想或共同需求的人，以互助為前提團結在一起，形成一個深層的文化特質，然而在白蓮教的世界裡，看到它被利己主義侵蝕。利益壟斷與古代中國民間結社的基本價值是相違背的，這種變化在白蓮教內部卻已經發生。此現象或許就是 Elias 所說，它是「歷史性的」，即根源於社會變化的種種自動機制和傾向性，[55]此一機制和傾向性在社會某個功能分化的階段中產生。傳統的民間結社堅守機械連帶的價值，他們力量集中，利益與權力共享。在白蓮教，權力和利益被少數人集中起來。因此可以進一步推論，白蓮教從古代的宗教結社中獨立出來，顯然與利益的獨占有因果關係，當利益和權力的獨占成了少數人的慾望，衝突也就在所難免了。

　　不過，在白蓮教內部表現權力的方式是由上而下的傳統模式，這種權力模式把利益分配視為施捨，而非共享。張正謨邀聶傑人加入叛亂時，對聶家開出一個條件：「凡是習教的人，俱要先出銀兩，轉送李犬兒開入簿內，將來按銀數多少，分別封官。」[56]聶傑人後來出銀一百兩，收錢的劉盛才告訴他，一百銀兩數目可觀，將來可做總督。這裡至少有兩個理由合理化了聶傑人掏錢的行動，首先，他的行動的目的已鑲嵌在傳統中國「天命信仰」的權力文化中，讓他願意對組織的集體行動給予正面

54　孟憲實：《敦煌民間結社研究》，北京：北大出版社。2009：41。

55　Norbert Elias,，翟三江、陸興華譯：《個體的社會》(南京：譯林出版社。2003：50。

56　＜聶傑人、向瑤明同供＞，《清中期五省白蓮教起義資料》第五冊，頁5。

回應。第二個原因，出於對未來成就的某種想像，簡單地說，他想做官。

白蓮教創造「真主」，意在創造一個可以帶給大家幸福的神，依天命指定新的統治者，再由統治者分封有功人員。但白蓮教的天命信仰不同於「順天應人」的中國傳統革命邏輯，而是以「彌勒轉世」做為行動信仰，對一個民間宗教結社走向集體政治暴力行動的白蓮教而言，這是必須且具有急迫性的信仰工程。但操作天命信仰是否可為教徒找到一個更好的生活世界不得而知，況且歷史上的彌勒轉世之劫總是與人間殺戮一起發生，白蓮教徒眾是否人人領悟、人人認同很難判斷，但更多的口供顯露了他們追求官位的熱忱。即便像聶傑人這種殷實人家，拿出一百銀兩對他來說也絕非九牛一毛，與其說張正謨說服了他加入白蓮教的集體行動，毋寧是他的私心支配了自己的行為。彌勒轉世的天命信仰給白蓮教一個造反的理由及操作造反技術的基礎，其本質卻是主事者對信仰的挪用。白蓮教的政治集體暴力行動與大部份歷代中國革命鬥爭的主要主張的共同特徵就是「家天下」。封官行為並非白蓮教獨有的文化特色，而是中國傳統「家天下」的一種利己文化底蘊，利己主義相當程度促成白蓮教這次的行動，目的充滿了算計。

仔細進入白蓮教的生活層面，把他們信仰的日常性與團體行為逐一對照觀看，可以更清楚看到白蓮教反叛的力量有很大部份是被他們自己所驅動的原始動力，這是鉅型觀察所容易忽視的。白蓮教雖然具備宗教的特質，但有這些特質不一定就構成宗教或某一信仰系統。或者應該說，任何信仰系統或宗教都

不應該只有儀式及教義，因為它太容易被挪用和被創造。這並
不是說，我們簡化了宗教系統形成的條件，而是因為信仰很容
易被生成，當一個社會被認為需要信仰，或人們視信仰為生活
條件時，信仰就會被創造出來，也就相對容易被目的性地操作。
很明顯，這個目的與利益有相當程度的相關性。

第六節　小　結

　　清中期白蓮教之亂有外在因素，也有自發性的條件。從本
章的分析可以進一步發現，沒有內在條件的存在，信仰系統很
難形成集體力量，因為集體行動必須被動員。鬆散的憤怒或對
抗力量的產生必須被如信仰或社會關係之類的條件所連繫、所
呼喚，才得以形成態勢。白蓮教是民間信仰的一部份，卻同時
是人們依其慾望而假民間信仰創造出來的目的團體，決定其可
能性者並不只是信仰，而是行動的內容與目的，它涉及利益的
競逐。當然，以上的內在微觀因素可以形成白蓮教集體行動堅
實的動能，但要確保動能可以發揮出來，仍需要非常手段，例
如懲罰。懲罰在白蓮教的組織個體之間拉起一條有形無形的繩
索，把所有白蓮教徒繫在一起。

　　如果要說，本章為白蓮教的歷史補充了什麼，不如說，本
章為白蓮教的歷史澄清了什麼。「官逼民反」、「奪權團體」代表
歷史論述中對白蓮教叛亂兩種截然不同的評價，其中，「官逼民

反」因為具有價值的可操作性及歷史經驗性，可以輕易找到相關論據。如果完全相信白蓮教的叛亂主因來自官方的各種壓迫，似乎就認為白蓮教的集體行動完全沒有自主性，那麼，他們形成組織性戰鬥團體的過程如何可能？但，把白蓮教定位為「奪權團體」是否因此更有合理性？恐怕不盡然。「奪權團體」的宣稱有太強烈的目的性，而且是政治性的，白蓮教雖然曾經多次發動或參與奪權的政治集體行動，他們的信仰中的確埋藏許多政治反叛的寓意，但平常並不被強調，只在特殊時機做為動員工具的挪用。另外，如果「奪權團體」可以做為白蓮教發動集體行動內在因素的解釋，它的解釋範圍僅僅與權力的獲得有關，那麼，「報仇」這個在白蓮教五省之亂中扮演重要的情感因素就沒有立足之地了。

本章的五個分析向量勾勒另一個清朝中期白蓮教走向叛亂的面貌，這些向量代表清代表白蓮教形成關係連帶的五種可能性，就是這樣的關係內容被形成，才拼湊出白蓮教所以叛亂的更清晰歷史原貌。從白蓮教的社會形式來講，五個向量也構成了一個整體性，這個整性體性反映白蓮教被視為特殊宗教團體的不完全恰當性，因為它在很多生活內容上僅僅只是底層生活的忠實反映。「邪教」是政治權力有意識污名化的稱呼，直到現代，這個名詞偶而被採用。我們並非罔顧白蓮教發動叛變造成的屠殺和對當時生產造成破壞的事實，恰恰是因為這個理由，更應該還原歷史真實。

第四章　天地會與林爽文事件

　　林爽文事件發生地不在中國內地，它與天地會後來的發展如何產生有意義的連結？簡單地說，因為台灣林爽文事件做為天地會發展的一個重要里程碑，它代表的正是天地會發展分水嶺。在此之前，清政府並不知道天地會的存在，林爽文事件後，乾隆下旨追查天地會起源，查出天地會是由福建洪二和尚（法號「萬提喜」）所創，台灣並不是發源地。然經過林爽文事件，天地會不但沒有因為清政府的查緝受到抑制，大量仿天地會模式的民間結社如雨後春筍，並且逐漸形成規模。這種發展的出現雖與林爽文事件沒有絕對的關係，卻不能忽略林爽文事件對中國內地產生的社會效應。乾隆在林爽文事件後，頒下特律企圖防止天地會「復興」，並且大張旗鼓到林爽文故居挖林家祖墳，同時在福建地區大肆搜捕天地會。而基於歷史經驗，這種搜捕動作間接造成天地會的壯大不無可能，官方的搜捕通常會產生更多衝突，使反政府份子因此物以類聚，後來天地會在兩廣地區大量復興，多少與清政府在福建搜捕天地會份子有關。

　　雖然林爽文並沒有主張「反清復明」，因為空間的因素，林爽文事件為後來天地會的「反清復明」這個政治符碼提供歷史基礎。天地會眾多起源傳說中，有一則與鄭成功有關。傳說天

地會總舵主陳近南為鄭成功的參軍陳永華，天地會為鄭成功所創。溫雄飛在他的《南洋華僑通史》中就持這個看法，他參考的是天地會儀式中，一款「八拜」的程序，其中的第七拜則為陳近南。但翻開早期的天地會會簿並不見八拜儀式，也不見陳近南，若非後人的穿鑿，就是一種充滿政治動機的附會。鄭成功是「反清復明」典範人物，所在的台灣自然有其代表性，林爽文在台灣領導反清，很容易被想像成為這個思想的繼承者。不過，兩者是否有直接的相關性，需要更多證據的支持。

事實上，林爽文事件發生的當時，客觀環境並不具備充份的條件。當時台灣是一個移民社會，所有移民社會可能產生的問題都在台灣發生，如游民、民間結社、分類械鬥、土匪，甚至是舉兵叛亂。康熙收服鄭氏家族勢力後，台灣正式納入清朝版圖，從那個時刻開始，「造反」問題就一直困擾著北京紫禁城的統治者。就地理位置來看，台灣孤懸中國南海，統治不易，清政府治理之手無法完整表現它應有的強度與效率，造成上述問題不斷在台灣島內重演。以分類械鬥為例，移民台灣的閩籍和粵籍族群在原居地就常有衝突，甚至同為閩籍的漳州人和泉州人原來的宿怨就深，移民到台灣後，兩個族群依然不斷有嚴重的對立和衝突發生。除此之外，居住台灣的原住民也常因為利益或溝通問題與移民發生對立，甚至兵戎相見。

在移民社會，利益與危機常共伴共生，不同族群固然會因為利益而衝突，同一族群內（甚至跨族群）也因利益分配不均而組織群眾爭鬥，這種組織形式是仿造傳統互助結社精神組成的民間結社。和宗教結社不同，這類結社不需要信仰支撐，是

建立在利益共享、有難同當的互助基礎上，它就是會黨。所以，清代的「會黨」泛指某些可能危及社會安全的民間互助型結社（有別於宗教型結社），由於並非所有民間互助型結社都具備對社會治安產生威脅的因子，清朝律法對具有社會治安疑慮的民間組織的定義通常僅用「異姓結盟」或「焚表結拜」等模糊字眼，留給執法的地方官員很大的想像空間，執法沒有一定標準。

執法沒有標準可能產生兩種截然不同的後果，一個是好壞不分，例如以金錢互助為結社目的的良善社團「父母會」也遭到取締；另一種後果是給民間結社更多可趁之機。當時台灣的移民還在繼續，儘管清政府有一套管制移民的辦法，因為執法不嚴，管制不當，台灣幾乎成為部份單身游民及亡命之徒流亡的天堂。[1]這些人來台後並非一定為非作歹，但對台灣民間結社的質地卻能產生影響力，在生存壓力下，許多單身游民常以受雇方式參加各種不同形式的衝突或集體行動。

林爽文組織天地會，以及捲入叛變事件，與滯台的游民有很大的關聯性。但這不是說，林爽文或天地會受到這些人的支配，而是，林爽文的行事使他和這些人相契合。林爽文在乾隆三十八年（1773 年）隨父母移民台灣，落腳彰化縣大里杙村。他為人豪氣，常仗義疏財，結交不少朋友，包括許多前面提到沒家室的人。[2]在他的自供詞中提到，因聽聞漳泉兩府有人組織

1　清治台初期對台移民以《台灣編查流寓六部處分則例》為依據，規定流台灣流寓之民，凡無妻室者逐回內地，有妻室且願留台者須申報。對大陸移民台灣者也比照辦理，只准有家室者入台，但因管制不嚴，加上台灣四周環海，偷渡容易，台灣成了許多單身浪人移入的理想地。

2　強調林爽文結交沒家室的人並非意味天地會以此類人物為主，而是凸顯林爽文的個人特質和社會關係，這樣的強調更意在揭示林爽文事件和反清所形成的部份因果關係。

天地會，「立誓結盟，患難相助」，[3]所以與好友立誓結拜，成立天地會。而天地會的旁支也從這個時候開始在台拓展：

> 陳傍供：乾隆四十六年往台，在彰化縣大肚地方，肩挑度日，與在台居住的許溪同縣相熟。五十一年十一月初間，許溪邀小的入天地會，說入了會，就不怕人欺侮，小的應允，同到王芬家中，與郭盞們一同入會的。[4]

中國社會異姓結拜的風氣早就存在，清政府一開始不認為他們有能力危及統治權，通常以個案處理。乾隆五十一年（1786年）八月，林爽文偕林泮、林水返、林領、何有志、張回、王芬、陳奉先、林里生等在車輪埔，依天地會儀式立盟結拜。林爽文組織天地會時，應該沒想過可以藉天地會獲得什麼實質的政治利益，可以想到的，就是一群好友，透過某種儀式，把大家變成異姓兄弟，以便爾後有充份的理由「患難相助」。上述供詞顯然是林爽文天地會的外圍組織。

林爽文交友廣闊，朋友遍佈在其他地方（根據道光版《彰化志》記載，林爽文未組天地會前，就加入其他會黨），因為他的這些關係，讓他以及他的天地會捲入一場大災難。就在林爽文和他的朋友結拜天地會之前不久，諸羅縣望族楊光勳和楊媽世兄弟發生因爭家產，各組會黨對抗的治安事件。一如前述，會黨的成員有很大部份是透過金錢買來充場面的游民（即文獻

---

3 ＜解京要犯及犯屬供詞＞，《軍機處檔摺件》(台北：國立故宮博物院)。
4 ＜陳傍＞，《台灣林爽文起義資料選編》(福州：福建人民出版社，1984)，頁231。

中常見的「羅漢腳」），Oowby 稱他們為「僱傭組織」，[5]這些人可能從不同的管道和林爽文相識。楊光勳為楊家義子，楊家父母因此偏袒嗣子楊媽世，引起楊光勳不滿，組織「添弟會」，藉眾人之力強取楊媽世財物。楊媽世為了反制，也組「雷公會」與之抗衡。兄弟爭產最後演變成兩個會黨的爭鬥，不但驚動地方，更引起駐台官員的注意，官府高層下令取締。

　　和白蓮教亂一樣，取締是造成官民衝突的開始。在添弟會和雷公會的爭鬥中，楊光勳所屬的添弟會一向主動尋釁，官府即先拿該會黨開刀，逮捕數人，押解赴審。乾隆五十一年七月，負責押解添弟會人犯的諸羅縣石溜班汛把總陳和偕兵丁下榻斗六門倪二飯店。當天晚上，楊光勳率領添弟會會眾共四十七人，火燒飯店，以強力解救被捕的添弟會成員。陳和領兵丁共五人奮力抵抗，因兵力懸殊，陳和及兵丁三人被殺，一人逃出。斗六門當地汛營總兵聞訊領兵趕到現場，與添弟會展開激戰，此次官兵佔有人數和武器上的優勢，取得上風，共擊斃添弟會八人，傷十五人，逮捕兩人。

　　此事件再度引起清政府駐台官員高度注意，處理的方式想當然耳就是全面取締會黨，而林爽文的天地會偏偏在這個時候成立。更大的麻煩是，許多添弟會成員與林爽文素有交情，他們在清政府查緝時跑到大里杙投靠林爽文，其中包括在楊光勳從倪二飯店救出來的張烈。張烈選擇投靠林爽文必定是因為事

5　台灣分類械鬥時，各族群也常用錢請「僱傭組織」壯聲勢，見 David Ownby，劉平譯：《兄弟結拜與秘密會黨 —— 一種傳統的形式》(北京：商務印書館，2009)，頁 64。

先就建立的關係。而林爽文接受收納張烈等人，也基於某種特殊的內在邏輯，這些特殊性往往不足與外人道。因此，即便是大里杙的林氏族長，對林爽文窩藏重犯的行為也大惑不解，在氣急敗壞之下，將林爽文一干人送到山上躲藏。十一月，台灣鎮總兵柴大紀遣耿世文率三百人前往大里杙向林爽文要人，並要脅燒村，未獲林爽文回應。耿世文命令放火，天地會創會成員之一的林泮，他家的房子在燒村中被燬，村民便在林泮等天地會多位成員的領導下開始展開零星的反抗。林爽文窩藏逃犯在先，天地會兄弟的家被燒在後，反抗的客觀條件已經逐漸形成。各種不利的條件瞬間滙集在一起，要林爽文和天地會做出決定，最後在王芬、林泮等人的鼓動下，林爽文決定帶領天地會展開全面性武裝抗清，當時是乾隆五十一年十一月二十七日。

　　林爽文的天地會於乾隆五十一年八月起會，同年十一月廿七日舉事，短短三個月。從一個以「患難相助」的民間結社，成為企圖推翻清朝政權的「起義軍」，變化之快令人目不暇給。到底是什麼條件讓天地會可以在那麼短的時間找到動員的能量？這個問題很少有完整的提問，更別說從這個角度去詮釋林爽文事件發生的原因。學界的興趣集中在林爽文事件發生的原因，與白蓮教一樣，把大部份集中在外在因素的解讀上。早期有人主張，林爽文事件是台灣境內分類械鬥的延伸，因為有林爽文的地方就有義民，且義民都是粵籍或泉州人，這些族群傳統上就與漳州人交惡。[6]大陸學者劉平也呼應這個看法，提出義

---

6 陳慧兒：＜林爽文事件中的義民＞，《文獻專刊》四卷三期(台北：國立故宮專

民和分類械鬥才是林爽文事件的決定因素。[7]從當時的環境來看，分類械鬥和義民軍的確和林爽文事件有關，它反映的是當時台灣境內族群鬥爭形態和清政府治台的手段，林良如的研究就指出，林爽文事件與游民充斥台灣社會有關，游民造成社會問題嚴重，地方官員無法有效處理，群眾遇有爭執，往往透過械鬥解決，游民常附和其中。[8]

　　但義民是一種政治產物，與分類械鬥沒有直接關係（顧名思義，義民是由統治者命名，用來對付反叛者，而分類械鬥是地方性爭議，非直接對統治者的反叛）。分類械鬥也僅僅適用於族群問題，很少直接與官方對抗，兩者在林爽文事件中扮演的只是助燃物，非點燃的火種。另外，田金昌把林爽文事件的外在因素擴大解釋整個政治與社會層面，例如，因為清政府「渡台禁令」未澈底執行、禁止台灣人入營當兵、禁止台灣興建城垣、限制鐵器輸入，以及吏治鬆弛和游民過多等等。[9]這些因素可以是林爽文事件漫延的理由（林爽文確實以類似的理由擴大打擊面），但缺乏獨特性，既可以解釋林爽文為什麼反清，也可以解釋所謂「三年一小反，五年一大反」的各種民變。林爽文事件的特殊之處在於它是台灣第一次由會黨領導的「革命」（也是清朝的第一次），會黨的特殊性在這裡並沒有被強調出來。

博物院，1953)，頁 27-63。

7 劉平：＜林爽文起義原因新論＞，《清史研究》2000 年第二期(北京：中國人民大學，2000)，頁 92-99。

8 林良如：＜林爽文事件之起因與其亂事擴大的因素＞，《台灣人文》第八號(台北：台灣師大，2003)，頁 117-152。

9 田金昌：＜清初民變與治台政策關係-以林爽文事件為例＞，《史匯》第一期(桃園：中央大學，2006)，頁 180-200。

　　至於一部份受到馬克思史觀影響的史學家，將林爽文事件原因依附在階級鬥爭的框架之下者，如劉如仲（1984）、秦寶琦（2000 年）、蔡少卿（2009 年），也有他們的立論根據。移民社會是一個極度競爭的社會，生存之爭隨時都在發生，剝削與被剝削的情形很難避免。只是，從林爽文事件發生的前因後果，看不出生產關係在這事件扮演什麼角色或影響力。林雖然屬於勞動階級，他平常生活卻不像被壓迫的勞動者，反而像是壓迫他人的人。他的三弟林勇就供說，林爽文「素不安份，起先與王芬、林泮設立天地會，搶劫附近村莊」。[10]我們雖然可以合理懷疑這份口供可能言過其實，但無法否認林爽文等人並非被壓迫的一群，否則就美化了天地會所有行為。

　　Ownby 曾試圖從文化的角度整理林爽文事件更可靠的蛛絲馬跡，可惜他的嘗試沒有成功，因為他所在意的文化理由，如天地會的結拜儀式及天地會的某種政治預言的啟示並沒有在事件中起任何作用，他最後選擇接受許多人共同主張：分類械鬥與官逼民反。Ownby 原來以為，透過天地會結社的過程可以提供結社與行動更多相關性的證據。最後發現，天地會的結社原型雖然是模仿中國傳統宗族制度及相關社會文化習俗，但缺乏宗族制強烈的輩份倫理產生的權威做為鞏固組織基礎。加上清政府對會黨的監控，天地會不容易形成一個穩固的組織。[11]所

10　《天地會》（五），中國人民大學清史研究所、中國第一歷史檔案館編(北京：中國人民大學，1980)，頁 9-16。

11　David Ownby，劉平譯：《兄弟結拜與秘密會黨──一種傳統的形式》，頁 31-32。

以，Owaby 沒有看到天地會結拜儀式產生的文化力量（指透過結拜而產生的凝聚力）在林爽文事件的發展中扮演決定性影響力。

　　另外，Owaby 質疑所謂「反清復明」在整起事件有起任何作用，林爽文事件與中國歷史上常見的「農民革命」如出一轍。[12]「反清復明」從來不是林爽文及其陣營懷抱的行動思想，這點可以肯定。林爽文等人組織天地會肯定沒想過會走向武裝革命一途，他自己也沒有太多想法（林爽文自供自己不識字），能走到這般境地，乃身邊謀士替他獻策，文化的崇高意義在林爽文、甚至在天地會這班人心目中未必具有那麼具體而明確的影響力。再說，文化或關係連帶與林爽文心裡想什麼不一定可以被直接看透，因為它鑲嵌在日常生活中，這是 Ownby 忽略的地方。Ownby 忽略的人際網絡，它可以把一群被某種關係連繫起來的人建立集體行動的共識並付諸實踐。因為文化的隔閡，Ownby 始終無法用他行雲流水的筆觸描述「義氣」在中國底層社會關係網中的意義。中國社會的民間結社組織與傳統社會制度與文化習性連繫在一起，即便像天地會這種被視為與傳統價值相違背的會黨組織，相當程度仍然依賴文化的養份存活，其中，社會關係的一直是他們組織發展所依存的手段。

　　因此，可以肯定的一點，林爽文與他的天地會走向革命，與他們本身組織特性有很大的關係。雖然天地會不像白蓮教一樣有豐富的造反經驗，但他們像白蓮教一樣，使革命運動成為

---

12 David Ownby，劉平譯：《兄弟結拜與秘密會黨──一種傳統的形式》，頁 92。

人們對他們最直接的聯想。惟，這些聯想是否被諸如社會因素（社會變遷及經濟問題）或官逼民反的慣性思考淹沒，我們可以比照討論白蓮教相同的方法進行檢驗。在相同的背景下，文化是一個必須被考慮的因素，我們可以趁此機會補充 Ownby 在討論文化因素上的不足。另外，天地會雖然是互助團體，但與「利益團體」在實質上只有一線之隔，比白蓮教更有機會以利益作為革命運動的出發點。雖然歷史並沒有這樣描述林爽文和他的天地會，甚至在觀察天地會後來的發展，似乎比白蓮教更像「奪權團體」，卻仍然表現個人利益的特質，讓天地會在處理利益衝突中建立一套內規。但在此之前，尤指在林爽文時代天地會，利益問題影響整個革命行動的發生與進行。

　　我們仍然相信，天地會在清中期的中國社會，尤其孤懸南海的台灣移民社會所進行的反叛行動有某種特殊的脈絡，文化問題、社會關係與自發性理由都沒有獲得有效的討論。這些要點預告了本章將展開討論林爽文與他的天地會的方式，但仍然要集中於以下的重點：在什麼情況下，林爽文與他的天地會由一個民間互助團體變一個「奪權團體」？情感、信仰、關係、懲罰及利益等方面如何共同構成整個問題的答案？

第一節　反叛的情緒與情感

　　林爽文事件有遠因與近因，遠因是會黨的鬥爭（添弟會與

雷公會）引發清兵介入，近因是清政府燒村，這兩件事有一個共同的特點，兩者都挑動著人們的情緒：官兵介入逮捕會黨份子，激起會黨用暴力劫囚，而燒村的舉動更犯了眾怒。關於集體行動的討論，理性與感性在行動中扮演角色輕重，決定於組織結構的鬆或緊，結構嚴謹的組織發動集體行動多經過理性設計，反之，則由情感支配著行動。[13]林爽文事件表現出來的「集體行動」，從時空背景來看，並非出於處理某一個共同利益集團所採取的理性選擇，是受到情緒所支配的「非理性」社會集體行為，而這種非理性行為似乎是會黨發展萌芽期的一種特質。

在林爽文事件以前，清朝的律法把民間組織用「異姓結盟」概括。康熙年間發生的朱一貴之亂，是台灣以「異姓結拜」招攬徒眾叛亂的首例。過去清政府把這類組織型叛亂視為失意的前朝遺孽不自量力的反撲，或以游民為主的烏合之眾進行的政治勒索，根本不足為患，直到林爽文掛著天地會的旗幟反清，才撼醒了清朝統治階層的戒心。清政府並非刻意忽視民間結社的力量，對於民間的「不法」結社，清政府一開始透過既有的社會控制機制進行監控，嚴重者以「叛亂罪」定之。但由於對組織犯罪的界定模稜兩可，對這類民間組織的活動，清政府只能抱持維護社會治安的處理原則，嚴密監控。清政府的顧慮非無的放矢，只是無法掌握這類組織的良劣，例如，乾隆三十七年破獲的彰化小刀會。小刀會起會原是為了反抗當地駐防汛兵的欺侮，後來被廣泛模仿，衍生許多同類型的地下組織，其背

---

13 趙鼎新：《社會運動與革命》(台北：巨流，2007)，頁 80-81。

後隱藏著暴力的目的。因此，這類組織即是一個具有暴力傾向的民間結社，相當程度也是自衛型民間組織，當時在彰化、大墩（今台中市區）地區相當流行。

「武力自衛」是會黨結社的理由和形式之一，他們企圖憑藉著眾人的力量，防範各種具有敵意的挑釁。此類結社的功能性不只是金錢上的急難救助，更常升高為「兩肋插刀」的搏命，演變為兩派人馬的廝鬥。就一個沒有建立中心信仰的組織來說，集體行動的開啟不會經過任何文化符號的啟動，而是靠彼此情感上的連結。由時間點可以了解，當時的會黨並沒有建立類似後來的革命信仰，所以，他們參與任何集體行動，主要建基於情感。而自衛的說法，嚴格來說，是情感的延伸而已，且大部份是流於情緒發洩的層次，直到他們進入到組織性運作，一切行動才可能受到實際的規範。

林爽文事件最初導因於會黨之間的恩怨情仇，最後引起地方官員介入調查和取締。添弟會份子中不少同時也是天地會的成員，[14]而林爽文可能早在乾隆四十八年嚴烟來台傳播天地會時就入了會。若這個說法為真，林一定熟識其他加入嚴烟的天地會成員，這些人後來加入添弟會，因受到官府追緝而求助林爽文。但林爽文是有家有眷的人，他基於什麼內在邏輯挺身出來收容劫囚的要犯，甚至不惜與官府干戈相向？或許就像林爽文

---

14 按當時閩浙總督李侍堯的說法，楊光勳所組織的添弟會其實就是天地會，是地方官員為了「化大而小」，欲免失察處分的作法。這種說法後來有官員上奏說明為誤傳，但說明當時的天地會已在台灣中部地區具有影響力。見＜奏為遵旨查明天地會換以同音之添弟會之字細查原卷有台灣鎮柴大紀台灣道永福奏稿一件台灣知府孫景燧稟一扣俱係添弟會字樣先行奏覆＞，《宮中檔奏摺── 乾隆朝》(台北：故宮博物院)。

在供詞中說的，「眾人因為我為人爽直，所以稱我做盟主。」[15]。
林爽文組織天地會到舉事不過短短三個月，[16]又是一個小團體，
如何能整合大家的意見？事情真的發生，清政府想不出有什麼
好理由可以解釋，一個區區民間結社，敢與官府公然對抗，且
獲得那麼多地方群眾的支持！或許如同 Le Bon 對群眾心理的解
釋，小的社會團體「通過統一其成員的情感以及意志，可以消
除一切異己的聲音」。[17]確實，但毋寧說，天地會本來就是以情
感為基礎的結合，至少林爽文組織天地會時是如此，且看他在
自供詞時中的說法：

> 我年三十二歲，乾隆三十八年隨父母來到台灣趕車
> 度日，時常聽說漳泉兩府設有天地會，邀集多人立誓結
> 盟，患難相救。我同林泮、林水返、林領、何有志、張
> 回、王芬、陳奉先、林里生等平日意氣相投，遂於乾隆
> 五十一年八月內拜盟起會。[18]

　　林爽文的現實世界，除了勞動，就是呼朋引伴、結伙成群，
他的生活幾乎由苦力和同伴間互動交往形成的日常生活所構
成。這在浮動不安的移民社會是常見的生活樣態，也是底層社
會群眾的生活寫照。

---

15 ＜審訊林爽文等筆錄＞，《天地會》（四）(北京：中國人民大學出版社，1983)，
　頁 398。
16 按林爽文的自供稱，他和林泮等人於乾隆五十一年八月拜盟起會，十一發動
　大規模的抗官事件。
17 Gustave Le Bon，佟德志、劉訓練譯：《革命心理學》(廣州：廣東人民出版社，
　2012)，頁 122。
18 ＜解京要犯及犯屬供單＞，《軍機處檔摺件》(台北：故宮博物院)。

　　不可諱言，林爽文的個人特質為他的人脈帶來助益甚大，但拓展關係脈絡與建立情感連繫必須並行，林爽文的天地會「作賊窩賊」的行徑於法不容，他甘之如飴。對他而言，把自己當成群體情感的連絡中樞是他樂於從事的，而且對象不拘。從結社的傳統而言，「互助」貫通結社的主要核心價值，當林爽文友人向他提議起會結社時，他思考的是結社可以為自己或為大家做什麼，因為結會後，要面對的困境，除了有難纏的官府，還有如何維繫結社的既有的成果，以及在既有的成果上向外拓展勢力，這些都需要社內員群策群力，相互支援。至少，林爽文從領導天地會，在大里杙向清政府衙門發動攻擊那一刻起，互助就意味著一種搏命的情感。林爽文可以一開始就領導一個數以千計的民間組織，有秩序地指揮他們，對一個以趕車度日（林爽文當時從事的職業）的勞動階層的人，除非在統御技術上有特殊表現，否則，要駕馭未經訓練的平民，尤其這群人很多是官員口中「游手無賴」的「羅漢腳」[19]，絕非易事。根據口供資料，林爽文組織天地會抗清時，人數超過千人，指揮掌握是一大難題，顯然他的個人特質讓他克服了這個問題。

　　那麼，林爽文在這事件上表現什麼特質？他的堂弟林小文供說，林爽文未起事之前，把所有的積蓄全拿來養會內的人。[20]這種建立情感連繫的方式很傳統，但相當有效果。然而，林爽

19　＜奏為詳查天地會根由酌籌辦理恭摺具奏＞，《宮中檔摺件-乾隆朝》(台北：國立故宮博物館)。

20　＜林小文供詞＞，《天地會》(二) (北京：中國人民大學出版社，1980)，頁229。

文的天地會可以號召那麼多人入會，除了林爽文個人特質和適巧性運用互助的傳統外，當時台灣的社會人口結構是否有利於天地會的發展，值得討論。「羅漢腳」一向被認為是林爽文天地會的主要構成份子，不諱言，這樣的認知大部份受官方資料影響。為了醜化天地會，清政府官員刻意將其成員與不事生產、游手與好鬥的想像連結在一起。既然羅漢腳曾經是台灣移民社會人口結構的一部份，他們的生活自然與當時底層社會息息相關，然而，我們從 Ownby 的統計中並沒有發現羅漢腳在林爽文的天地會中具有顯著的統計學意義，但不能任意排除其可能性。[21]

　　不過，更大的意義在於，那些已經有家有室的人，為何執意跟隨林爽文造反？從背景分析，林爽文的天地會創始元老：林爽文、劉升、林泮、林領、林水返、張四、何有志，王芬等人中，何有志、林水返和林領的確是典型的羅漢腳，沒有親人在台灣，其他的人在台灣都有家室，林爽文與他們之間卻都建立了生命之交。讓林爽文起兵的導火線是官府燒了林泮的房子，這種手段固然激烈，但非面臨生死關頭。合理的解釋是林泮的遭遇（對應著官府的蠻幹）激怒了全體天地會成員，這股怒氣由少數天地會成員向外燃燒，終於引發全面性武裝行動。但如何可能？當林爽文選擇掩護前來求助的添弟會成員時，他

---

21 根據 Ownby 統計，林爽文事件被捕者中，56%父母尚在，60%結過婚，36%有兒女。移民社會本來就容易出現流民和游民，不表示這些流動人口不會找到歸宿。

面臨親情與友情和理性與感性的掙扎，最後友情佔了上風。

> 據林曾氏（林爽文之母）供：我兒子林爽文素日不
> 安份，我系婦人，他在外間做什麼不好的事，我不知道。
> 後來聽說他造了反，我與丈夫越發害怕，然亦沒法治他。

林爽文的妻子也說：

> 我丈夫粗暴，向日（來）與我不和。前年我丈夫要
> 造反時，我曾再三勸阻，他總是不肯聽我話，反拔刀在
> 手，聲言要殺，所以我後來也不敢說他了。[22]

　　林爽文上有父母，下有弟弟妻兒，這種關係的維繫長久以
來被中國社會價值所強調，已經根深柢固。林爽文選擇了另一
條情感之線（林爽文發動集體暴力之前受到來自家庭、以至家
族的強烈反對），情感之線把林爽文和其他人繫得更緊，而這條
線同樣受到中國傳統社會所建構，它的形成或許並不受到「正
統」的歡迎，卻是透過底層生活的模式被保留下來，並且被奉
為一種高貴的情操，它就是「義氣」。

　　如果林爽文事件最後暴發的原因是官員燒村，激起大里杙
村民的同仇敵愾，那是不折不扣的「情緒」反應。但要形成反
抗的力量，需要許多條件，其中，共享一種文化符號可以把這
些力量有效率地集結起來，就是「義氣」，一種具有文化底蘊的
情感類型。此次抗官事件由林爽文及他的天地會所領導，當一

---

22 ＜軍機處審訊李七等大十人供詞筆錄＞，《天地會》（三），中國第一歷史檔案
　　既中國人民大學清史研究所編，(北京：中國人民大學出版社，1983)頁436。

個已經人數達到數以千計的組織來說，組織文化足以決定整個行動的文化。

「義氣」不是抽象的哲學語言，也不是通俗小說中用來強化情節張力的置入元素，是會黨建立及鞏固情感的重要心理機制。「義氣」這一種集體氛圍把異姓結盟的鬆散性透過關係紐帶的建立而結構化，成為支配會黨內在價值的核心文化。天地會將義氣視為團體中重要的日常實踐，久而久之對內形成一股文化氛圍，文化對團體中的個人行為的影響為什麼重要？引 Weber 說過的那一句話，「人是懸在由他自己所編織的意義之網中的動物。」對會黨而言，「義氣」乃由會黨共同編織的意義之網，它通過通俗文化普遍化，又因內部人際互動形成的集體氛圍，逐漸交織出會黨人際關係中的價值體系，支撐著會黨情感基礎，用 Geertz 的話來說，就是一種「群體的氣質」。[23]既是「群體」，就意味著具有集體性，以義氣做為核心價值的天地會，在團體中就具有忠誠和關係的支配性。換言之，義氣是由忠誠與關係共同構成的情感類型，所有參與者願意在這一情感類型前提下，行為可相當程度接受別人的指揮，甚或受其控制。

沒有情感為基礎，義氣就不存在，林爽文可以漠視官府燒村，也可以把添弟會成員交給官府，兩種決定的任何一種都可能阻止整個事端往更壞的方向發展。但他沒有這麼做，並非他投入過多激情，而是情感的忠誠讓他「覺得」必須挺身出來抗清，那就是義氣。不過，義氣也好，忠誠也罷，它是從人際關

23　Clifford Geertz, *The interpretation of culture*. New York: Basic Books.1973:90.

係中被提煉出來的集體價值，這種情感的連結來自日常生活、來自通俗文化、並且經過民間結社的自我保留與強化。羅爾綱指出，天地會受水滸傳故事的影響。[24]水滸傳故事透過戲曲、說書的方式為一般群眾所熟悉，從日常生活中影響群眾對結社的價值判斷，進而起而仿效。例如，林爽文起事時所舉的旗號為「順天行道」，和水滸傳的「替天行道」異曲同工。

　　不過，對水滸傳的模仿尚不能完全解釋會黨情感建立的功能，因為模仿行為受客觀環境的限制，不會完全反映在行為上，除非經過集體的要求。雖然義氣做為天地會集體情感的總合，這種集體情感之所以形成及持久，需要能承受外在的壓力，包括生死威脅及利誘。對天地會而言，建立情感所以重要，其背後的功能性意義大於情感本身帶給成員的愉悅或其他效用來得大。這裡要強調的重點是，天地會的情感連帶，在關鍵時刻，常寄望於它的工具性。義氣的底層俗意就是「兩肋插刀」，在通俗文化中，這是一種高貴的情感體現，一旦這種情感被通俗文化昇華成為集體價值，就更容易被工具化，這在一般會黨社會中很常見。以下且舉一個非林爽文事件的故事來說明這種普遍性。嘉慶十六年，江西龍泉縣發生一起三點會（天地會別稱）成員因爭葬地糾紛被殺，三點會發帖召集成員報仇的事件。

> 兄台在八月初四日至大汾圩陳紀傳店商議，其張德標、溫邰周二人被徐姓殺死，煩兄台務要邀請列位，上

24　羅爾綱：〈水滸傳與天地會〉，收於《天地會文獻錄》(北京：正中書局，1943)，頁 77-89。

> 來沖棺至徐家，切勿吝步是幸。[25]

　　這是一封邀請參與復仇計劃的信函，受邀者出不出席，看似憑情感認同的程度，也就是義氣，但實際運作上卻充滿目的性。義氣如同魔咒，一旦附之，就不容易全身而退，群體以此標準看待其他成員，浸淫其中，自然而然以此為行為標的。正因為如此，義氣可以在底層社會的某類人群中產生很大的效應。

　　集體行動表現的激情與感情的意義不同，激情形成的時間短，但效果往往強烈，它是人們對突發事件產生的立即情緒。感情是長間建立的，是以關係為基礎，且具有長時間的情緒效應。集體行動，尤其涉及民變，通常從激情開始。按 Blumer「循環反應」（circular reaction）理論的說法，集體行動的行動化過程，經過心理層面在當下的磨合，產生集體興奮，才產生行動力量。[26]這種循環只表現激情，可以做為整體事件的導火線，像林爽文事件中，官府燒村提供大里杙村民表現激情的事由，但往後的持續動作，情感必然取而代之。激情很短暫，它稍縱即逝，只有情感才能確保行動被延續下去。激情和情感只有一線之隔，兩者是否產合重疊，決定集體行動不同的結果，顯然，林爽文事件的發生就是因為激情與感情同時在那個令人驚訝的時空下發生重疊。

25　〈照抄鐘高才默出信稿〉，收於《清史資料叢刊─天地會》，第六冊，頁341。
26　Herbert Blumer, 1946, "Elementary Collective Behavior". Pp. 170-177 in *New Outline of the Principles of Sociology,* edited by Alfred McClung Lee. New York: Barnes & Noble, Inc.

第二節　天地會對信仰的操作

　　奠定林爽文等人組織天地會的基礎者，是經由虛擬血緣所搭建的情感連帶，這種連帶把林爽文等人的命運緊緊綁在一起，即便有真正的血緣與親情橫在其中，仍然無法阻止。但要把天地會推向集體行動的鬥爭場域，情感連帶的生命線必須獲得更多的支持，注入更多的活水。行動與目的之間存在一個重要的介質，即動機，情感僅僅提供動機形成的一部份，不能取代全部。情感可以是促成行動的導火線，如林爽文事件的例子，情感顯然就是點燃天地會抗官叛亂的那一把火（嚴格來說，當時他們是以激情的方式投射情感）。天地會非林爽文等少數人的天地會，數以千計的成員是數以千計的獨立個體，每個人都以自己的立場理解情感、處理情感和傳送情感，理解、處理和傳送是三個不同的層面，要讓千人之眾取得情感的一致性，僅僅靠「兄弟」情誼顯然不足，因為情感會在情誼的末梢衰竭，激情更是來去一瞬間。情感，尤其是在離開原初團體的一般社會中形成的情感，是一種複合的情緒，它的發生包括三個特殊條件：情境線索、社會結構和文化。[27]天地會要取得情感連帶持續有效，不能停留在兄弟之情的「情境線索」（某種固定的、單一的特定情境）中，必須同時能從社會結構和文化規範中獲得養

27　見 Jonathan H. Tuner & Jan E. State，孫俊才等譯：《情感社會學》(上海：上海人民出版社，2007)，頁 7。

份。但首先、也是最基本的，還是情感這條線如何被這樣一個團體所維持。

在林爽文和他的二弟林躍興的供詞中都曾經提到，天地會反清事件早在林爽文被推為盟主之前就已經展開。林爽文因為擁有群眾基礎，被林泮等人從深山（冀箕湖）的窩藏處找出來，林顯然非事件的發起人，這就是為什麼林躍興要用「被逼出來」[28]強調林爽文的與叛亂起事的距離。儘管供詞多少與真相有出入，最後的事實是，林爽文接受了林泮等人的要求，以天地會名義，領導各路人馬投入反清。「抗清」與「反清」有程度上的差異，一個是被動，一個是主動。耿世文燒了林泮的村莊，村民為保護家園而使用暴力反抗，抗清的意思只能解釋到這裡，一旦暴力從村裡延伸到其他區域，並且有明確的政治目的，就是不折不扣的反清。衝突一開始，村民只單純的反抗，直到林泮「定計謀反」（林爽文的長輩林繞供詞），推林爽文成為盟主，才把行動升格為有政治目的的反清，事情轉折的關鍵就在林爽文加入。一篇林爽文告示文中提到：「照得本盟主因貪官污吏剝民脂膏，爰是順天行道，共舉義旗……」[29]在林爽文為他的行動定調的同時，他和天地會已經走向不歸路。他原來大可躲在深山不出來，等事件冷卻後再投案，以他的人際關係和當時官場習性，不致於被判重刑（林爽文曾經入獄，後來用錢買回自由），但他最後選擇出來領導反清，進行一場注定失敗的軍事行動。選擇過程中，林爽文的情感壓倒理性。

---

28 ＜供詞-林躍興＞，《台灣林爽文起義資料選編》，頁220。
29 ＜林爽文起義軍發佈的文告＞，《台灣林爽文起義資料選編》，頁208。

　　不可諱言，林爽文決定出任反清盟主時，他所顧慮的不是自己的性命安全，甚至也把家眷的生死也置之度外，他的妻子曾經因為反對而遭到林爽文的暴力威脅。就像林爽文過去的作風，他把結拜兄弟的情感擺在首位，這不只是因為他個性上重視虛擬血緣，更因為這種關係經過富有信仰色彩的儀式化過程。同白蓮教一樣，天地會也透過信仰，把情感的線牢牢繫住每一個成員。儀式對天地會意義重大，林爽文的天地會並沒有明顯的宗教信仰傾向，卻視儀式為維繫關係的重要過程。同樣的，當時的天地會也沒有政治信仰，也不存在「反清復明」思想，林爽文領導的天地會叛亂沒有受到具體而明確的政治論述啟示，除了按例履行歷代革命時都會出現的天命想像，當時的信仰之一就是「虛擬血緣」，通俗來說，就是結拜之情，一種在儀式化過程後擬真的情感。

　　Ownby 曾經很慎重地討論林爽文事件與情感連帶的關係，他的結論卻完全排除「結拜」與起義事件的關係。如果結拜與整起事件沒有關係，為什麼後來的天地會對結拜儀式都慎重其事，甚至在會簿上記載各種儀式形式和反清歌訣？毋庸置疑，虛擬血緣形成的關係在林爽文事件所發揮的意義是重要的，因為這種關係是透過宗教儀式進完成。但天地會並非一個宗教性結社，透過宗教儀式完成結拜，顯然受到民間信仰的影響，天地會模仿或挪用宗教儀式的神聖性。[30]那麼，天地會如何模仿信

---

30 天地會與宗教的關係來自兩個理由，首先，天地會由洪二和尚所創，另外，天地會首次成立於福建漳州府漳浦縣的高溪廟（另一說為觀音亭），在後來標準的天地會儀式場所擺設中，高溪廟的必要禮拜物件。這兩個理由可以說

仰，以及在這個前例下，模仿的手段如何被解讀為一種對信仰的挪用？答案可能也涉及天地會如何創造政治信仰的過程，以及他們如何擺脫民間結社的純粹性，向組織化會黨邁進的一大關鍵。本節將針對這個命題出發，首先從一段天地會入會儀式中的＜請神表＞開始：

> 今於此處焚香禱告，請到皇天玉帝、元始天尊、日月三光、五星七政、五斗神君、天官賜福、太上老君。再請西天佛祖、釋迦如來成佛、阿彌陀佛、大慈大悲觀音菩薩、四大天王、金剛之佛、十八羅漢、達摩尊祖師。再請北極玄天上帝、雲夢山鬼谷先生、敕封忠義關聖帝君、關平太子、周倉將軍、玉封道果、無漏康公、主師聖爺、敕封五顯華光大帝、護國庇民天后之君、金花惠福夫人、順風耳、千里眼……一切虛空過往神佛、山川社稷、土地之神，齊請到壇前，為今晚會盟結拜眾兄弟，以承順天行道之意。[31]

＜請神表文＞顯示了天地會挪用了民間信仰的典型，這種挪用乃企圖透過宗教儀式，從文化上建構及強化成員的向心和彼此的關係。把入會儀式宗教化的目的，某個程度在透過宗教神聖化過程，洗滌被「正統」權力所安置的污名，以美化他們

明，天地會與民間信仰有相當程度的關聯性。天地會並非宗教結社，但就中國民間社會結社的普遍性來說，宗教結社最為常見，所以合理推論天地會的儀式乃參考民間信仰而來，旨在運用信仰的神聖性。

31 ＜請神表文＞，引自 Gustave Schlegel，薛澄清譯：《天地會研究》(上海：文藝出版社，1991)，頁 176-177。

的行為。這種「淨化」過程意圖強烈，非僅僅把天地會和宗教儀式進行連結。在天地會的宗教色彩裡中，固定神靈的信仰並沒有被特別強調，這或許是中國民間信仰的特色，但正因為如此，天地會可以把各路神明都請到儀式案前膜拜。就宗教而言，信仰和儀式分別佔據宗教生活的兩種不同層次，兩者的差別：信仰是表現於內的思想，而儀式則是表現於外的行為。天地會顯然是去信仰就儀式，把儀式視為他們結會的必要過程，神祇不過是這個過程中一個需要被安置其中的元素。在現實生活中，天地會從來就沒有出現過固定的信仰神明，而是一種信仰的大雜燴；他們挪用信仰的儀式，不具純粹宗教信仰的條件。

　　文獻上沒有太多關於林爽文結會時相關儀式的描述，我們仍然可以從一些當時所查緝的奏摺及天地會成員口供中獲得足夠的資訊。一份福康安等初步調查天地會的奏摺中提到：「乾隆五十一年八月十五日，林爽文與林泮、林水返、張回、何有志等在大里杙山內車輪埔飲酒結盟為天地會，互相約誓，有難相救。」[32]這是最一般的天地會結會描述，後來福康安又從其他緝獲的天地會成員口供得知部份天地會的手勢暗號為「取烟吃茶俱用三指，說話不離本等暗號」。[33]林爽文事件結束後，乾隆下令徹查天地會根由源起，逮捕林爽文的師父嚴烟，從其口中問出更具體的入會儀式：

---

32 <奏為拏獲首逆林爽文及賊目何有志審訊賊匪大概供情先行奏聞>，《宮中檔奏摺-乾隆朝》(台北：國立故官博物院)。

33 <奏為詳查天地會根由酌籌辦理恭摺具奏事>，《宮中檔奏摺-乾隆朝》(台北：國立故官博物院)。

> 凡要入這會，須設立香案，在刀劍下鳴誓，遇有事
> 情，同教之人大家出力，公同幫忙。又恐人數太眾，不
> 能認識，相約見人伸三指，並有洪字暗號，口稱五點二
> 十一，便是同教之人。[34]

從以上材料呈現的有限性推測，林爽文以前天地會時採用的入會儀式，雖然尚不涉及宗教信仰，卻已經有宗教儀式的基本架構，目的就在建構關係的神聖性。儀式普遍存在人們的生活之中，自官方行儀到一般普羅大眾的日常生活都可以看到各種儀式被操作。我們由清朝律法的一些「禁制」可以看出，民間結社的一些儀式早在清代以前的中國底層社會就相當普遍，因此，順治十八年（1661年）有「凡歃血盟誓焚表結拜弟兄者，著即正法」的禁制頒定。而康熙時期更三度修正及增列相關律法。[35]

不過，天地會挪用宗教儀式並非刻意的安排，是信仰日常生活化使然。由於中國的民間信仰生活不受單一神祇的拘束，民間信仰活動豐富而多元（白蓮教的分析中已印證這種說法），但一言以蔽之，只有「常」與「非常」兩種。「常」是指信仰活動的常規化，如固定的建醮、迓神等有季節性的建制信仰活動；「非常」則指在特殊意義下進行的宗教活動，通常是為了突顯

---

34 ＜嚴烟口供＞，《台灣林爽文起義資料選編》(福州：福建人民出版社，1984)，頁260。

35 相關律法的修訂參閱莊吉發：《清代秘密會黨史研究》(台北：文史哲出版社，1994)，頁264。

信仰的權威性。[36]在信仰活動的非常性中，祈福是常見的儀式，以至於任何生老病死的求助，或婚喪昇遷，都屬於「非常態」的信仰生活儀式。

歃血、焚表、或是在特殊時空進行燒香祈禱，乃屬非常態的信仰儀式，林爽文和他的同伴透過相關的儀式化過程，即希望以此儀式向神明表達他們結拜的神聖性，如同宗教信仰一樣，把一切可以確定的、可預見的世俗排除於信仰之外，只留下它的神秘性。[37]天地會「異姓」的差異在儀式中被排除後，只留下「總姓（洪）」，[38]異姓的個體被統一成同姓的、充滿神秘主義的共同體，理性的個體受到排斥。

從表面上看，神秘化看似一種「魅化」的過程，即把人從現實中帶入想像的世界。但從功能來看則恰恰相反，「魅化」毋寧是一種極具目的性的舉動，神秘化如果不是在自然狀態下發生，其背後便具有某種隱而不顯的理性與目的性。對天地會而言，儀式不只象徵結拜過程的事實，透過儀式，把身為天地會一員的責任義務賦予所有參與儀式的成員，這些責任義務乃為日後各種動員準備。由於傳統社會的民間日常生活經常與信仰生活結合在一起，天地會從中吸取經驗，藉此把天地會的結會儀式化、宗教化，進一步日常生活化，就此沖淡挪用儀式的痕

---

36 張士閃：〈魯中洼子村：民間信仰活動中的「常」與「非常」〉，收於《會黨、教派與民間信仰》(北京：知識產權出版社，2012)，頁105。

37 Emile Durkheim,：《宗教生活的基本形式》，頁76。

38 天地會總姓「洪」的由來有許多說法，有一說是取朱元璋年號「洪武」，表示天地會「反清復明」的目的，但並不可靠，因為天地會對總姓洪的主張比「反清復明」出現得早。相對可信的說法是取自對創會人洪二和尚的尊敬。

跡。天地會雖為和尚所創，但佛教並非天地會唯一的信仰，《請神表文》中臚列的諸神範圍廣泛，幾乎含蓋釋、道和一般民間信仰。根據 Gustave Schlegel 所蒐集到的天地會三十六誓，其中第四誓：自入洪門，不可侮辱佛教或道教的師父。[39]此誓言並沒有詳細說明如何區分道教或佛教，對一般底層社會的民間多神信仰，區分佛道乃多此一舉。Gustave Schlegel 所蒐集資料大部份來自海外，天地會從中國本土向外移出後，為了因地制宜，已經有明顯的改變。他們表達出來的信仰內容適切反映了天地會的隨機性和流動性，信仰什麼並不是天地會所堅持的道德行為，什麼可以被當作信仰才是他們的考量。

當然，天地會挪用信仰並非天地會主事者刻意為之，而是他們相信信仰可以為他們做什麼。也就是，天地會把信仰功能化和工具化的過程中，仍然相信信仰本身所具有的傳統意義，也正因為如此，才會把腦筋動到信仰上去。而這種挪用，也可能包括超越的信仰的巫術範疇。在中國民間信仰中，巫與道有時候很難區分，道教本身起源於巫。巫普遍被視為工具化程度相對高的一種信仰，它在某些特殊時候常常被運用，即透過對諸如「法術」的信任，用於支配對它產生信任的客體。林爽文舉事後，聽聞笨港的陳梅會算命，懂法術，派人將陳梅強請到帳中，任他為軍師。陳梅和帳中另一名軍師董喜合謀設計戰車，以提振軍威：「車的前面是兩個小車輪，後面是一個大車輪，本身約有八尺高，八尺寬，一丈二尺長，四面俱用竹子編扎，用

---

39 Gustave Schlegel，薛澄清譯：《天地會研究》(上海：上海文藝出版社，1991)，頁 179。

兩個牛拉著,那車中間是空著的,我們打仗的人跟著車後頭走。」
[40]陳梅告訴林爽文和他的軍隊,只要人躲在車後面,不怕清軍的
火炮。但「後來去攻城時又被官軍打壞了」,任務失敗,陳梅卻
沒有因此被受到懲罰。無獨有偶,天地會的南路軍莊大田陣營
也出現一位「仙姑」,名叫金娘,她是一位平埔族巫師,被莊大
田延攬為軍師,隨莊大田出征,林爽文特地因此封她一品夫人。
信仰是一集體的實在,無關乎真實與虛妄,當人們都當真了,
在信仰的領域它就是真理,這是信仰本身所表現出來的距離美
學。信以為真就是信仰,即便這個信仰曾在客觀經驗上被否定。

　　或許,工具化信仰是各種團體促進對內團結常見的手段,
天地會自始就與民間信仰脫離不了關係,挪用信仰的內容與形
式似乎也就理所當然。不過,在天地會的歷史中,他們挪用不
僅僅限於信仰這個層面,也包括政治意識形態。在《請神表文》
的開頭這樣寫著:

> 　　今晚……引動眾兄弟,人人鐵膽銅肝,共來投天地
> 會結義,會盟同心,插(歃)血立誓,禱祝天地神祇、
> 劉關張三人桃園結義,同心合志,順天行道,反清復明,
> 忠心不變,永無更改,同心協力,共尋真主,奪回江山,
> 承立正位,重興大明基業。[41]

　　「反清復明」在這個階段已經是天地會的政治信仰,但它

---

40 ＜供詞-陳梅＞,《台灣林爽文起義資料選編》(福州:福建人民出版社,1984),
　　頁223-224。

41 Gustave Schlegel, :《天地會研究》,頁176。

在林爽文件之後才出現，一定程度是受台灣林爽文事件的影響。林爽文事件一開始只是純粹的抗官集體行為，最後演變成為一場具有明顯政治動機的「革命事件」，可能連林爽文本人也未必逆料。不過，在他的出兵文告中所用的「義兵」和「吾民」，都是具有革命意涵的字眼，可見，林爽文雖然沒有以「反清復明」做為他起事的主張，但天地會並非一人決的團體，整體情勢的發展讓他沒有迴避的餘地，只好將這場原來沒有設定政治目的的集體暴力，引向不折不扣的政治革命一途。當林爽文陣營把抗清當作革命事業操作，他本人只能跟著這股力量走。雖然他始終沒有稱帝，只自封「順天大盟主」，卻啟用新年號，先用「天運」，後改為「順天」。「順天」有「順應天命」之意，這才表明林爽文軍事行動的政治企圖，局勢發展至此，林爽文和天地會真的已走上了不歸路。

從單純的抗官到走向革命之路，原來政治鬥爭技術層次不高的天地會，搖身一變成為鬥爭的能手，這種轉變連林爽文自己也感到驚訝。在他的供詞中說：

> 那順天年號，原是董喜替我編造的，我本不認得字，並不曉得什麼叫年號。如今細想起來，我們俱是小百姓，公然聚眾造反，自然是逆天，該當萬死的了。[42]

供詞應該經過官方潤飾，不過，仍然可以意會出林爽文對自己能夠走到那步田地而感到訝異。把時間往前提，嚴烟在他

42　＜林爽文陳傳供詞筆錄＞，《天地會》（四），(北京：中國人民大學出版社，1983)，頁419。

的口供中雖然透露天地會是朱姓起的會，並沒有提到反清復明。經過乾隆下旨追查天地會起源，查到乾隆三十三年盧茂叛亂案與天地會份子有關，他們雖然未使用反清復明，卻查出他們假用明裔朱振興的名義糾眾的事實。[43]假前朝之名進行動員自古有之，且天地會已有往例可循，爾後該會黨更是加油添醋，建構了完整的歷史故事。在嘉慶年間查獲的天地會文件中開始出現康熙火燒少林寺的「西魯故事」（「反清復明」思想的發軔），這個故事之所以被認為是虛構的，除了歷史上查無實據外，有相當的可能性是抄襲自其他民間結社的宣傳故事。[44]

就政治信仰的發展進程來看，林爽文的天地會在抗清轉向反清之後，政治意識形態已經形成，但不是一般熟知的反清復明，而是更古老的傳統中國革命思想：「順天應人」，也就是 Dian Murray 所謂的「千年王國主義」。[45]這種意識形態的主張產生於進行暴力的過程中，林爽文起會時，其儀式過程並沒有彰顯任何政治態度，[46]他的行動卻擴大了天地會假前朝之名對抗當下統治者的影響性。至少在「反清」上，林爽文和他的天地會提供了一個典範，這個典範沒有隨林爽文事件的落幕而消逝，反而

43　＜奏聞臣等審明曁匪陳彪等切實根由定擬緣由＞，《宮中檔奏摺-乾隆朝》(台北：國立故宮博物院)。

44　明末清初的老官齋教和清初八卦教都流傳著類似的政治寓言故事，見秦寶琦：＜「香花僧秘典」、「萬五道宗」、「西魯故事」與天地會起源＞，《清史研究》，2007 年第三期，頁 64-72。

45　即「千禧年」，見 Dian Murray,，馬國璽譯：＜天地會與「千年王國」的含義＞，收於周育民編：《中國秘密社會史論》(北京：商務印書館，2013)，頁 39-66。

46　有人以林爽文要求其陣營留髮做為他「反清復明」的證據，但根據林爽文的供詞，留髮純粹為了方便敵我辨識，以及防止民眾去當義民。見林爽文供詞，《台灣林爽文起義資料選編》，頁 219。

刺激底層社會結社的大量興起。

　　林爽文的「革命」思想，與其說是承襲中國的傳統，毋寧是順勢而為。對他而言，真正主導他結社的思想並不涉及政治，而是傳統的結社文化：互助及虛擬血緣。以互助為內容，透過建立虛擬血緣的形式，把天地會從原生社會分離出來，共同生存於另一個社會。天地會以灰暗的入會儀式，把成員從分離狀態推向聚合（aggregation）這個過程類似人類學家 Victor Turner 所說的「閾限」—儀式主體從本族文化邁向另一個相對穩定狀態的必經過程。而這個過渡意味天地會是由社會特殊個體透儀式化，跨過一個明顯的文化邊界後，再結構另一個社會。過程中，天地會不但挪用了傳統的政治文化，也再生產並擴大了另一種政治文化，即天地會銜接了傳統革命信仰，且反清復明的思想也因其典範作用被生產而流傳下去。

　　林爽文的天地會雖然沒有表現強烈的反清復明意識，乃因天地會當時處於草創階段，缺乏具備建構意識形態的能力（從起會到集體政治暴力付諸行動才短短三個月），但對後來天地會政治意識形態的發展產生很大的影響。嘉慶十六年（1811 年），清政府在廣西東蘭州武緣縣查獲姚大羔版本的天地會會簿，是目前發現最早的會簿。會簿中已經出現「西魯故事」的雛形，它距離林爽文事件結束（1787 年）不過二十四年。隨時間進程，反清復明的政治信仰在天地會組織內部逐漸成熟，而有了爾後的規模。

　　「信仰」對天地會的意義一開始是一種儀式的挪用，用意在建立虛擬血緣的神聖性，挪用儀式是因為它是信仰生活的一

部份。至於他後來利用巫術協助作戰，也是對巫的信任所採用的手段，因為沒有證據證明林爽文不迷信。相同的情形，林爽文重視結拜之情自不待言，透過儀式完成的虛擬血緣對他來說意義更重大。有一件事實可以證明這種說法，林爽文雖然被拱上盟主之位，但天地會對內始終以兄弟互稱，林爽文也從未自封帝位，但整個複雜的關係網，尤其從中發展出來的信仰在其中作梗，把林爽文的天地會不留餘地一步步趕往戰場。回到本節的提問：林爽文的天地會為何而戰？答案已不言自明。

第三節　關係與鬥爭
── 天地會的人際網絡

　　信仰對天地會的結社提供儀式化所需的心理資源，儀式化則提供天地會動員上的心理需求，這是針對宗教信仰這個層面。十八世紀中期的天地會仍然是一個相對不成熟的會黨，他們表現出對宗教信仰的依賴是可以理解的，但顯然他們更表現出對傳統社會關係的依賴。就這點而言，在重視人際網絡的中國傳統社會中，天地會如何處理他們的人際關係，以及如何把他們的集體行動架構在人際關係之中，是一個值得探究的議題。

　　之前已概略提過，林爽文的朋友中，很多是當時流浪在台的「羅漢腳」。這些人是移民社會的特殊風景，他們與各種集體行動有所關聯，小從會黨衝突、分類械鬥，大到政治叛亂，都

能看到他們參與其中，林爽文事件自然不例外。「羅漢腳」雖然是形容清治時期逗留在台的一些特殊身份的人，但並沒有特定的指稱對象。他們可能是單身無業的人，也可能泛指單身的人，這種說法直到今日還被少數台灣地區的民眾所使用。台灣自鄭氏家族投降康熙後，清政府一直困擾於台灣島內的動亂頻仍，而有「三年一小反，五年一大亂」的說法。這個形容多少反映了清政府對治理台灣鞭長莫及的窘境，但也不排除是清政府對台灣的偏見，以致於整個清代出現對台灣游民不理性的評估，因此我們可以在包括一般雜記或地方志發現類似的情緒性語詞。林豪的《東瀛紀事》就有「臺陽土性鬆脆，民俗浮器，兼之無籍游民趨之如鶩，無妻子之戀，無田宅之安，聚則成群，動輒滋事。」[47]所謂「無妻子之戀、無田宅之安、聚則成群、動輒滋事」就是對羅漢腳的一種描述，但根據前一節的描述，林爽文所領導的天地會並不全部是這個意義下的羅漢腳。

「三年一小反，五年一大亂」以及羅漢腳都代表清政府對台灣底層社會眾生相生活面的官方觀點，尤其指那些讓官方頭痛的民間結社，然而我們卻需要更多庶民立場的觀點被揭示。移民社會面臨的生活困境自然不是一般地方官員可以充份理解，對移民者來說，如何趨吉避凶是他們求生存的原則，尤其是跑單幫的流寓人口，初到異地最需要的就是獲得他人的協助，這樣的需求直接或間接形成台灣結社的盛行。

建立社員之間關係結構的基本元素，其完整的意義是：在

---

47 林豪：《東瀛紀事》(台北：台灣銀行，1957)，頁3。

互助的意義下，人的意志和情感被某種行動目的所集結。林爽文邀集的結社對象一開始找上的都是自己熟識的人，這些人平常和他過從甚密。不過，從中國民間結社的傳統來看，不同結社目的形成的社團之間仍然存在差異，例如，負有階段性任務的信仰結社，如在傳統中國社會常出現具有民間宗教性任務的燃燈社、侍佛社、讀經社，或以金錢互助起會的互助會等，他們結社的目的主要表現結社的階段性功能，一旦功能結束，或因任務終止，社團便告終了。大部份這類結社的人數都有限制性，因為他們的主要功能是分工合作，結社範圍僅限於彼此熟悉的人，甚至是自己的親人。而會黨這類結社因為需要不斷向外擴充勢力，如果可能，會無限制擴張，因此常和其他社團接觸、合併。由於這樣的擴充方式，才讓楊光勳的添弟會和林爽文的天地會有了連結。

　　林爽文的天地會在成立三個月內，人數迅速擴充為千人（另有供詞稱四千人），他們團結在林爽文的號令下，但這些人不可能全部都是無業的羅漢腳（甚至有的羅漢腳接受官方召募當了義民，參與反林爽文戰爭）。一個沒有組織設計的鬆散團體，和一個沒有指揮經驗的人的結合令人好奇。雖然文獻上提供了林爽文諸如「為人爽直」這類本質主義的觀點，唯，以個體性格去解釋整體事件的因果不但不切實際，且容易流於浪漫的想像。林爽文的天地會由幾個重要的核心人物組成，排除南路軍莊大田不談（事實上，莊大田並非正式的天地會成員，他也不曾與林爽文照過面），林爽文為首，林泮、董喜這兩位軍師是林爽文重要的助手，其他還有林領、林水返、何有志、陳奉先等。

在官方的查緝下，林爽文領導的天地會要突破官方的監視，進一步發展組織實有相當的難度。而所謂「一千人」或「四千人」的說法，都沒有證據說明這些人都加入天地會，只是呼應天地會的號召，接受林爽文等天地會成員的領導。從起義的地緣關係分析，地點不出大里杙附近的村落，以林氏宗親為其基本結構，其中包括林爽文的兩名胞弟。

所以，就關係連帶而言，林爽文沒有脫離機械連帶基本條件（如血緣、地緣）的中國社會傳統關係，天地會沒有完全與家族的臍帶剝離。家族連帶是林爽文事件中的一大特色，至少事件起始與中部林氏宗族有很大的關係。林爽文起會元老中，林姓佔有大部份，雖然不能肯定這些林姓成員都和林爽文同屬一個宗族系統，卻有地緣關係。家族提供天地會尋找成員的方便性，地緣則提供臨近性，地緣和血緣成了林爽文及其天地會組成份子的兩個重要來源。

游民、宗族是林爽文陣營的兩個主要組成來源，他們與林爽文事件關係相當曖昧不明，游民通常被動聽令指揮，有錢就好辦事；而宗族受到壓迫，群起反抗，言之成理，但當時的林氏宗族並沒有完全支持林爽文起義。不過，這並不是說，游民和宗族與林爽文事件沒有因果關係，只是因果關係相當曲折，主要涉及台灣內部的分類械鬥。分類械鬥是移民社會常見的社會衝突行為，台灣尤其嚴重，《彰化縣誌》記載：「乾隆四十七年，泉漳民分類械鬥……自此始時承平日久，甫經亂離，人心

惶惑,凡交界之處,互相焚殺。」[48]《葛瑪蘭誌》也說:「匪獨
漳、泉為然,且處處有之。漳將與漳分,泉將與泉分,忌克在
中,牢不可破,雖為化外之民,盜賊之侶,無不盡然。」[49]

　　中國社會的分類械鬥和結社一樣,源遠流長,明清尤其明
顯,非台灣特有的現象,明清時代華南山區的「棚民」、「客民」
都是族群爭端中被分化出來的「鄙稱」。台灣的彰、泉兩府族群
在閩省便有宿怨,移居台灣後,兩個族群分地而居,但宿怨讓
他們很難和平相處,爭執時常發生,大至資源的奪取,小至賭
博口角,一言不合,便惹干戈之禍。加上原住民及後來的粵省
移民,爭食資源者眾,利害關係更加尖銳化,衝突一觸即發。
林偉盛分析台灣從清治時期到日治時期的分類械鬥,成因的社
會結構基礎為:清政府社會控制薄弱和移民分類聚居。[50]清政府
將台灣納入版圖初期對台的治理並不積極,台灣形同無序社
會,任由移民的漢人和原住民以各種方式建立生存原則(事實
上,清政府直到將台灣割讓日本之前,其有效的統治權僅限於
在台漢人,對原住民始終缺乏積極有效的政策)。移民為了保護
開墾的田園,常常必須集力捍衛家產,因而形成自衛團體,這
是傳統漢人社會一種重要的社會結構。中國移民社會很容易形
成具有武力形式的自衛集團,這種集體意識使台灣內部原來就
區分四大族群(彰、泉、粵、原住民)的壁壘更加分明,他們
雖非全然互不交往,但交往的背後常潛藏交惡的引爆點,形成

---

48 《彰化縣誌-道光版》,卷十一之四。
49 《葛瑪蘭誌》,第十三卷。
50 林偉盛:《羅漢腳-清代台灣社會與分類械鬥》(台北:自立晚報,1993),頁168。

分類械鬥的基本潛在因素。

　　分類械鬥大部份起因於資源分配問題，但不表示其他因素不會造成衝突；同樣的道理，即便各族群團結對外，也不表示同一族群不會發生衝突。尤其當族群中又另組集團，形成「再分類」，集團之間同樣會因為資源和利益分配動起干戈，會黨是最典型的例子。會黨可能超越族群關係，但也可能依附族群，或在族群這個茶壺內起風暴。添弟會和雷公會的兄弟鬩牆是茶壺內的風暴，而林爽文事件則涉及族群的對抗與整合，標準在於服不服從，許多人因此被殺或投降。

　　　　據李七（泉州人）供：林爽文起事時，聽見我從前於漳、泉械鬥案內，有從中勸解之事，說我能幹，遣人來叫我去幫他。我起初不肯，後來他將我母親、妻子拿去，我所以順從他的。[51]

　　族群衝突往往是在利害相權下產生的相對剝奪感，但歸根究底，都和生存有關。移民社會的不確定性讓移居異地者充滿對前景的疑慮，本能上會尋找一種可靠的「安全關係」做為生活的立足點，結社是最直接的方式，而結社的方式大則如宗族系統，小至一般的互助結社。但當時的宗族制在台灣並沒有獲得很好的效果，民間結社常因此取而代之。這種族中有群，群中有會的情形把台灣弄成四分五裂，如果統治者的治理欠缺方法，甚至在族群分類上火上加油，勢必讓情況更加惡劣。清政

51　《天地會》（四），頁 429-430。

府治台初期，對台灣的治理採取放任，一方面因為權力鞭長莫及；另一方面，對統治者來說，台灣本來就是個麻煩之地，遇到重大變故，常期待能「以台制台」。例如，為了反制會黨在台灣的壯大和作亂，清政府祭出「義民政策」，企圖利用台灣族群分類的事實，策反民間組織義民團體，反擊可能出現的集體暴力。《彰化縣誌》中有這樣的描述：

> 台地五方雜處，游手之徒，本非良善。負販食力之輩，一旦地方有變，無他營生，其相率而為賊者此民，其向義而從軍者此民。故欲散賊黨以殺其勢者，惟招募義民最為上策。我軍多一義民，即滅賊人少一，夥黨其互為消長者，必為之勢也。[52]

義民政策的確在解決清代台灣境內多次大規模集體政治暴力事件上發揮了效果，但是也因此昇高了族群間的對立，扯大社會關係的裂痕。可以想像的是，社會裂痕被族群和統治者「不約而同」的力量拉扯下擴大，社會衝突的可能性就越高，底層群眾對結社自衛的急迫性也越強。用這個邏輯理解天地會的背景，對照林爽文所處的環境，確實有相當程度的契合。

依前面所述，不但台灣族群對立和民間結社林立有了因果關係，民間力量和國家治理權力因此對立起來，處在其間的宗族力量，其消長便意味著它對社會的影響力。早在雍正年間，清政府就賦予家族為國家一級的地方組織，負有地方治安舉報

---

52 《彰化縣誌》，卷之八-義民。

之責。[53]在健全的地方治理和權力象徵上，宗族理應扮演吃重的角色。清代保甲制度所以成效不彰，乃因地方有責無權，連坐法不夠人性化。清政府將宗族制和地方保甲結合，把舉報犯罪的責任與傳統宗族權力相結合，宗族制有公權力背書，應該如虎添翼。在台灣卻不然，理由很簡單，一方面如前述，清政府權力鞭長莫及，另一方面便是台灣社會民間結社的力量太大。林爽文起義時，吸收大量林姓家族的人，未見家族族長有效的干預。

> 據林繞供：林爽文是我族侄，他起初設天地會時，被人告發，知縣查拿緊急，王芬、林泮、等又來逼迫，我曾同族長林石等，將他藏到山內，不許出來。後阻擋不住，於前年十二月，林泮等定計謀反，推林爽文做大哥，招集各莊民人，俱要出來打仗，攻破彰化縣時，就有二千餘人。他起事時，我替他辦事。[54]

　　家族失去對族內的相對控制力，使台灣移民社會失去一個重要的穩定力量，人們只得尋找其他替代方式。但不管替代方式以什麼樣的面貌重現，都是利益的結合，它必須先在動機上取得一致性。也就是說，當一個新團體被組成，首先必須符合Simmel 所謂「觀念上的聯合」的特徵，才能超越對原生團體的依賴。最能表現其中功能者，就是把參與者與命運捆綁在一起。會黨所以脫離宗族的控制，即是因為會黨都以更接近切身利益

53　沈大明：《大清律例與清代社會控制》(上海：上海人民出版社，2007)，頁123。
54　〈供詞-林繞〉，《台灣林爽文起義資料選編》，頁221。

的宣稱出現，把異質的觀念透過切身利益的思考凝聚起來，在更高的概念上實踐「觀念上的聯合」，所以，在林爽文的天地會中出現不少泉州人（包括重要幹部林嶺、劉志賢都是泉州人）。「互助」在家庭或同儕的意義，及放在更大的社會團體中的意義不同，它不再是單純的人與人的互動，而是實際生活問題的解決。民間結社銜此意義而立，有時甚至越過原初團體的傳統價值，把屬於血緣、地緣的關係都臣服於利害關係之下。相同的，林爽文起事後，反抗天地會的義民集團也非僅僅是泉州人和粵籍人士，許多彰州人也參與其中。

林氏宗族的族長沒有在林爽文事件中扮演被期待的角色，反而跟著林爽文行動，宗族功能的失調正反映當時台灣移民社會在結構上的不成熟，官方機構無法有效掌握地方宗族資源的窘態，讓會黨有機會取而代之。這個事實勾勒出當時民間勢力的結構，由大而小分別為：族群→會黨→宗族。族群力量雖然大於會黨，不意味會黨的發展因此受制於族群，族群終究只是一個鬆散的象徵性團體，必須在某種符號有效動員下才會形成。會黨一旦組成，便隨時處於動員狀態，機動性強，影響力廣，常超越族群形成的藩籬。林爽文雖然大部份靠林氏宗族的力量起會，但天地會既不屬於林氏宗族，也不僅僅是由彰州人組成的會黨。

換言之，林爽文的天地會是一個混合編成的會黨，它既沒受到血緣很大的牽絆（當然，並沒有完全避免），也不受地緣及族群的限制，成員更不是以「羅漢腳」為主。這些現象反映了一個事實，那就是，台灣的會黨相當程度超越傳統人際關係的

組織，就這點上，天地會和其他傳統的民間結社之間因此畫上明顯的分界線。不過，最大的差異是終極目標不同，一般民間結社限於結社規模和動機的純粹性，即便以互助為結社動力，動機上只保持低限度的需求。會黨因為動機和組織成員相對複雜，一旦被形成，可能以不同層次的動機驅使下發展不同的行動，包括暴力奪取資源。所以，可以肯定的是，會黨是一個利益的結合，即便沒有直接的經濟利益，也可能覬覦現成的政治利益這種「更高的概念」（Simmel 謂：「更高的概念」來自群體結合時實踐「觀念上的融合」後產生，一個組織化群體的新目標產生通常會經過此一歷程）建立他們行動的目標，林爽文領導的天地會進入真正的政治叛亂時，這種目標就一一被強調出來。

　　天地會解決複雜社會關係的方法是利用集體行動把各方力量集結於同一個目標之下，但這種「更高的概念」或許陳意過高，或許不能解決實際的生活問題。因為在信仰及情感之外，更多時候又同時交織著慾望和夢想，種種複雜的情緒和現實問題考驗著林爽文和他的幕僚，最後解決的方案就是把問題全部交給戰爭。所以整個作戰過程，不斷重覆出現安撫和殺戮，而這雖然也是其他戰役中常見的場景，但對林爽文事件卻有不同的意義。既然發動叛亂，既然要用戰爭去解決問題，一切就須按戰爭的規格執行，殺戮或安撫都是戰爭的手段，目的是擴大對自己有利的局面：拉住自己的盟友，剷除有害的對抗者。

第四節　懲戒與殺戮

　　乾隆五十一年十一月二十七日，林爽文的部隊攻陷大墩（今台中市區），殺了燒村的耿世文和北路副將赫生額，新任的彰化知縣俞峻也被害。不久，又攻下彰化縣城，包括知府孫景燧在內的多位官員及其眷屬都被殺。處於戰爭狀態的地域，殺戮是常態，但連眷屬都殺，顯現當時林爽文陣營普遍欠缺紀律，但或許是因為燒村之恨過於強烈。在集體暴力中，恨與殺戮是孿生，操作恨是戰場上常用的手段，恐懼則是另一種同樣有效的手段。根據道光版的《彰化縣志》記載，天地會在鼓動村民反清時，曾以「官兵若來，此間必無孑遺」脅眾。「脅眾」屬官方說法，雖不能完全採信，但天地會進入組織化行動後，對於如何有效率地領導群眾必須提出一套辦法，而懲罰是組織化要求的一部份。

　　從林爽文等人成立天地會，到全面領導叛亂，不過短短三個月，沒有機會讓天地會展現組織技術，或許當時的天地會根本沒有組織的概念，遑論技術展現。從早期加入天地會的成員口供中都聲稱，在天地會互相以兄弟相稱，即使天地會起事後，依然遵守這個習性。林爽文就曾供說：「我原只以兄弟相待，他們見了我，並沒有什麼一定規則，也有坐着說話的，也有立着說話的。」[55]林玉是林爽文同族兄弟，他也供說，天地會皆以兄

弟相稱，稱林爽文「大哥」。早期跟隨林爽文的人，大都是從情感上建立關係，懲罰機制很難立即發展起來。因此，文獻上幾乎找不到關於林爽文在天地會建立懲罰制度的相關資料，直到戰事展開，林爽文才逐漸把紀律建立起來。但雖說是紀律，也不過兩種：順服或死亡。

> 據賴子玉供：我系漳州平和縣人，年三十五歲，原住在牛波仔地方，並無父母妻子，只有一個哥哥做賴火。上年正月內，林爽文拿住我弟兄兩個，要我們順從，我哥哥堅執不肯，當時就被林爽文殺了，我就歸順了。[56]

另外，林爽文甚至因為記恨客家人在義民行列中反抗天地會最為積極，每遇粵村就進行懲罰性毀村。[57]但順從或死亡不只對征服區，對自己人也如此，典型案例就是處死叛徒陳奉先。總之，林爽文時期（包括在此之前）沒有機會讓天地會建立懲罰技術，但已具備懲罰的雛形。懲罰這種普遍技術在後來的天地會組織章程中佔有相對重要的角色和功能性，它是信仰和情感之外，維繫天地會向心的重要手段。我們雖無法從懲罰技術的執行面和林爽文事件的起因建立確切的關係連結，依然可以從幾個現象預測到它對後來天地會走向具體組織的影響，其中最具體的就是天地會內規的建立。

首先，天地會內規如何產生？懲罰與紀律是一體兩面，建

---

56 ＜審訊林玉等六人筆錄＞，《天地會》（四），頁426。
57 見＜兩廣總督孫士毅奏廣東義民與林爽文勢不兩立等情形＞，《天地會》（四），頁165。

立組織紀律往往就從懲罰開始，但其間難免涉及了情感和利益的糾葛，甚至是權力的分配。天地會從民間互助結社發展出來，其間經過不斷的組織適應和調整，但保留了天地會本身結社的特色，例如對虛擬血緣的重視。經過相當程度制度化後的天地會，階級性也逐漸形成。在這個情形下，會內儘管還互以兄弟相稱，卻不存在集體議事機制的可能。若以天地會懲罰機構的設置和懲罰執行方式來看，確實是一種由上而下的單向設計，而非透過公議決。[58] 組織內規的產生旨在遂行組織集體意志，天地會本來就是一種利益的結合，這種結合與當時一般營利組織的宗旨並沒有不同，中國的商幫、馬幫和漕幫都是類似的結合。不過，組織一旦進入規模，就會形成科層制，組織有了上下之分，層層節制，內規訂定的目的在維繫這種內在秩序於不墜，進一步確保組織的生命得以延續。

　　從相關天地會文件所呈現的具體化內規就可以看出，這些內規是經過無數次內外折衝的結果，因此，其組織功能性是存在的，絕非因人設規。所謂「功能性」，像器官於身體的作用，與組織結構及組織生存相關。另外，內規提供天地會防禦的效能，避免成員任意背叛，沒有這道防線，天地會的組織生命隨時都會受到威脅。然，天地會畢竟是民間武力團體，所以其懲

---

58 組織化的洪門通常設有刑堂，專責對違規者進行懲罰，依朱琳的《洪門志》描述，洪門的家法有「五刑」之說，分別為：極刑-凌遲或刀殺；重刑-挖坑活埋或沉水溺斃；輕刑-三刀六眼或四十紅棍；降刑-降級或掛鐵牌；黜刑-抓去光棍或降入生堂，永不復用。這些具體的懲罰機制卻大都抄襲而來，抄襲或修訂則完全憑少數主事者的意志。見朱琳：《洪門志》(南昌：江西教育出版社，2010)，頁 40。

罰功能性往往從報復開始。天地會創立之初便有「穿刀設誓」
的儀式，這個儀式確定是由嚴烟傳到台灣，儀式中，立誓者宣
讀誓詞後，從架起的刀下穿過，配合監誓者在旁唸著「有忠有
義刀下過，無忠無義刀下亡」的歌訣。

　　不管懲罰採用什麼手段，在特殊的時間中可能產生不同的
效果，但說穿了就是恐嚇，把死亡的恐懼透過言語動作加諸他
人，當人們面對不可預測的危機時，死亡的恐懼會被放大而忽
略解決問題的方法，[59]所以通常選擇屈服。陷入恐懼中的人很容
易聽信任何安全的保證，天地會的懲罰策略，其預防性就是製
造恐懼。許多被捕的天地會份子，或跟隨林爽文人都指稱受林
爽文的要脅：蕭悟天說他因會識字寫帳，林逼他從賊。粵籍劉
天賜替林爽文在諸羅北勢尾莊收田租，他供稱因害怕被林爽文
處死才從了林。泉州人石南和李七則供稱，林爽文挾持他等人
的母妻，只好順從林爽文。林良也稱被林爽文「脅從入伙」，沈
定則說自己因為怕死，才加入天地會陣營。[60]而隨著戰區的擴
大，物資需求面增，這種死亡威脅也隨之擴展到其他地區，包
括天地會北路軍的林小文：

　　　據賴樹供：我本系開雜貨店生理，有家資一萬數千
　　兩。我與林小文素日認識，他知道我有錢。上年十二月
　　內，他帶了許多人來借銀兩，並邀我入會，我俱不應允。
　　他們將我綁起，就要殺我，我實害怕，許了他五百花錢，

---

59 Frank Fured,，方軍等譯：《恐懼》(南京：江蘇人民出版社，2004)，頁7。
60 見《天地會》(四)，頁429-434。

就跟他前往，封我北路大將軍。[61]

　　不管是把暴力施予他人，或承受來自他者的暴力，天地會相信暴力威嚇可以達到懲罰的目的。常見的天地會《三十六誓》、《二十一則》、《十禁》、《十刑》都具體表現天地會的懲罰精神，不過，它們並非同時出現在同一個天地會組織中，[62]在分類上也不屬於同類型的懲罰。《三十六誓》和《十禁》類型偏屬預防性，而《二十一則》和《十刑》反而具有報復性。《三十六誓》內容大都隱含著預設性，常見的連接詞是「如有」、「若」、「如」、「倘有」等，即預設每一個違規者都將被懲罰的必然性。《二十一則》也出現類似的意義，只是省略了連接詞。舉例來說，＜第二十一則＞：「破壞規則而抗拒定刑者，或歸其罪於他人者，割其兩耳。」此罰責在預告，不可破壞天地會的規矩，否則受割耳之刑。

　　內規的功能是一種類律法，和一般國家律法一樣表現集體制裁的效能。「制裁取決於這種行為與規定之間的關係，這種規定能夠決定究竟採取容忍的態度還是禁止的態度。」[63]制裁是集體憤怒或仁慈的體現，但「並非人類自動產生的結果」，而是由人類道德一致性中產生。國家權力在眾多差異的個體中求出最大公約數的道德一致性，而一個團體也根據組織生存的需要規

61　＜審訊彭喜賴樹筆錄＞，《天地會》（三），頁 206。
62　不同的天地會文件和會簿所載的誓詞或內規雖不盡相同，但大同小異，最重要的是懲罰精神相當一致。
63　Emile Durkheim，渠東、付德根譯：《職業倫理與公民道德》(上海：人民出版社，2006)，頁 4。

範成員的生活與組織之間的規矩。天地會的內規中只看到義務和懲罰，從形式來看，它是一個封閉的組織。但實際上恰恰因為成員具有相對開放的自由，才需要一個封閉的規範來約束成員的行為。天地會的成員從入會就被暗示自己不再服從國家的律法（尤其在天地會產生政治信仰後），而是服從天地會的內規，以天地會的道德為其真理。服從它，並接受它施行的一切制裁手段，臣服於集體意志，組織才能被集體保護。服從的另一個意義就是成為被動員的個體，當組織需要被保護，或需要向外擴展而必須發動集體行動，透過動員，個體在集體道德的約束下很輕易就被動員（即一種「必須被保護的組織」以傳統權力的形式再現）。

懲罰具有預防性，但更進一步來說，懲罰其實就是一種控制手段，其表現的極致常以死亡的方式呈現，即便一般法律也具有同樣的作用。1767 年（乾隆三十三年）間，福建漳浦縣天地會首腦盧茂糾眾謀叛，隔年即被偵破，大部份天地會份子聞風而逃，清政府對被逮獲的天地會成員進行嚴刑訊問，試圖逼出主謀，被捕的天地會份子以曾經「穿刀設誓」，死不供出主事者或餘黨，天地會得以續傳。1786 年（乾隆五十一年）八月，林爽文等人立案拜誓起天地會。十一月，天地會發動集體暴力行動，當時起會元老之一的陳奉先被任命為軍師。十一月廿九日，天地會攻下彰化，繼攻下諸羅，軍師陳奉先卻臨陣叛逃，投靠義民，後被林爽文逮獲，以叛徒之名處死。

對照盧茂事件寧死不招的天地會份子和陳奉先的叛變行為，以天地會的道德標準評價，優劣立判。背叛在戰爭非常時

期並不算意外，而天地會把暴力轉向自己人，其意義就有所不同。陳奉先被天地會處死的意義是把一個曾經肝膽相照的異姓兄弟，重新視他為敵人，就像天地會會簿所吟唱的歌訣：「此人不忠又不義，千刀萬斬碎靈池。」文獻上對陳奉先的描述不多，所以我們無從探知他為什麼背叛林爽文和天地會，也不知道他與天地會兄弟的互動如何，林爽文和其他人的口供中，對陳奉先也是一語帶過。當陳奉先的名字出現在這些人的陳述中時，他們的語氣不曾因陳奉先表現一絲的怨恨或惋惜，顯然，天地會把背叛者視為徹底的「他者」。所以，當背叛罪成立時，天地會就毫不表現憐憫地進行懲罰，天地會與背叛者之間不再是一個以生命之交建立的兄弟關係，是為了某種利害而存在的關係。此時的天地會，不是想像中相信情感聯繫的團體，反而是「目的團體」。當成員不再為這個群體做出貢獻，他的載體功能就不復存在，像陳奉先從一名軍師，變成立場對立的義民，先失去貢獻的功能，又成了威脅天地會的反功能載體，唯一的下場就是置他於死，別無他途。這就是懲罰的報復特質。預防與報復在法學上可以被分別討論，對於像天地會這樣的組織，預防和報復只存在語意理解上的區別，兩者常交互出現。

　　會黨用死亡懲罰背叛者，是認為「結拜」即便存在情感的聯繫，但把信任完全建築在情緒化上，理智上是不可能存在的，必須透過某種程序來確立。所以，建立信任這件事只是一個假設，我們對另一個人有了不確定性，需要透過某種象徵信任的規範、儀式或公約去確保它的存在。一旦有人出現信任上的疑慮，情感在現實利益盱衡之下，仍然會敗陣下來，這就是預防

與報復所產生的矛盾。會黨的世界裡以兄弟相稱，倫理是他們維繫關係的命脈，但這個倫理往往不是建立在年齡而是在輩份之上。天地會過度強調輩份的結果是讓為首者獨占資源，包括對懲罰權的解釋。雖然在文獻上很少看到林爽文懲罰天地會成員，乃因林爽文領導天地會期間大部份處於戰爭狀態，而且時間不長。實際上，林爽文在當時的天地會擁有絕對的權力，手握生殺大權。

　　不可否認，天地會越走向組織化，懲罰機制也越公開化。法律規章都是一種預防性的設計，只有執行時才會呈現報復的意義。集體行動所以能遂行，貴在參與者具備行動條件的同質性，天地會成員需要建立的同質性包括：共同的意志（信仰）、共同的行動（目標）和共同的利益（福禍共享），意志、行動、利益支撐起會黨存在的大部份意義。但同質性的建立與維繫都是考驗，任何組織無法排除對組織可能造成的傷害或威脅的潛在因素，例如，成員的怠惰、不履行義務、背叛宗旨或毀約。對會黨來說，背叛與毀約的影響尤其嚴重，如同對血緣的否定。虛擬血緣倫理的維繫被視為天地會生存的主要生命泉源，這種倫理完全移植中國宗法社會的價值系統，天地會藉宗法制長幼次序的倫理的強調鞏固內部的關係和團結，背叛組織等同背叛父母。

　　傳統民間結社以互利起會，得先有「互利」的結社條件，才能吸引他人入會。在人少的組織環境中，口頭約定或風俗習慣足以使一個結社在可被共同監視下運作，一旦人數超過可監視的範圍，往往只能建立內規做為共同的規範。天地會成立內

規的目的，一方面因應人數的增多，二方面在確保及延續虛擬
血緣的效用。透過相對殘酷的懲罰制度，從對肉體傷害的恐懼
威嚇中建立屬於會黨專有的道德系統，進一步達到精神及行為
的一致性。

　　天地會的懲罰機制在林爽文時期並未見其雛型，但基本精
神已經具備。在此之前，如嚴烟所供，結會「原為婚姻喪葬事
情，可以資助錢財；與人打架，可以相幫出力。」傳到林爽文，
天地會因緣際會成了叛亂組織，其組織也由此獲得擴張，為了
維繫龐大組織的運作，發展出專屬的懲罰機制，這套懲罰機制
最大特色是把懲罰和恐懼懲罰並陳。懲罰和恐懼懲罰是一體兩
面，代表絕對權力和絕對服從的相對關係，這即是後來天地會
內規的特質。

　　在天地會的社群裡，彼此的關係一經確立，權力和服從的
關係自然而立，懲罰把這種關係進一步道德化、規範化，也就
是，把虛擬血緣的關係正常化，背叛兄弟如同對血緣的否定，
懲罰因此有了道德上的正當性。當背叛成為天地會內部不能被
原諒的道德問題，反過來說，堅守兄弟之約就是結盟的最高道
德，並且體現為一種集體意志，這種集體意志因而成了天地會
動員的最佳利器。如果說，是林泮用兄弟之情把林爽文從深山
中激出來領導天地會叛變，這個說法可能並非只是想像。可見，
懲罰對天地會的意義不只在懲罰或遏止成員犯錯，更在強調彼
此關係連帶的神聖性。天地會的內規雖然不是決定林爽文事件
所以發生的原因，但他們的懲罰機制是建立在對人際關係的神
聖性上。所以，換個角度看，因為對關係神聖性的信仰深入天

地會集體生活的日常文化中，為了保護這種神聖性，乃以神聖性做為動員的手段，懲罰的概念在動員過程一直站在相對高度的位置，扮演著監視的角色。

第五節　圖　利

── 天地會的另一個側面

　　逐漸的，我們勾勒出林爽文及其天地會深刻的輪廓，但在行動目的上，仍然存在疑點。如果林爽文事件只是基於情誼，或基於某種不可侵犯的信念，或受到複雜的人際交往情感連帶，把林爽文一步一步推向反叛之路，我們不得不問，難道林爽文和他的天地會沒想過其中的利害關係？我們懷疑的是，儘管台灣天高皇帝遠，未必能逃出尚稱盛世的乾隆王朝手掌心（結果似乎沒有意外）。既然如此，林爽文陣營的「理性選擇」是什麼？這裡，我們要問的是：反叛可以為他們獲得什麼？

　　天地會最初結社目的不外乎「有事大家幫忙」，或藉眾人之力獲得好處。儘管天地會的結社模式表現了中國傳統民間社會生活和制度的諸多面向，很多是他們經過刻意表現出來的社會行為，並且複製在他們的結社生活上，利用傳統價值的優越性掩飾內心的慾望。例如互助，「有事大家幫」和「藉眾人之力以獲得好處」是兩個看來就缺乏連結的行為，天地會的價值系統裡把兩者重疊起來，以互助的道德面，掩飾其利益的私心。亦即，把互助依主觀需要進行詮釋，互助因此變成一種可以對他

者施行暴力的集體合理行為。

　　許多案例都直接證實了以上所言。林爽文事件後，乾隆下旨追查天地會，福康安依口供查到張破臉狗（因與人爭執，臉被對方劃了一刀，故有此綽號），張以開賭場為生，賭場內常有是非事。乾隆四十六年，廣東人趙明德、陳丕、陳棟等天地會份子到賭場聚賭而認識張破臉狗，知道開賭場的難處後，便邀張加入天地會，「一入此會，就有同會之人相護，你現開著賭場，入會以後便不怕人攪擾。」[64]對天地會而言，上述天地會份子所表現是一種工具理性的互助，他們所承諾的互助背後儼然隱藏著利害關係的算計。

　　與白蓮教很像，利益的爭奪意味天地會在機械連帶方面的斷裂，這種斷裂提醒我們必須重新檢視會黨的集體主義性格。之前的分析讓我們一度認為，會黨因為承襲傳統中國社會制度和文化慣習，作風可以在許多既有的、充滿集體主義的傳統行為中獲得理解，例如行動的集體性、目標的一致性、價值的標準性，以及對傳統的維護等。然而，從天地會本身發展出來的許多抑制個人主義色彩的內規來看，讓我們隱約意識到，原來必須透過內規才能強化他們的關係連帶，顯然天地會集體性的真實實踐並沒有想像中強烈。《三十六誓》中第二十二誓：「或賭博場中，不得使假、吞騙兄弟錢財，以及串同外人騙賭，貪圖利己，以傷兄弟。有此私心，死在萬刀之下。」在《二十一則》中亦有「盜却兄弟之財產，不肯返還者，割其兩耳。」（第

---

64 ＜奏聞拏獲匪犯張破臉狗訊據供詞恭摺奏聞＞，《宮中檔奏摺-乾隆朝》（台北：國立故宮博物院）。

十四則）。《十禁》也有相關的禁令，如＜第三禁＞：「兄弟訴說缺乏而有借貸者，不能拒絕。若侮辱之，或嚴拒之者，割其兩耳，再拒則加重。」＜第九禁＞：「兄弟遭遇困厄，必當貸之金錢，唯借者不可不還。若恃強硬借，不思歸還者，處以百八十之笞刑。」

　　這些內規若對照天地會草創時期，大家因為面臨生存危機共興結社之念的情況實在不能同日而語。雖然天地會信念的改變還不足以說明整體性格的流變，但在相當範圍內，仍然可以確信這種流變確實發生，而且變異極大，否則天地會不用訂定相關規則去抑制有損成員之間情感的行為。「利」可以讓一群本來沒有共同信念的人聚集起來，建立共同行動目的；也可以讓原來一群在共同信念下集結的人勞燕分飛，甚至反目成仇，即便主張「互助」，「私心」足以讓原來緊密關係的團體出現裂痕。一個清楚的個體利益足以驅動一個人從集體中出走，如果團體中的個體扮演著環節作用，團體藉由環節的存在而存在，一旦環節的作用消退，團體為了生存，就需要透過規範保持環節作用的持續。這裡所強調的是，個人主義和利益追求也會在機械連帶的社會出現。即便像會黨那樣強調集體意識的傳統結社，在共同體意識的表面下，也無法抑止個人慾望對集體意識的支配，關鍵在於誰擁有真實的權力。

　　「官逼民反」的脈絡下一度讓我們無法否認，林爽文等人成立天地會並沒有把革命作亂做為起會的目標。但官逼民反就意義而言，它充滿偶然性。邏輯上，「官逼」和「結社」是兩回事，但這兩件事卻分別和「民反」有了連結，其中，「官逼」和

「民反」因為歷史經驗形成邏輯，「結社」則因為被認為是權力的對偶關係而與「民反」一起出現在統治者的想像中，於是，「官逼」和「結社」也有了連結。在中國歷史書寫上，官逼、民反、結社既是常見的共構關係，也常出現在通俗文化書寫的主題上，在真實的歷史事件中當然也不乏此例。在舉事之前，林爽文曾經因為結社一事（另有文獻說是因竊案）被官府緝捕入獄，卻又花了錢贖回自由。可見，林爽文後來扛起「順天」大旗造反，官府對結社進行逼迫並非最大因素（如果官府真的在意林爽文結社，就不會把他關入牢裡又輕易允許他贖身），但與林爽文個人利益考量也有關係。

林氏宗族耆老之一的林家齊在供詞中說，林爽文起事時，「原想必要成事」。這意味林爽文的起事經過一定程度的深思熟慮，非全然被動之下的冒進，也不是完全在極度壓迫的情形下不得已才進行的反擊。由於「官逼民反」一詞充滿了價值判斷，當林爽文事件被如此定調時，價值判斷給了林爽文一個悲劇英雄的歷史意象。但林爽文被捕後，將決策責任推給軍師董喜和林泮等人，塑造自己成受害的傀儡。根據天地會重要人物之一的劉升供詞稱，盟主原是劉升，後來換成林爽文，原因是大夥不服劉升。為什麼不服，口供中沒有詳細陳詞，但透過林爽文的作風，或許可以看出些許端倪。林爽文在眾人的簇擁之下接下盟主的位置，不能不說他懷有私心。

林爽文接任盟主後，封了大家的官職，這有兩種作用，既可收攬人心，又可利用官職綁人，避免貳心。文獻上找不到林爽文等人成立天地會有什麼遠景或抱負，直到林爽文舉起了「順

天行道」大旗，當上盟主，天地會搖身一變，成為具有傳統革命的繼承者。大多數加入天地會的人，心裡盤算的或許只是有限的利益，例如以下列舉的跟隨者：

蔡綱供：林爽文頭目賴樹到我們庄上搶劫，二十六日邀我入天地會，幫他們打仗，等林爽文到時，封我做把總。

陳商供：上年五月，林爽文邀去入伙，封我做水陸將軍，名下管三百多人。

林達供：上年三月，被林爽文去，逼我入伙，叫我管一旦餘人，又封我做宣略將軍。

陳闖供：我上年跟隨林爽文入伙，封我做北路先鋒，手下管五百餘人。

陳元供：上年正月，林爽文封我做游擊將軍，鎮守烏日庄.。[65]

林爽文的師父嚴烟曾供稱，天地會是一種「婚姻喪葬事情，可以資助錢財；與人打架，可以相幫出力；若遇搶劫，一聞同教暗號，便不相犯。將來傳教與人，又可得人酬謝。」所以「願加入這會者甚多」。嚴烟也承認，他引人入會，「原實系指會賺騙銀錢，並非結交朋友。」有一個案例，戲子賴阿恩和商人許

---

65 見《台灣林爽文起義資料選編》，頁：242-254

阿協都因為曾經被搶而加入天地會，兩人在被捕後的供詞中道盡自己的無奈，[66]這兩個案例或許已經反映了天地會入會者諸多不同的目的。

林爽文結黨壯勢，追隨者謀得一官半職，嚴烟藉引人入會斂財，賴阿恩、許阿協想藉天地會的保護以繼續自己的生意。加入天地會的理由人人各有盤算，總結則「利益」兩字而已。天地會面對的是母社會對它的排斥，以及來自統治者的監視和威脅，如果缺乏強而有力的關係網絡為後盾，統一體將走向崩解一途。這種推論說明，天地會必須保持它的機械連帶特性，才能維持其組織生命。但事實上，天地會員可能依其不同目的或企圖入會，在各懷鬼胎的情況下，很難完全依機械連帶的社會關係定義他們。在天地會內，並非人人目標一致，也非僅僅依靠兄弟之情就足以把彼此的關係緊緊繫住。林爽文等人結拜起會元老，陳奉先列名其中，後來陳奉先背叛天地會當了義民，反過來與天地會干戈相向。利益的考量讓陳奉先捨棄兄弟之情，當上了背叛者，這對天地會而言乃為大忌。

所以，天地會在後來的發展中，特別針對背叛擬出相當嚴格的規定。《三十六誓》的＜第六誓＞有「凡我洪家兄弟，不得做線提拿洪家兄弟。」＜第十八誓＞再強調「倘或被官兵提獲，此乃天降橫禍，不得供出洪家兄弟。」廣西田林縣出現的天地會會簿抄本中，一則《爹娘忠義表章》（誓詞）內，所列的＜十

---

66 ＜供詞-許阿協、賴阿恩、嚴烟＞，《台灣林爽文起義資料選編》，頁259-261。

禁＞也有「不得私通官差」和「不得交害兄弟」的禁規。[67]這些
規定隨天地會的發展更加嚴謹而周全。天地會向精緻組織化邁
進的過程中，會內因個體利害關係和利益衝突造成的傷害必然
存在。內規因應這些傷害，直接把它反映在集體的意志上，進
一步將其道德化，以便假集體之名，行威嚇之實。

　　在集體主義的意義下，人作為一個個體，必須通過集體的
能量，並且表現集體特質才得以彰顯個體，換言之，人的大部
份社會行為乃在社會道德和習性的共同影響下（包括受到集體
的形塑和約束）而形成。由於社會道德很少強調對個人利益的
保護，利益問題也很少出現在集體意志的討論中，它只有在現
實互動中才容易被顯露，個人利益幾乎與集體主義形成平行的
兩條線。陳奉先加入天地會時，一定沒有想過自己後來會成了
天地會的叛徒，許阿協、賴阿恩如果沒有遇到搶劫，大概也不
會加入天地會。出自內心深處的動機，才是真實的自己，這種
「自己」卻常因為在特殊情況中佔據及主導個體對自己角色的
演出，被刻意隱藏起來，那個特殊況就是趨吉避凶、趨利避害。

　　林爽文從乾隆四十九年加入嚴烟的天地會，五十一年再與
林泮等人組織天地會，期間他扮演的角色，文獻上都說他就是
一個糾眾搶劫的壞人。這些指控可能言過其實，因為在那麼長
的時間裡，他只被逮捕過一次，而且罪刑不重。但可以想像，
從他加入嚴烟的天地會，到他組織天地會，都是極具目的性的，
即便沒有足夠的資料證明林爽文和他結社的伙伴如官方文獻中

---

67 見《廣西會黨資料匯編》(南寧：廣西人民出版社，1989)，頁493。

說他們聚眾掠奪各村（如果這是事實，天地會如何能把大里杙各村集合起來反清？）。但天地會人多勢眾，讓他們誤認為自己「可以成事」，包括嘗試實踐「有利可圖」的想像。所以他們敢窩藏逃犯，敢與官兵對抗，敢起兵造反，這樣的目的團體如何能無視他們心中可能的慾念？乾隆三十四年，福建巡撫崔應階奉旨到台灣訪察民情，崔應階獲得的資訊或許不是很完整，不過，他說出了當時北京統治階層對台灣閩粵移民的印象：「（粵人）間有無恒產游手好閒者居二三，既無恒產，易聚為匪。至於閩民多半好勇鬥狠，聚散無常，惟利是務。」[68]「多半好勇鬥狠，聚散無常，惟利是務」是崔應階向乾隆回報在台閩籍移民情況，或許先前台灣幾次集體暴力事件讓清政府官員對閩籍移民的印象產生先入為主，所以崔應階用了「多半」這個具有數量意義的形容詞，而這個說法也在十七年後再度被印證。移民社會的生存法則本來就以逐利為先，利讓人聚在一起，也促使聚在一起的這些人以為自己可以透過人多勢眾獲得更多的利益，一場具有目的性的集體暴力行動注定無可避免。

利益是集體行動的基本動能，尤其林爽文事件是一種組織型集體行動，非臨時起意的烏合之眾（mass）可堪比擬。但利益在此事件中所凸顯的意義長期以來並不被史學者重視，乃因傳統官逼民反的視角佔據大部份解釋的史書份量。如同本節一開始提到的，林爽文等人發動叛亂時是否存在理性選擇？而理性選擇是什麼？不存在前者，後者自然也不會存在。若不存在

---

68 〈派員訪台灣地方之情形〉，《軍機處檔摺件》(台北：國立故宮博物院)。

理性選擇，「必有所成」的想法也就不會出現在林爽文等人的思考中。

第六節　小　結

　　情感與人際網絡是天地會從中國社會結社傳統中所延續下來的特質，信仰則是衍生物，有其必要性，懲罰在組織行動被視為可以約束成員達成行動一致性，利益則是行動目的。我們很難針對把天地會推向反叛之路的這五個向量做有效的關聯性分析，並不是它們之間不存在衝突矛盾，例如，利益和情感基本上是對立的，尤其如果利益只求一己之利，組織行動就失去了目標性，這樣的行動就不是自願的，與集體行動的本質不符。然而，正因為這些矛盾的存在，才確定天地會（至少林爽文的天地會）的行動大部份延續著傳統路線前進，因此更清楚天地會是怎麼樣的組織，以及它處在怎麼社會情境下發動了集體行動。

　　林爽文事件有它的特殊性，這些特殊性也許與我們後來看到天地會的發展不同，最明顯的差異就是，林爽文大量動員同族勢力加入反清，其中包括不少與林爽文有血緣關係的人，這與天地會後來禁止內傳的規定完全背道而馳。其實，要解釋這種差異不難，林爽文事件是一個公開的叛亂行動，而天地會大部份時間都躲在祕密的暗處活動。除了這樣的差異，林爽文和

他的天地會成就了某些象徵性典範，影響後來的天地會百餘年。[69]例如林爽文讓人相信，像天地會這樣的組織也可以擁有政治目的，天地會有能力組織群眾，天地會注重對內關係的維繫。這些特質在天地會未來的發展中提供了某種程度的效應，儘管後來的發展依然看到天地會大部份以暴力掠奪為主要手段運行組織，但我們也看到，一個更成熟的「地下組織」因為這些的特質而被形成。

---

69 嘉慶二十年清政府在廣東永安縣破獲一件以賴元旺為首的復興天地會案，賴元旺以「順天開道」四字做為精神標語，「順天」是林爽文的年號，「開道」則有承先啟後的意味。見＜奏為遵旨覆訊辦理永安縣匪賴元旺等糾眾拜會復興天地會名目一案＞，《宮中檔奏摺-嘉慶朝》，編號：404018290，(台北：國立故宮博物院)。

第五章　比　較
——「秘密社會如何可能」

第三、四章的分析提供我們觀看白蓮教五省之亂及林爽文事件發生原因的不同視角，從分析中可以發現，兩起事件都不是歷史的偶然。既然事件有其必然性，就應該把這個必然性問題化，以便從其必然性與兩起事件之間，找出其中的意義。我們很想知道，從內外因素的綜合觀點，白蓮教的五省之亂和林爽文事件具有那些差異性或共通性？這些差異性與共通性對解釋兩個民間結社在清代社會的發展進程有什麼助益？補充了什麼？回答這些問題最好的方法就是透過比較，這是本章第一節的主要工作。除此，我們也很好奇，在事件之後，白蓮教與天地會將以什麼樣的身形走向多樣而易變的晚清社會？這部份是針對事件分析之後進行的延伸性探討，第二節將以這個關懷角度，討論白蓮教和天地會在清代社會的最後命運。最後一節則總結以上的討論。

第一節　宏觀微觀因素比較

　　白蓮教五省之亂與林爽文事件在清代政治與社會史留下深刻的意義，但可以確定的是，兩起事件都不是由單一理由所引發，也非某個固定的原因可以完全概括。它涉及清代政治及社會的外部客觀因素，以及秘密社會本身特質交雜形成的複雜機制。本書的重點固然聚焦在秘密社會本身的主動性上，但不否認宏觀因素也是重要的行動要素。基於此，本節就內外因素的可能性中，對兩起事件進行比較，整理出事件的複雜性和對比性，以比較宏觀與微觀因素與事件發生之間孰重孰輕。

一、宏觀因素比較

　　就事件發生的客觀背景，兩起事件原因看起來幾乎如出一轍，都以「官逼民反」揭開序幕：官方無休止的取締、追捕、勒索和逼迫，群眾被迫反抗，揭竿起義。這樣的歷史圖像出現在許多歷史書寫中，因為它是來自外在的、可視的原因，具有一定的說服力。首先，就白蓮教而言，因為長期被視為有叛亂疑慮的宗教結社，官方始終敵視白蓮教。從大部份取締「邪教」的奏摺中可以看到，清政府取締的重點幾乎沒有設限，不只對禁書（經文）和反叛言論查禁，不公開的集會活動尤其是查緝重點（包括傳徒）。但民間信仰是傳統中國社會生活的一部份，清政府出於宗教治理的需要，又要避免引起反彈，因此其文化

政策一方面對民間信仰表現相當程度的「尊重」，偶而針對某些經常性的道德案例提出批評，另一方面卻又把所有未「入冊」的民間信仰都視為可能有叛亂意圖的潛在敵人。例如，早在1647年（順治三年），史科給事林紀龍就有禁教提議：

> 臣觀明末教化不興，風俗大壞，異端蜂起，有所謂白蓮教者，有所謂混元教者，有所謂無為教者，種種名色，不能枚舉。此輩以遊手奸民妄稱教主，聚眾招群，男女混雜，不分晝夜，私印經文，訛言滋興，人心煽惑，良民不安生理，不務耕作，燒香禮懺，不曰此處有活佛，則曰來世生真主，抑或謂月下天降異災，人死九分，或謂幾時國動，下兵殺盡。大半愚民無知，聽其招搖，任其魚肉，拋家棄業，生計鮮少。[1]

傳統士大夫對民間信仰動輒以怪力亂神加以鞭笞，若再以社會控制的理由橫加其上，統治者很少不動容。順治的態度則完全反映清統治者對民間秘密宗教的基本態度：

> 朕惟治天下必先正人心，正人心必先黜邪術……此外乃有左道惑眾、如無為、白蓮、聞香等教名色，邀集結黨，夜聚曉散。小者貪圖財利，恣為奸淫；大者招納亡命，陰謀不軌。無知小民，被其引誘，迷罔顛狂，至死不悟，歷考往代覆轍昭然，深可痛恨。向來屢行禁飭，不意餘風未殄，墮其邪術者實繁有徒。京師輦轂重地，

1　《皇清奏議》，卷二。（台北：文海出版社，1967），頁277。

> 借口進香，張幟鳴鑼，男女雜遝，喧填衢巷，公然肆行
> 無忌，若不立法嚴禁，必為治道大蠹。雖倡首奸民，罪
> 皆自取，而愚蒙陷網罹闢，不無可憫。爾部大揭榜示，
> 今後再有踵行邪教，仍前聚會燒香斂錢號佛等事，在京
> 著五城御史及該地方官、在外著督撫按道有司等官，設
> 法緝拏窮究奸狀，於定律外加等治罪。[2]

　　以上的文字道盡官方對民間信仰的恐懼與排斥，清政府因
此透過相關的文化政策，把所謂「左道妖術」、「邪教淫祀」以
法律把它們區分出來。清代的宗教管理律法大部份參考明朝，
少部份根據統治者的利害判斷酌以修改，將有潛在威脅的民間
宗教一一列入，包括白蓮教、無為教、聞香教；雍正時羅教（實
為無為教）被列為邪教；嘉慶則列入八封教、白陽、紅陽等教。
罰責方面，康熙增訂了官員查緝不力的相關罰責。雍正十一年，
罰責深入保甲系統：「不行查教之鄰右總甲人等，均照律各笞四
十。」[3]清政府對民間秘密宗教採取的防範行動比會黨來得早，
但不意味效果更好，實因民間信仰已深植人心，根除它有一定
的難度。但由於統治者的決心堅定，執行者往往藉體察上意，
在不明究理的情況下輕率進行查緝，甚至趁機詐財，引發民怨
時有所聞。清初的國家情勢嚴苛，百廢待舉，需要在安定的環
境中求發展。帝國肇造，統治者尤悉開源節流才能支援新帝國

---

2 《清順治朝實錄》，電子檔：http://ctext.org/wiki.pl?if=gb&chapter=614051

3 詳見莊吉發：《真空家鄉—清代民間秘密宗教研究》（台北：文史哲出版社，
　2002），頁 49-55。

建設，對於民間賽神活動的舖張浪費，很不以為然。康熙就強調，「帝王致治首在維持風化、辨別等威、崇尚節儉、禁止奢侈，故能使人心淳樸、治化休隆。」[4]雍正期間，鴻臚寺卿李鳳翥曾奏：

> 如直隸、山東、河南、山西諸省，每於秋成之後，共為神會；遂戶斂錢，演戲裝扮故事，宰殺牛羊，無分曉夜，鼓樂喧闐，男女雜沓，旬浹月以致酗酒、賭博種種耗費不一而足。竊計小民力耕所收僅足一年之食，乃於收成之時賤價糶賣，花費無餘，及至春間，揭債貴買，以給口食，必不能數：所以一遇歉收之歲，即有饑色端由於此。至江南浙江等省，每於春初縶造奇巧燈樣，施放花爆煙火，不惜重貲以悅片時之耳目，往往火燭不戒，致遭到回祿。迫至二、三月間，鄉城男女無不出遊，高駕酒船游山入寺，衣餙解華，盤筵羅列，笙歌鼎沸，每有家擔石之儲，百計那貸以博歡娛，名為勝會。及至秋收，僅足償債，不惟衣食難充，欠租逋賦，而且風俗未淳，亦由於此。[5]

這段奏摺的摘要文活靈活現地再現清代民間信仰生活的面貌，以及官方對民間信仰的不安心情，因此此奏獲得雍正的高

---

4 《清康熙實錄》三十八卷，電子檔：
http://zh.wikisource.org/wiki/%E5%BA%B7%E7%86%99%E6%9C%9D%E5%AF%A6%E9%8C%84/%E5%8D%B7%E4%B9%8B38。
5 〈奏請嚴禁民間迎賽會以裕民力以維國風〉，《宮中檔奏摺-雍正朝》（台北：國立故宮博物院。）

度肯定：

> 朕因其所奏合理，降旨允行。蓋州縣村堡之間，借
> 演戲為名，招呼匪類，開設賭場，男女混淆，鬥毆生事，
> 種種不法，擾害鄉愚，此則地方有司所當嚴禁者。至於
> 有力之家，祀神酬願，歡慶之會，歌詠太平，在民間有
> 必不容己之情，在國法無一概禁止之理。今但稱違例演
> 戲，而未分晰其緣由，則是凡屬演戲者，皆為犯法，國
> 家無此科條也。朕之立法，皆准諸情理之至當，從無不
> 可施行之事，亦從無不便於民之事。[6]

　　統治階層以為政者的高度衡量民間信仰與國民生計之間的
因果，把民間信仰用國家經濟議題去理解，所以他看到的民間
信仰活動盡是 G. Bataille 所說的「非生產性耗費」。[7]從官方的角
度來說，非生產性耗費的所有活動（包括奢侈、戰爭、宗教膜
拜、遊戲不等），「它們的目的僅僅限於自身（即耗費）」。這裡
不用進一步探討 Bataille 提出什麼不同的看法，因為經濟問題的
答覆不能提供我們理解清政府對待民間信仰的原意。然而，很
顯然地，因為恐懼、厭惡和不願理解才建構統治階級對民間信
仰的意象，意象裡充滿了正統與不正統之辨、合法與不合法之
分。這種二分法通常是統治者的治理手段，一種以權力為中心、
而非以生活現實為依據的政治判準。自古以來，中國的統治者

6　《清雍正實錄》，電子檔：http://ctext.org/wiki.pl?if=gb&chapter=593721。
7　Georges Bataille，，汪安民編：《色情、耗費與普遍經濟──喬治・巴塔耶文選》（長
　　春：吉林人民出版社，2003），頁 27-29。

都遵循著這樣的治理觀念，即在統治權之下，人民可以、並且需要被改造，以期符合統治權的尊嚴，包括對絕對權力的臣服、對既有社會規範以及文化紀律的遵守。

可見，清政府在文化政策上表現對民間信仰採取包容，實質上卻建立一套強硬的治理手段，把包括白蓮教與非白蓮教的民間秘密結社，一律以「雖諱白蓮，實習白蓮」視之。這種一以概之的宗教政策因為界定不明，往往在模稜兩可的情況下，衍生了地方基層官員取締時兩個極端的表現：不是過度解釋「邪教」的範圍，就是刻意忽略。兩者之間的灰色地帶給執法者有充份操作的空間，其中包括對「邪教」的認定。所以，看起來嚴密的監視系統其實存在著許多漏洞，最具體的缺失就是無法深入民間信仰的核心，對民間信仰活動沒有辦法有效掌握，尤其遠離權力中心的邊陲地帶，常出現鞭長莫及的困窘。

就查緝的手段來看，清政府對民間信仰的監視大部份依賴地方官員有限的人力，負責查緝工作的第一線衙役都非專業，他們來自民間底層社會，而且可能也是白蓮教徒。白蓮教複雜的社會網絡貫穿地方統治機關，相當程度約束了取締者的手腳。因此，就外在因素而言，地處偏遠，加上複雜的關係網，白蓮教能在清政府極力查緝下依然可以存活，並且壯大，以至於結盟叛亂，這絕非僅僅「官逼民反」這樣單一因素可以促成。的確，官逼民反體現了權力與反抗的典型鬥爭形式，但權力與反抗的邏輯簡化了太多客觀因素，尤其就五省之亂這個案例，官逼民反固然是整起事件的關鍵導火線，但不能僅從這麼表面的事去解釋官逼民反。

　　因此，許多人以不同的面向去解釋這種官逼民反的本質，最具常識性的觀點就是經濟因素。經濟因素與民變向來有很高的相關性，我們考察白蓮教五省之亂發生的區域的確因為快速人口成長造成經濟的壓力。流寓人口的增多，山區大量棚民聚集，政府沒有較好處理的對策，群眾彼此發展仇恨和不滿，這些都可能埋下亂源。另外，流寓人口中，很多屬於是犯罪份子，例如橫行於四川的嘓嚕份子，他們加入白蓮教，成為他們一份子後，把叛亂的外在因素變成內在叛亂的條件，但這已不僅僅是經濟問題。何況人口增加造成的貧窮是普遍性問題，非白蓮教盛行地區獨有的現象。經濟問題就是人的問題，它構成的原因可以被放大或縮小，不可能完全消失。把經濟因素視為外在因素，似乎是放諸四海皆準，在白蓮教五省之亂的原因上確實有其可信度，但並非充份的因素。

　　除此，天災也常被拿來做為檢視民間造反的理由之一。天災所造成的飢民和流民像不定時炸彈，他們的造反防不勝防。但就實際的歷史背景來看，白蓮教發生的時間（嘉慶元年到九年），該地區並沒有發生重大的天災。戴玄之考察白蓮教五省之亂的原因時也肯定地說，此亂與天災問題及經濟問題無關，反而把原因歸咎於於白蓮教本身的問題。經濟因素的論斷固然偏頗，卻有其立基點，但天災確實不是五省之亂的外在原因。

　　同樣的，林爽文事件也是以官逼民反的劇情揭幕：官府領重兵前進大里杙，以燒村手段逼林爽文交人，村民無端受到波及起而反抗。但這起事件中，林爽文一開始就有所堅持（堅持不出賣朋友），相較於白蓮教有被迫害的事實，相當程度上，林爽文事件展現了他在事件中的主動權。從清政府處理事件的步

驟和方式來說，放火燒村和把一干人捉上刑台是不同的處理方式。在沒有被審判之前，事件原來可以有轉圜的餘地，官府最後採用放火燒村的方式，等於預先判了林爽文等人的刑。就白蓮教的例子，遇到官方取締，反抗往往是他們的普遍反應，因為「邪教」是一種政治預設，幾乎沒有轉圜餘地。但從天地會的立場上看，暴動發生的理由就不那麼必然。

就經濟方面，台灣的移民社會固然存在人口與糧食問題，但這些問題並沒有嚴重到引發叛變的客觀條件。若硬要從經濟的關懷著眼，只能把問題移向耕作的土地之爭。大陸學者劉如仲把林爽文事件歸因於土地過度集中、地主及官員對農民的剝削，[8]可惜他採用的資料無法直接與林爽文事件建立連結，欠缺說服力。如果硬要說，林爽文事件與那些土地問題有關，應該是族群因爭水利和土地併發的分類械鬥。但分類械鬥對林爽文事件產生的影響發生在軍事鬥爭的過程中，並非造成林爽文叛亂的原因。換言之，儘管當時台灣境內族群分裂很嚴重，但這種分類與林爽文事件為什麼發生沒有關係，直到林爽文的展開軍事行動，族群恩怨才被林爽文用來做為發洩情緒的原因，例如他的部隊每遇粵村便大肆破壞。另外，就天災方面，與白蓮教五省之亂一樣，台灣當時並未發生重大的天災。

比較白蓮教五省之亂與林爽文事件發生的原因，從官逼民反或經濟因素，對兩起事件成因的影響不盡相同，卻也再一次說明，外部因素對兩個案例發生構成的實質影響有一定的解釋力，卻不能盡信。況且用官逼民反定義白蓮教五省之亂及林爽文事件，等於賦予兩起事件的正當性。林爽文的檄文中雖多次提到當時駐台官兵種種罪行，以此做為正當化天地會起兵造反

---

8 劉如仲：《台灣林爽文起義》（福州：福建人民出版社，1980），頁 6-10。

的理由，實際狀況並非如此。清兵儘管多有逆施，受害最深者也不會是天地會這樣的組織。反而是白蓮教背負著造反的原罪，處處受到清政府的查緝，才讓地方官員及衙役有機會趁機勒索，引發民怨。

因此，本書才試圖從外在的、鉅觀的視野抽離，回到微觀的、內部因素的觀察比較，以期使整個視野更趨全面。微觀因素已在第三章及第四章有充份的分析，本節的主要工作是把兩起事件的微觀在因素進行比較，希望透過比較，找到秘密社會叛亂的更多歷史細節及其可能性。比較的內容僅擇其相同且對彼此的發展進程有意義的部份。

二、微觀因素

微觀條件與鉅觀因素不是互補的關係，但兩者交糅在兩起事件之間，各自發揮作用，有時候也互相支持。前面概略比較鉅觀因素，我們從中看到鉅觀因素的重點，同時發現鉅觀因素的有限性，這些限制性可以從以下的分析比較中獲得更好的解釋。

（一）、善變與堅持：信仰的兩條不同路線

傳統中國的宗教屬於多神信仰，這種信仰形式稱為「彌散性宗教」（diffused religion）。[9]信仰日常化和生活化是彌散性信仰的重要特色，古典中國的宗教生活尤其呈現了這個特色。信仰構成白蓮教的基礎，尤其表現在入會儀式中。儀式在信仰中

---

9 李亦園譯「普化的宗教」，指缺乏系統的教義，沒有嚴格的教會組織，信仰內容與一般日常生活混合的信仰形式。

具有重要的意義，我們引用文化人類學家 Van Gennep「通過儀式」的概念，[10]此一儀式過程是使單獨的個體從原生文化中脫離，向另一種陌生的文化投靠和新的身份認同。白蓮教教徒通過入教儀式，從原來熟稔的、安定的祭祀圈出走，取得新的身份。亦即，從原生宗教脫離（分離，separation），向另一個不確定的信仰群體過渡（閾限，limen），成為白蓮教的成員（聚合，aggregation）。過程中取得新身份的意義大於信仰的轉向，因為大部份的白蓮教教義來自民間信仰。

在白蓮教本來就屬宗教性結社，儀式是白蓮教信仰的一部份。簡單地說，白蓮教的信仰實踐中，儀式不但存在於入教階段，也存在於各種膜拜的過程。「通過儀式」讓新加入者藉由儀式過程獲得重生，在心智上必須先讓自己接受這種改變，且願意改變。心智上有了準備，態度自然配合。就像 Turner 解釋「通過儀式」階段性的形容：他們（入教者）必須無條件服從教導者的命令，還要毫無怨言地接受專斷的懲罰。他們就像被貶低、被碾壓，直到大家的情況都完全相同了，再重新被塑造。[11]

信仰本屬宗教的範疇，是對某種宗教教義的認同、信服到身體力行的過程，構成信仰的完整意義。當政治領域中使用這個概念時，是指對某種政治理念（思想或制度）從認同、信服到內化，表現整體的服膺與實踐。白蓮教的政治信仰從宗教教義中發展出來，彌勒信仰正是白蓮教政治信仰的源頭，其中的

---

10 首先提出「通過儀式」的學者為 Arnold Van Gennep,這裡則引自 Victor Turner. *The Ritual Process: Structure and Anti-Structure*, New York: Aldine Publishing Company. 1969, pp: 94-95

11 Victor Turner, *The Ritual Process: Structure and Anti-Structure*. p. 95

世代交替概念最常被白蓮教做為政治行動的意識形態。世代交替本身在世俗社會原本就具有強烈的政治暗示，它與佛教的「劫」代表兩個不同世界的同義詞。「劫」是三佛治世交替的時間概念，劫末來臨時，人間面臨災難，所以必須改變，包括使用暴力，用在一般的世俗情境就是「革命」。

　　以宗教之名行殺戮之實，原不符宗教本意，關鍵在於行動的領導者如何詮釋「劫」，如何說服追隨者願意參與一場無情的殺戮。詮釋者詮釋彌勒出世的時間，即意味「劫」的來臨，至於選擇什麼時間，全依傳教者如何通權利害關係，做出最後決定。決定彌勒佛出世的同時，也包括：劫數何時到來？誰是彌勒佛？以什麼形態降臨？白蓮教將以什麼方式回應？通常最後的答案是「起義」。但，如果世代交替是白蓮教政治信仰的原型，白蓮教依據什麼理由決定世代交替必須由白蓮教主導，而非某個更世俗的武力集團？為了在集體行動取得政治上的合理性，白蓮教在「彌勒出世」的神格之外，創造一個世俗的統治者，搭配神格的象徵性。兩者合而為一，使人神共備，既有宗教的神聖性，也有世俗的親近性，這是典型中國傳統的革命思維的天命說。

　　天地會雖然不以宗教信仰為組織基礎，但信仰一向與中國傳統民間生活關係緊密。天地會沒有排斥把拜神運用在他們的相關儀式上，對信仰的挪用相當程度意味著天地會無法完全排除信仰對他們的意義，但這些僅僅發生在像入會儀式這種特殊的場合（偶而也被運用在懲罰的場合）。同白蓮教一樣，「通過儀式」的過程對天地會成員身份的取得具有重要意義。通過儀

式把天地會的結拜神聖化，個體從原生文化中逃離，向另一種陌生的群體及其文化投靠，獲得新的身份認同。天地會的儀式行使過程，除了認同新文化環境可能為他們帶來新的生活體驗和許多未來的想像之外，就是模糊的信仰支撐著他們。所以，不是信仰支配了天地會的儀式過程，而是信仰的生活化讓天地會相信信仰可以為他們的結社提供某種保證。但天地會對這種保證所寄望的並非宗教方面的承諾，是保證組織成員在遵從誓言的前提下，為天地會的集體目標做出貢獻。

　　在政治信仰方面，天地會的政治信仰一開始也是模糊不清，林爽文起事時，並沒有特殊的政治主張。他基於結拜之情，領導天地會及鄉民與官府對抗，沒有想過政治操作，直到董喜成了他的智囊，才把抗爭提昇到政治對抗的層次。有了這個過程，林爽文的天地會成員才由「結拜兄弟」變成「義兵」，反抗成為革命。林爽文事件後，天地會開始建立政治行動一般性理念和政治價值系統，政治主張不離中國傳統「天命說」。不過，林爽文事件後，天地會逐漸建立明確的政治意識形態，擺脫界線模糊的天命，白蓮教卻始終圍繞著傳統的「劫」，只能被動呼應現實情勢。白蓮教延續過去革命的歷史經驗，這種經驗透過信仰的載體傳承而下，要改變它並非易事。林爽文雖然以天命說做為政治暴力的意識形態，但天地會沒有宗教信仰的包袱，他們將反清與仇恨（官方的取締）相結合，並巧妙地置入「復明」這個托古制今的手段，就在有意與無意之間創造出「反清復明」這個的政治信仰，經過會員間不斷的交往和強化，成為鮮明的政治主張。

（二）、情感：信仰的延續與斷裂

　　白蓮教雖然以信仰為其結社基礎，但其集體情感的建立並非完全基於宗教教義中神對人的支配性，或對信仰者生活道德的要求，而是從關係的建立與實踐做為集體情感發生的基礎，包括輩份倫理、責任與義務，集體情感在這些關係的實踐中獲得鞏固。就輩份而言，白蓮教對內的連繫建立在一種具有家族連帶的關係網中，透過這個關係網形成情感的連繫，維持著彼此的連繫網絡。清中期的白蓮教起事中三個主要宗教結社，包括：收元教（八卦教）、三陽教（混元教）和西天大乘教，都是各成一個信仰系統的宗族式結社。在信仰的神聖符號下，促成他們團結的，家族式組織架構鞏固的情感連帶貢獻很大，它同時被帶進日常生活中，由此發展出唇亡齒寒的關係。如果信仰是集體情感的源頭，那麼，除了促使集體情感的信仰道德之外，這種情感如何產生？如何互動交流？事實上，信仰雖然是秘密教派結社的根本，並非每位白蓮教徒都是在教義的「啟迪」下進入白蓮教，許多人乃透過個人關係、以個人情感的理由加入白蓮教。例如，常見透過醫療過程建立的醫病關係，再經由這種關係入教，或者透過親人介紹入教。

　　從組織構架來看，白蓮教形成的輩份和信仰形成一種封閉的階層關係：師父─徒弟。這種自然關係形成的集體情感較接近家族連帶的親密性，除非脫離這個結社團體，否則，親密關係會一直存在。當然，白蓮教的親密關係有時候也透過日常的信仰實踐。白蓮教的師父傳教時，通常傳授一套咒語經文，教

徒透過每日的導念經文，使其與信仰符號產生連結，人與神的交流不斷積累情感，經年累月，年復一年，與白蓮教的從屬關係獲得強化。這種交往模式一旦在教徒與教首，及信仰符號之間建立有效性，教徒認同這個交流模式與自己密不可分，教首與教徒的情感連帶會從公領域進入私領域，兩者的共同話題從信仰範疇轉入私人生活範疇，使關係更緊密。山東王倫收教徒為義子（女），進而把義女收為妾，一開始都是從清水教日常信仰實踐開始建立平常關係。在他們的關係被雙方認可後，並且跳脫純粹信仰範疇時，所有的可能發展都被視為理所當然。於是，當白蓮教領導者以任何理由對教徒進行動員時，教徒很容易被說服。

　　天地會表現家族式組織模式的特性不遜於白蓮教，情感的發揮上甚至有過之而無不及。天地會成員背景同質性高，儘管他們不一定全數為社會的游離人口，但政經地位普遍不高，這是形成階層情感（即同一社會階層形成的同理心）最可能的條件。天地會由於成員有極高的同質性，除了利用入會的先後定義他們在組織的位階之外，更藉有形的具文規範上下關係及確保關係的穩定性。因此，天地會的集體情感被某種「價值」所維繫，亦即用來團結群體情感的道德機制。林爽文正式「革命」之後，喊出「順天行道」，試圖透過中國傳統的天命文化傳達起事的正當性。但在此之前，天地會的集體感依賴兄弟結盟、互助共濟的初衷維繫。從純粹的民間結社理念出發，發展到具有政治格局的革命團體，天地會的蛻變因為沒有受限於太多複雜多樣的思想，單一直線的信仰脈絡，使林爽文及其天地會表現

出來的集體情感相對來得直接而統一。在集體情感中，個體受其共同體的制約，集體情感被極大化地展現出來。例如，林爽文的領導的天地會在發動集體行動之前，他們結盟所立下的誓言督促他們要「有事大家幫忙」。所以，當清兵燒了天地會成員的房子時，一種被激揚的憤怒油然而生，就在那個特定的時空下，這股憤怒很快就被集結起來。

天地會的結社本質是互助，互助在現實生活的實踐卻很廣泛，從物質的支援到危難相助，只要涉及「兄弟有難」都是互助的範圍，他們因這個傳統特色而結社，自然視這一傳統特色為其行為價值。天地會在起會及入會儀式中都會強調「義氣」的重要性，所謂「有情有義刀下過，無情無義劍下亡」，反映的正是天地會所堅持的核心價值，這樣的堅持對動輒見諸刀槍的天地會有其必要性。林爽文時代雖然未建立任何天地會的具文規範，但林爽文建立了義氣行為的典範。至少，在林爽文事件之前，天地會還是一個不成氣候的組織，欠缺足以提供後繼者仿傚的依循。而林爽文領導的天地會可以基於兄弟之情，不惜與官府為敵，為天地會的義氣實踐提供典範。

信仰產生的情感通常須透過神聖物為中介，若直接訴求互助，情感的傳遞與表現就相對直接，也赤裸裸地揭露了其中的利害關係，白蓮教的集體情感和個體情感在這方面表現了它的特色。相對的，以互助為基礎的情感一開始就是在利益與情感的邊界中徘徊，把它規範化是進一步將利害關係具體化。一旦集體情感被規範化、具體化，集體關係也就被固定化，組織的連帶因此更為緊密，這可以從天地會後來的發展過程中得到驗

證。反觀白蓮教，他們的集體情感大部份表現在以信仰形成的集體道德上，例如由寶卷經文所規範的關係和行為準則。生活上若離開這些寶卷經文的規範，拘束相對弱化，集體情感也會因此減弱。與天地會相較，白蓮教缺少具體而有效力的規範，影響兩者的組織發展，一個越來越制度化，另一個始終只能在信仰或傳教所建立的關係網中做文章。

（三）、關係網絡

白蓮教徹底實踐了家族傳教的傳統，傳教者一旦躍居「師父」的地位，即意味在一定程度上會受徒弟的「禮遇」和「服侍」。在白蓮教內，師父傳徒弟，兩者的關係永遠是師徒關係，即便師父圓寂，位置還是由師父的家屬繼承，師徒關係雖然不存在，但教主與教徒的關係依然不變。白蓮教的傳承同時具備「世襲」和「家長制」兩種特色，師父與徒弟之間的關係不存在相互取代的問題，如同父子關係不能相互取代一樣。「世襲」是子嗣對父輩所有權的承接制度，包括財產、世俗權力，可能的話，也包括承接社會象徵資本，如社會地位與社會關係。白蓮教在家長制的約束下，師父被尊為上者，所有徒弟視師如父，對於師父將自己的權力傳給自己的家人不能有所異議，除非自己脫離原生組織。

不過，一如先前的分析，在白蓮教的組織中，血緣並未形成社會關係的關鍵因素。血緣連帶對白蓮教而言，只是形成權力和利益的一種特殊現象，很難在白蓮教內構成重大的意義，它甚至不是有效構成白蓮教內部階級性的條件。白蓮教的對內

階級乃由入教時間決定其輩份，非年齡或血緣關係（教首自然是例外的），父子同屬一個教派，教內的尊卑由入教的先後順序決定，不是由兩人的關係決定。倘若父親的教是由兒子傳的，兩人在教內的階級，兒子是父親的師父，血緣關係在此種情境下完全被教內關係所消解。

所以，血緣連帶在白蓮教僅僅在單一教首（指每一教派只有一個教主）權力的傳承上具有意義，對白蓮教內權力的分配（包括等級安排），如眾多師父孰高孰低，並不產生直接的影響，全看每一個師父的各自發展結果。若是可能，每個教徒可自立門戶，先決條件是旗下的人數要足夠形成一個有效的財務供應系統和權力架構。血緣既然是可以跨越的鴻溝，白蓮教在打破傳統家族等級的情況下傳教，所以白蓮教常有全家人入一個教派的情形。

天地會對血緣有較嚴格的要求，這種發展與天地會的先天條件有關。異於白蓮教以信仰為基礎，天地會的成立宗旨在於「有事大家幫」，通常對集體暴力以及可能觸及法律而形成武力對抗有所準備。基於保護自己或家人的前提下，天地會禁止血緣關係與會內庶務有所牽扯，發展出父子、兄弟不相傳的規定。所以，相對於白蓮教成員的包羅萬象、男女老少皆備，天地會的成員以青壯男性為主。

天地會的入會也採師徒制，不過那是後來才發展出來的制度，早期（至少在林爽文事件以前）天地會的入會沒有對師徒制過分強調，多以朋友身份入會。血緣具有先天的凝聚力，禁止會內血緣關係固然可以避免許多困擾，強調血緣卻可以讓內

聚力的強化獲得憑藉，所以天地會創造了「虛擬血緣」，以彌補血緣連帶斷裂產生的疏離。林爽文時代的天地會已經明顯表現出虛擬血緣的關係，天地會深知血緣構成關係連帶具有重要且積極意義，在內規中重複強調血緣的重要性，以及表現對血緣形成的倫理關係的尊重，也在內部建立類似的象徵關係。

天地會因為禁止會內存在真血緣，但善用他們同質性的優勢擴展組織，容易在相同遭遇的情境找到志同道合的人，並且一拍即合。「有事大家幫」透露暴力行為在這個團體有其必要性，加入者不是有此傾向，就是隨時面對各種暴力。因應這種特殊需求，天地會成員大部份屬社會青壯階層的男性。成員分佈的特殊性相當程度隔開了天地會和一般群眾的距離，但相對的，也因而拉近具有同樣社會條件的人。再者，「貧窮」說明天地會成員大部份來自無產的底層群眾，在互助的基礎上，貧窮也意味自己是需要幫助的人，不管是物質的直接給予，或協助進行某種可以解決貧窮的行動。不過，需要幫助的人加入天地會不一定因為他是貧窮的弱勢，而是在某種對立的場面中需要受到保護的相對弱者，他需要打倒對手才能從中獲利。透過加入天地會，以求獲得更多支援，幫派爭鬥以及部份分類械鬥都以這種形式展現。

（四）、懲罰：在死亡中交會

信仰是白蓮教的基礎，教義是信仰的基礎，透過教義的傳達與教誨，把禁制植入教友心中，是白蓮教執行預防性懲罰的主要方式。中國民間信仰普遍存在戒律，大部份來自佛教系統

的告誡，白蓮教主要承襲佛教，因此，其懲罰機制多傾向預防性。預防性懲罰旨在防微杜漸，將傷害阻絕於發生之前，那麼，什麼可能對白蓮教產生「傷害」？就是背叛。白蓮教的「過願」儀式中有：「賭誓學習此教，必須上不漏師、下不漏徒、中不漏自身」的誓詞。白蓮教生存面臨最大困境就是官方的查緝，他們的作法乃利用預防式的懲罰手段，防止可能的傷害。

　　從功利的角度看，懲罰的設計原意是為了防止懲罰真的發生，即基於利益最大化的理由，不因為個人的錯誤造成組織利益的損失。秘密結社的強連帶特性，成員之間的關係緊密，甚至生死相繫。面對來自官方的威脅，他們利益的最大化不再是物質的獲得，而是最基本的生存問題。因此，懲罰有預防性，也會應生出報復性。由於白蓮教組織內不設懲罰機關，報復性懲罰通常只在特殊情況下發生，即面臨生死交關時，直接施以肉體懲罰的威脅。真正讓白蓮教有實際操作肉體懲罰的機會，是當他們發動政治集體行動才會出現，可見，白蓮教傳統上欠缺一個具體而可操作的肉體懲罰機制。白蓮教沒有針對成員日常行為進行實際約束的入教條約，若僅僅依靠入教儀式上的誓言和信仰禁忌，組織性較弱。組織性弱，成員的關係連帶強，人際關係大於組織關係，組織的強度受制於人際關係，懲罰機制無法被建立，直到生死存亡關頭，只能利用肉體懲罰或死亡恐嚇，逼人就範，實際上已不具懲罰的意義。

　　在組織結構上，天地會有濃厚的家長制色彩，並以互助為經，以虛擬血緣為緯，交織出維繫兄弟關係為目的的組織特質，故其懲罰的立足點仍以維護多數人利益為基礎。惟，這個「利

益」是奠基於「互助」，避免彼此陷入災難。這個前提下，天地
會的懲罰呈現出以維繫關係網為主要目的的設計，大於如何得
取利益，作用在防止因個人利益而破壞彼此關係，牽連組織的
安危。在天地會常見「穿刀設誓」的儀式中，「刀」就是天地會
的執法意象，所有從刀下穿過的入會者，一旦完成入會儀式，
往後的行為便受到「刀」象徵的家法所監視。

　　當預防性懲罰無效，或者有成員犯戒，必須執行懲罰時，
肉體懲罰通常是會黨最常用的形式。天地會有懲罰條文，其內
規採用報復性肉體懲罰，尤其針對背叛一罪。天地會的虛擬血
緣賦予肉體懲罰的正當性，背叛就如同對血緣的否定，這對重
視傳統關係的中國社會本來意義就重大，自然有其神聖性。林
爽文處死起會的元老級兄弟陳奉先，形式上是執行家法，更大
的象徵意義在強調兄弟關係的不可分割性，他們把虛擬血緣關
係與真血緣的連帶關係進行目的性連結。

　　對背叛事件的重視，促使天地會發展出相應的懲罰機制，
當入會者通過會內權力臣服的儀式，即把自己委身於一個新的
支配權力之下。這種權力的行使不像合法統治權具有全面性，
卻同樣具有權力的絕對性。天地會是在互助的目的下建立虛擬
血緣，但與其說，天地會對成員背叛的重視乃企圖建構一個對
血緣關係神聖性的膜拜心態，不如說，這是天地會自我保護的
機制。亦即，把懲罰的正當性，透過虛擬血緣的象徵性去完成，
再從虛擬血緣中創造家長制的權力關係，有了這層關係，懲罰
權也就被合理化。因此，只要進入天地會，並且通過了入會儀
式（跨過文化的「限閾」），就進入一個被預設好的權力邏輯中，

接受權力者執行懲罰權。

　　而就擁有懲罰權的天地會權力執行者來說，懲罰是權力行使的實質及象徵；而就其目的，懲罰更是維繫關係的手段。天地會懲罰權力的行使不只是讓虛擬血緣關係得以因懲罰的制裁獲得維持或修補，更積極的意義是把對傷害會內關係的人、事、物阻隔於「和諧」關係之外，與宗族共同體阻隔陌生人、潛在敵人、族內有罪者一樣，它既是報復，也是一種自我保護。這裡彰顯了一個重要的特色，尤其針對肉體懲罰，它揭示了天地會進入組織型會黨的一個重要里程碑。

（五）、利益 ── 個體與集體的模糊地帶

　　民間結社具有集體性格，必然存在對共同利益的追求。集體利益通常為目的團體行動的主要動機，這個動機預設團體可以透過共同的力量，達成某種可以被團體成員共享的成就。但從實際的運作來看，白蓮教整體社會行為所表現集體利益卻曖昧不明，勉強可以從兩種日常運作看到一些關於集體利益的模糊概念，一是信息共享，另一是患難共濟。白蓮教結社的方式通常先產生一個信仰主題以及簡單的信條，再透過入教儀式和人際交往形成集體性。從組織形態來看，白蓮教與一般民間信仰的最大差異在於組織類型，其實，「教派」、「教門」在彌散性信仰特徵強烈的中國民間信仰中並非常態，白蓮教因而顯得相對獨特。中國民間信仰社團若以工作編組形態出現，通常是任務取向，由任務主導社團的組合及解散，具有時間性。例如在迎神賽會中的任務編組，或結合祭祀圈成立的委員會等，其任

務及職責都有階段性。而教派則是傾向永久化和組織化的方式
發展，發展的過程中，透過信仰手段建立人際網絡。網絡一經
建立便不易脫離，信息相通，人脈暢通，各種有利不利的訊息
都可以在較短的時間獲得，取得先機，其中也包括師父之間傳
徒及相關的利益訊息。

　　至於患難共濟，這是一般民間結社共同的特色，它是從情
感延伸出來的集體性格，強調「共享」，面對困境時，可以獲得
同教的幫助。在《三省邊防備覽》有載：「從教者，先送供給米
若干，入教之後，教中所獲貨物，悉以均分。」[12]這種做法與東
漢的五斗米教可以進行參考性連結，現有的文獻中則較少關於
白蓮教日常互助的描述，但在白蓮教內，基於同教情誼，彼此
相助是可以想像的。嚴格來說，白蓮教教內並沒有具體提供教
徒共享的實質利益，只有存在信仰中期約式的烏托邦。加入白
蓮教與加入任何一種信仰團體一樣，部份人或許另有所圖，大
部份乃為求得精神慰藉。白蓮教以信仰做為結社的基本原則，
現實的集體利益因此模糊不清，教徒只能根據教義、真言連結
日常生活。面臨困境時，教徒藉由心靈層次的慰藉解決問題及
危機。雖然教內不乏教徒間的互助，多數是基於同教情誼。所
以，從實質來看，白蓮教的集體利益不像天地會那樣具體，因
為欠缺分享管道，他們的社會關係始終處於高度緊密的狀態，
部份原因在於入教者把自己傳教的興趣建立在未來可以獲利的
運作邏輯中，把傳教視為事業，即個人利益。

---

12 《三省邊防備覽‧藝文》，收於《川湖陝白蓮教資料輯錄》，頁232。

相較於白蓮教曖昧的集體利益，天地會把集體利益具體地建立在「互助」的基礎上。天地會結社的基礎建立在「相互需要」上，需要別人在日常生活中提供面臨困境的及時雨，及時雨可能涉及利益甚或生命的付出，並非易事。從加入天地會者的心理狀態去猜測，他們既願意入會，已經有所覺悟，犧牲和獲利之間必然經過相當的盤算。或許在某個解釋範圍內，情感的驅使也是他們願意為他人犧牲的原因，但情感因素可以促成一次行動，卻很難形成行動目的，利益的考量卻可以。如果這個目的是屬於集體的，那麼，情感和利益可以在集體的大原則下被統一起來。在互助的最高原則下，天地會日常生活中的利益衝突透過這個最高原則獲得應有的回饋。不過，互助畢竟是一種道德想像，如何把道德層次的理念有效地安置於日常生活實踐是另一回事。天地會的做法是把它具文化，以建立內規的方式，將成員可能違背互助原則產生的有害行為以內規規範化。這一方面讓天地會的組織行為和個人行為因為明確化和明文化，容易被模仿及傳播。另一方面，具體化的內規和組織模式隨著不同時空環境衝擊被逐次修訂，更符合社會變遷的生存原則。

「有事大家幫」就語意解釋，是藉眾人之事解決某人的困難，對那位「某人」來說，這句話意味著「大家必須幫我渡過難關」，「我」的位置在這個語意脈絡中被放大。但天地會的組織裡不允許過度放大自己的角色，除非處於非常狀態。私利是阻斷社會關係連帶的重要因素，它在天地會中看得到，在白蓮教也看到。不同的是，天地會懂得透過內規的懲罰手段，防止

這種阻斷力量被濫用。天地會以虛擬血緣維繫著會內的關係，一旦過度強調私人利益，將使虛擬血緣一夕崩解。

　　利益在秘密社會中有如一場交換遊戲，在交換場域，權力與利益伴隨出現。白蓮教的集體利益看似空中樓閣，在虛無飄渺中建立他們的權力與利益的交換，實際的實踐中，並沒有因為集體利益的虛幻不實而讓權力者的權力打折，這說明像白蓮教這樣的秘密團體一樣可以被一般的交換邏輯所解釋。在白蓮教內，一個人（教首）獲得的權力，是從所有教徒中相對剝奪了部份自主權而成立；失去自主權的人則從中獲得精神上的回饋（回饋可能是立即的，也可能是延遲的），只不過，這種獲得如何被量化、具體化，全憑個人的心理條件，絕非零和遊戲。天地會個人自主權的失去，可能獲得更多人的生活扶持，包括精神的，也包括物質的。他們的交換關係雖非完全不用代價，但所有的失去都關係著自己是否能在未來有所得上，天地會的成員知道，他們擁有一群可以隨時向他伸出援手的弟兄。

第二節　後叛亂時代的身形

　　然而，白蓮教與天地會五個因素呈顯的差異在本書的脈絡裡扮演什麼有效的推論角色才是關注的重點。從以上分析，我們更清楚清代秘密社會的組織性格的差異性，但更大意義是，這些差異可能是白蓮教與天地會在晚清建構不同歷史身影的關

鍵。觀察白蓮教的處境，五省之亂後，發展的客觀條件受到清
政府的有效遏止，擴展反而沒有天地會順利。會黨方面，進入
嘉慶，天地會以驚人的速度，跟隨移民的腳步，從中國內地由
南向北漫延，更隨著移工傳向東南亞及世界各地。白蓮教和天
地會的發展在這個時候產生分岔，越到晚清，分岔越明顯，這
種現象與以上述的差異具有因果性。是否兩者的差異特質在本
身面對社會衝擊產生的不同回應，才形成不同的結果？其背後
的真相與意義需要有更完整的交待，這是本節分析重點。

一、白蓮教的主流與變異

嘉慶九年（1804 年），清政府對白蓮教五省之亂的掃蕩工作
大致抵定，統治者對叛亂者懲罰的手段雖然不留情，但折損的
白蓮教徒，僅僅只是一部份。從地點來看，五省之亂發生的地
點集中在川楚陝甘山區，反而白蓮教的發源地及大本營：山東、
直隸，並沒有受到太大的影響。該地區的白蓮教與川楚陝甘山
區的白蓮教有很大的不同，沒有大量的流寓人口，不受嘓嚕或
棚民影響。所以，五省之亂平定之後，山東、直隸地區的秘密
宗教在大規模政治集體行動上有取而代之之勢，其中又以八卦
教系統較具代表性。

歷史上八卦教反清的方式最突出的特點就是掌握較多行動
的主動權，乾隆時期的清水教案即為實例。但最典型的例子是
嘉慶十八年（1813 年），八卦教總教主林清，以天理教之名，聯
合李文成發動的事變（該年屬癸酉年，故又稱「癸酉之變」）。
林清發動這次事變雖然輕率，卻有經過完整的推演，作戰構想

是趁仁宗還在熱河避暑之際，由他主導部份天理教教眾向紫禁城進攻，直取大內，成功後，李文成在河南滑縣響應。可惜進攻紫禁城方面的天理教成員欠缺訓練，整個攻擊行動荒腔走板，不像一次有計畫的軍事行動，終究以失敗收場。

　　天理教亂的特色除了由林清主導策劃，沒有外在因素激發，動員模式依然是傳統白蓮教的老路，即以本身可動員的資源為主，包括師徒關係、親屬關係（許多父子檔共同參與）或利益交換（劉進亭以田畝交換范采加入叛亂）、肉體懲罰威脅（李老以死亡威脅李九出錢支助行動）。[13]前面已分析過，秘密教派建立關係網的方式有一定的脈絡可尋，但隨清代社會環境變遷，秘密教派的內在結構開始改變，收徒方式也更加多元，不再謹守一對一的傳統。例如光緒年間，在理教搭上反煙的社會氛圍，以「戒人吸煙飲酒」為號召吸收教眾，吸引了許多包括工匠、農商、士人入教。另外有金丹教藉打擊西教為號召收攬徒眾，也利用天災吸收遊民。[14]入教方式的變異使白蓮教陣營內的關係起了變化，這種組織結構形成的教派，其內在連繫與過去經驗完全不同。過去尊重倫理的習性在新的組織經驗中逐漸受到考驗，因此，連帶關係的建立與加強往往必須依賴更多外在刺激，例如利用更多的衝突或者利益的佔有強化內部連繫。在理教（「在理教」為清末白蓮系統之一）表面上提倡戒煙酒，暗裡卻藉此名目到處行不法之事。過去的白蓮教除非戰事進行

13　以上資料詳見＜軍機處林案供詞檔＞。齊汝萱：《清代秘密會黨人物研究》附件一、二。(台北：文史哲出版社，2014)，頁395-492。

14　莊吉發：《真空家鄉-清代民間秘密宗教史研究》，頁358-364。

中，一般很少有盜匪行為，金丹教因為遊民參與其中，到處搶劫，足見清末秘密教派的發展已不可同日而語。

其實，這種改變有脈絡可尋，在天理教案中，林清以數百名教眾攻打紫禁城，天真的以為佔據龍椅即可順理成章成為皇帝，其他人封官加爵，他們的叛亂與五省之亂存在「官逼民反」的確大異其趣。顯然，一旦白蓮教有了政治企圖及行動，為了進行動員，利益下放的程度會被放大，目的在利誘。天理教案，許多太監在此案過程中扮起內應。以下是太監劉得財供詞：

> 十七年（嘉慶）二月，我遇見同村人陳爽，他說能
> 知刮風下雨，從他學好可得好處。陳爽就教我八個字，
> 是：真空家鄉，無生父母。……我收了徒弟劉金、王福
> 祿、張太、高廣福四人。…八月二十四日……到彰儀門
> 大街店裡見林清、陳文魁們。林清說，他們九月十五日
> 要起事動手，叫我引路進內，如能成事，封我個總管。[15]

根據馬西沙的說法，太監所以會參加白蓮教，一方面是清廷鑒於明代太監干政，混亂朝綱，對太監處處設限，使太監生活陷入窮困，只好接受白蓮教的接濟；另一方面因為這些參加舉事的太監出生於山東，世代信奉白蓮教，太監一旦入教，為形勢所左右，身不由己。[16]馬西沙似乎忽略了另一個重點，即白蓮教教首對太監的承諾：「封我個總管」。再舉太監楊進忠的供詞：

---

15 引自馬西沙：《清代八卦教》，頁 191-192。
16 馬西沙：《清代八卦教》，頁 192。

> 嘉慶十四年上，因盟弟林四給我治好了病，林四本
> 是龍華會中人，引我拜李潮佐為師，習紅陽教……我又
> 引果房太監趙密、陳太、張幅貴與現已身故之張來喜一
> 同習教……本年六月間，有李潮佐的師父劉姓與林四到
> 我家內……商量要起事。我在裡頭熟，到九月十五日要
> 我帶領教中人進西華門內起事，若鬧成了就升我為總
> 管，可以發財。[17]

　　這些承諾一個都沒有兌現，持械翻越宮牆就是死罪，這個
冒險值不值得，宮外的白蓮教教徒尚且瞭然，宮內的太監更不
可能不知；可以解釋的理由中，利益的誘惑比「身不由己」或
「生活限制」來得更具說服力。

　　而後，這種直接訴諸政治暴力的情形越來越常見。道光十
五年（1836 年），山東先天教的曹順率徒眾攻打縣城，戕官劫獄，
搜取縣印，搶劫當舖。[18]咸豐十一年（1861 年），山東叢氏家族
「習白蓮教有年，蠱煽蚩氓」、「四出焚掠，資用大饒」。[19]值得
強調的是，叢氏家族以區域防禦的概念建立堡寨，廣收教徒，
以實體的戰鬥單位抗拒清廷的地方治理，儼然成為地方豪強，
其組織形態與過去必須藉信仰做掩護的情況完全不同。

　　秘密教派因為關係網絡建立的改變，促使整個組織形態跟

---

17 ＜軍機處—林案供詞檔＞，收於齊汝萱：《清代秘密會黨物研究》，附件一，
頁 407。
18 ＜山東緝獲曹順等訊供情形並解山西歸案＞，《清代邪教》（下），頁 8-9。
19 ＜山東軍興紀略＞，引自馬西沙：《清代八卦教》（北京：中國社科出版社，
2013），頁 301。

著變化是清代中晚期的特色，這些特色可以歸納為三種：首先是教派會黨化。會黨歃血為盟，兄弟相稱，以虛擬血緣建立連帶，清代中晚期的秘密教派改變入教方式後，為了因應組織內部連帶關係的變易，出現類似會黨的虛擬血緣。咸豐十一年（1861 年），湖北仇興耀立齋教，招收教徒，規定入會者以手足骨肉相稱。[20]另外，在光緒九年（1883 年），湖北王大啟立花燈教，仿會黨立盟方式行入教儀式，又學會黨用暗號溝通。第二個特點是組織公開化，清政府一向對秘密教派的傳教行為嚴格取締，過去白蓮教為了隱密傳教行跡，通常以一對一方式綿延下去，形成緊密關係網。清中晚期，清政府社會控制力趨弱，許多秘密教派一反過去遮遮掩掩的傳教方式，公然招徒。如同治年間的齋教教道童正元在浙江普化山公然設壇傳教，吸引附近村里居民以群體方式入教。[21]大量入教與一對一傳教的差異不只表現在入會儀式上，更在於往後的動員方式上。以往白蓮教發動集體行動均透過私下傳遞訊息，一個扣連一個，命運相連。新形態的秘密教派因為許多是大批入會，師徒關係少了中介這個角色，教內形成寡頭領導，只要教首個人魅力夠大，或提出的口號夠吸引人，常可一呼百應。光緒年間，江西齋教教首劉祥興因得知知縣計劃取締他們，竟以公告號召群眾反抗。[22]秘密教派的公開化完全是因應清政府的政治治理衰頹的現象而生，教派的公開化也意味著秘密教派將以強渡關山之勢，化暗為

---

20 齊汝萱：《清代秘密宗教人物研究》（台北：文史哲出版社，2014），頁 389-390。
21 齊汝萱：《清代秘密宗教人物研究》，頁 393。
22 齊汝萱：《清代秘密宗教人物研究》，頁 410-411。

明，與地方合法武力相抗衡，這是清中晚期秘密教派的第三個特徵：團練化，它對白蓮教的發展產生關鍵性影響。

「團練」是清代合法的地方武力，他們為清政府處理不少棘手的政治問題，其最初的源頭是地方的分類械鬥的勢力，這些勢力從非法到合法經過許多社會事件的試煉。清政府利用地方武力替他們平定內亂，最早開始於林爽文事件的義民政策。台灣義民政策後來被清政府普遍沿用，包括清中期五省白蓮教之亂、天理教事件都可以看到民團鄉勇的影子。倡議團練合法化的是嘉慶年間的大學士德楞泰，當時嘉慶有所顧慮而被擱置。太平軍起，咸豐皇眼見清朝已無可用之兵，才允許民間自建武力。這些團練鄉勇雖然替清政府剿匪，真正的目的是保衛自己的家園，他們沒有正規軍一樣的後勤支援，包括曾國藩的湘軍，都是自籌糧餉。道光十九年（1839 年）第一次鴉片戰爭，清政府的疲弱和無能暴露無遺，盜匪比過去更猖獗，因應而生的是地方武力組織與結社普遍化，以村寨為單位的民防組織，或由士紳主導的團練，如雨後春筍般形成。咸豐元年（1851 年），一個不同以往的宗教結社—拜上帝會—在廣西發動革命，一路挺進南京，建立太平天國。後來打敗太平天國的部隊不是八旗或綠營，而是由士紳所組織的鄉勇團練—湘軍，從此，清廷公開鼓勵民間成立練兵的社團。

民間結社的公開化和官方化顯現清政府已無絕對的權力決定社會組織的合法與否，甚至連合法的湘軍，也曾發生過不聽

咸豐皇帝命令的情事。[23]地方武力雖受官方監督，但監督單位沒有相對的武力，監督往往流於形式，民間武力得以自由發展，甚至因為利益枉顧官方的監督。這個情況下，過去被視為有顛覆政權之虞的地下秘密結社也公然地上化、公開化，搖身一變成為保家衛國的民間組織，許多白蓮教的支派利用這個機會自我改造，逐漸走向拳會的形態。

　　讓秘密教派公開化和團練化還有一個重要因素來自中國社會的反西教熱潮影響。在第一次鴉片戰爭後六年，中法簽定《黃埔條約》，條約中允許西方傳教合法進入中國傳教、購置土地（包括要求清政府歸還早期傳教士在康雍時期被趕出中國時所購買的田產），並享有外交人員的待遇，應受到保護。西方傳教士合法傳教對兩種人產生的影響最大，一是士紳，另一個是民間宗教結社。宗教結社靠教眾而存活，西方宗教進入中國，吸走一部份信眾，而且，西方傳教的模式與傳統宗教結社類似，集體禮拜、建立群眾網絡。在許多社會功能上取代了傳統白蓮教，醫病是最好的例子，尤其在某些常見的疾病，如發燒、外傷發炎的治療上，效果往往比中國傳統醫術快又好。有些西方傳教士甚至從事中國宗教結社或社會共同體不做、或做不好的事，像照顧孤兒和窮人。這些顯現於外的功能再再凸顯西洋傳教士的優勢，使得傳統中國社會的既得利益者寢食難安。

　　上述客觀因素讓秘密結社與士紳結合，白蓮教秘密練拳的活動得以公開化，他們把這種公開行為儀式化，稱之為「亮拳」。

---

23 見李志茗《湘軍-成就書生勳業的「民兵」》（上海：上海古籍出版社，2007），頁2。

[24]這同時意味著，政府看待民間結社的眼光已經有了改變，尤其地方政府本身的武力薄弱，如果能在關鍵時刻受到他們的協助，何樂不為？例如，劉士瑞的「大刀會」在地方上扮演重要的防衛功能。劉士瑞師承白蓮教，[25]他以師父傳授的「金鐘罩」和「保家衛國」做為號召，組織大刀會，人數最多時達到萬人。光緒年間，他在山東地區與當地土匪周旋而贏得盛名。大刀會的組織方式已經走出白蓮教傳統模式，因為客觀環境改變了他們的組織目的。但官方對民間拳會既愛又怕，愛他們為官方處理許多棘手的問題，怕他們不知道什麼時候回歸白蓮教本性。例如朱紅燈的「神拳」，身上流的盡是白蓮教的血液：叩頭、念咒、吞符、神功附體。不過，神拳並沒有發動叛亂，而是以「殺洋鬼子」、「拿洋教」的實際行動，受到清政府當權派的收編，成為後來義和團的主要組成。

　　秘密教派在清中晚期還有一個重要的改變，就是信仰。白蓮教一直缺乏固定的信仰系統，信仰的變動不居是其特色。清晚期，許多秘密教派不再執著於把信仰當作唯一的傳教內容，這種改變似乎是呼應大量集體入教的方式，而八卦教的崛起為這個改變注入了活水。八卦教向來重內外雙修，內重練氣，外重練功，過去因為只能秘密傳教，現在，武術已公然成為新的入教研修科目。八卦教中常見的拳種包括梅花拳、義合拳（或義和拳）、八卦拳、八番拳等等，從拳術實踐和神功信仰衍生出

---

24 戴玄之：《義和團研究》（北京：北大出版社，2010），頁 8。

25 鶴闌珊：《天朝的狂歡-義和團運動興衰史》（桂林：廣西師大出版社，2010），頁 5-6。

「金鐘罩、鐵布杉」的半人半神意象，都由八卦教系統演化出來。武術被白蓮教重視與他們走向叛亂有沒有因果關係不得而知，但白蓮教主張透過練拳的外功和練氣的內功相配合，內可治病，外可強身，甚至能「神功附體」，過去相信彌勒降生解救世人，現在則更多教徒相信神功。

所以進入清代中晚期，是八卦教的「神功」影響白蓮教的信仰實踐。道光十六年（1836 年），清政府在山東鄆縣破獲李芳春為首的八卦教，即以練氣和練拳做為信仰的實作，宣稱念咒運氣，功夫深透，可以見到無生老母。[26]道光年間的金丹教也主張「茹素運氣，可避災免禍」，運氣練功本為修身養性，如今可以用來避災免禍。信仰不再和過去一樣，是一句真言，或一本經書，而是透過身體的實踐達到與身心的調合，這類信仰實踐模式在晚清相當盛行。而這種信仰形式的影響所及，教徒對教義不再深入探索，轉而相信透過身體訓練可以達成法果，對一般底層眾群，尤其厭於念經拜佛的人具有吸引力，無疑是為白蓮教的傳教開了方便之門。由於傳教模式的改變，他們逐漸脫去過去神秘的宗教外衣，開始與社區建立新的交往模式，從隱蔽的場所走向人群，但這樣的改變非一夕形成。隨著練拳和練氣在民間宗教中大量流行，民間教派除了口習八字真言、唸咒治病外，還多了習拳練氣的么喝聲。練氣和武術以及巫術的結合，為白蓮教的信仰演作新的形式，即一種「把改造人體功能

---

26 莊吉發：《真空家鄉-清代民間秘密宗教史研究》，頁 292。

的物質因素與宗教信仰結合」[27]的模式，頗能吸引群眾。這個結
果似乎印證了前面關於白蓮教信仰變動不居，以及趨向地方性
的推斷，而如此的改變似乎也已經預見白蓮教是如何走向他們
的未來。

　　回顧清中晚期秘密宗教結社的發展，發源地四川、湖北等
地區的白蓮教五省之亂，經過清政府的掃蕩後，倖存的白蓮教
徒潛入民間，過著躲藏的生活，一部份則加入「紅鬍子」（即捻
子），繼續作亂。[28] 但更多秘密教派因應社會脈動改變形態，其
中較大的變化是組織方式，以及社會角色的扮演，這些都是與
外在世界共變的結果。晚清的秘密教派，生存條件的如何獲得
成了他們回應社會變遷的基本型態，但因應環境而變並沒有讓
秘密社會獲得更好的發展，反而因此限縮了發展的可能性。晚
期的秘密教派既沒有一個維繫長期發展的目的去支撐調整後的
組織及其行動，又缺乏一個「最高原則」的中心思想統一成為
相對較大的社會行動體，很難在晚清政治變遷中發生影響，而
這樣的演變似乎從嘉慶以後就已經開始顯露出來。

二、天地會的壯大

　　相對於白蓮教在晚清政治變遷中退居次要角色，天地會反
而如魚得水，這一方面得力於客觀社會環境有利於會黨的發
展，例如天地會的政治信仰鮮明且符合當時社會政治氛圍，易
獲得支持。但另一方面則凸顯天地會本身的內在條件在回應社

27　馬西沙：《清代八卦教》，頁 126。
28　陳華：《捻亂之研究》（台北：台大出版委員會，1979），頁 10。

會變遷時較白蓮教靈活而適時，例如內規的形成，使天地會的結會模式統一化，且易於維繫集體情感；而適時被強化的反清性格，讓天地會逐漸在彌漫失敗主義的晚清社會獲得不少政治迴響。這些條件影響著天地會在清代中晚期的發展。

林爽文事件後五年（1792年），清政府頒佈新的會黨取締律例：「台灣不法匪徒，潛謀糾結，復興天地會名目，搶劫拒捕者，首犯與曾經糾入及情願入夥貪圖搶劫之犯，俱擬斬立決，其並未轉糾黨羽，或聽誘被脅，而素非良善者，俱擬絞立決，俟數年後此風漸息，仍照舊例辦理。」[29]律例明顯是針對天地會而來，所謂「復興天地會」，就是擔心台灣模式的天地會死灰復燃。事實上，天地會並沒有因為嚴厲的滿清新律停止「復興」，更正確地說，天地會根本沒有被消滅，自然沒有復興的問題。「舊例」是指乾隆三十九年修訂，該律開宗明義就規定：「凡異姓人但有歃血訂盟，焚表結拜兄弟者，照謀叛未果行律，為首者擬絞監候，為從減一等。」[30]相較之下，舊例的確仁慈許多。但嚴厲的新律有沒有發揮預期的效果，才是清政府關切所在。嘉慶以後，隨清政府社會控制力的衰退，仿照天地會模式起會的民間結社數量已經難以估計。

不過，天地會在林爽文事件後大量產生，並非只是該事件本身的典範作用，反清的政治信仰也扮演重要的角色。林爽文反清的旗幟是「反貪官污吏」及「順天行道」，和後來出現的「反清復明」不同，顯然政治信仰的演變另有其背後條件。台灣天

---

29 莊吉發：《清代秘密會黨史研究》（台北：文史哲出版社，1994），頁264。
30 莊吉發：《清代秘密社會史研究》，頁265。

地會與「反清復明」構成關聯性與鄭氏家族有關，它為「反清復明」提供客觀條件，天地會把「反清復明」轉化為自己行動的合理化機制，卻是主觀條件。雖然沒有充份的證據說明，天地會「反清復明」政治意識形態的產生與林爽文事件有關，但林爽文事件迫使清政府從法令、政策和實際行動上都採取了大動作，把針對秘密結社所展開的戰場，從台灣拉回福建，擴及兩廣，與天地會的反清不能說完全沒關係。天地會由嚴烟從福建帶到台灣，卻在林爽文事件後，又在中國內地復興。例如，嘉慶六年，廣東博羅縣陳爛屐四糾人結拜添弟會，會員最高達萬人，嘉慶七年，以林爽文的「順天行道」為名，率眾行劫。[31]嘉慶九年，馮老四組織天地會，人數百餘人，橫行於兩廣之間，搶劫財物，他們的旗號也使用「順天」。[32]

　　因此，觀看天地會在林爽文事件後的發展，除了內規提供穩定的組織發展條件，更可靠的重點就是反清意識，它可能構成信仰。信仰是一種無形的、意識形態的，它很難被捕捉，檢視天地會中晚期的發展與政治信仰的相關性，必須依賴具體的文獻。清前期查緝天地會時，並未發現天地會內部存有像白蓮教一樣的「經書」，無法判斷林爽文以前的天地會是否受到任何政治主張的影響，我們觀察林爽文整個革命過程的文告和口供也印證了這個看法。那麼，到底天地會的政治信仰從什麼時候開始產生？它與天地會的發展產生什麼關聯性？可以就現有的

---

31 雷冬文：《近代廣東天地會-關於其在近代廣東社會變遷中的作用》（廣州：暨南大學出版社，2004），頁 55。
32 ＜廣西巡撫百齡查辦博白等地會匪摺＞，《廣西會黨資料滙編》，頁 6。

會簿文獻中去推斷。目前最常被引用的天地會會簿有三個版本，依時間分別為《姚大羔本》，寫於嘉慶十六年（1811 年），在廣西東蘭州武緣縣被發現；第二本為《田林本》，完成於道光八年（1828 年），在廣西田林縣被發現；第三本為《貴縣修志局本》，寫於同治三年（1866 年），同樣在廣西貴縣被發現。

　　《姚大羔本》會簿中已經記載天地會發展政治信仰的典故─「西魯故事」，內容簡單。姚大羔組織天地會距離林爽文事件不過二十五年，這二十五年中，天地會逐漸形成政治信仰的雛形。《田林本》中的「西魯故事」已經有相對複雜的故事架構，到了《貴縣修志局本》就更為完整。這個發展就時間來看，不但符合信仰形成的進程假設，同時也強調了一個事實，即，天地會的政治信仰是在發展中被創造出來，不是一開始就存在。天地會為創造屬於他們的政治信仰有兩個合理性的推測，首先，如同前面提過的，天地會企圖正當化他們的集體行為（包括有政治企圖的暴力行動）；第二，便於動員。這兩個理由都顯而易見，從林爽文事件開始，天地會就使用政治號召正當化他們的行為，林爽文之後，尤其從嘉慶以後的天地會，重大的集體行動都出現政治口號。

　　「西魯故事」的政治信仰形成是階段性的，《姚大羔本》描述火燒少林寺，雖出現「興明絕清」四字，但沒有更多的延伸。[33]直到《田林本》才對「扶明滅清」進行完整的故事建構，並有

33　《天地會》（一），頁 3-4。

「堅心協力取江山」的詩訣。[34]《貴縣修志局本》雖然是同治三年抄本，但可以推算其原版應在咸豐年間就出現。在這個版本中，開宗明義就「反清復明根苗第一」，[35]故事中已經出現朱洪英（明室後裔）及陳近南（被影射為鄭成功參議陳永華）。

可見，天地會確實使用「反清復明」做為他們集體行動的政治宣稱是從嘉慶才開始，到了太平天國（清咸豐）時期已經相當成熟。當時天地會的行動大部份是配合太平天國，或是以太平天國為掩護，許多行動一開始確實標榜「反清復明」，但仍受制於現實，因為洪秀全不支持「復明」。[36]所以，上海小刀會劉麗川起義之初自封「大明國統理政教詔討大元帥」，後來又把「大明國」改為太平天國。[37]但太平天國運動傳達了一個對後來影響至巨的理念，即種族意識（狹義的漢族中心主義），這個理念與天地會的反清復明其實是相互輝映的。所以太平天國結束後，天地會的反清復明思想不再限於對統治權復興，族群意識也被強調出來，而這正是天地會受到晚清激進的知識份子拉攏的主要原因。

政治信仰的形成、內規的建立，加上組織架構的出現，我們看到一個民間結社向建全的組織化演變的過程。但不可諱言，大部份天地會組織是缺乏整合的分散勢力，他們如何在一個「最高原則」之下被統一起來，是天地會發展的關鍵，這個

---

34 《廣西會黨資料滙編》，頁 484-488。
35 見羅爾綱編：《天地會文獻錄》，頁 1。
36 莊吉發：《清代秘密會黨史研究》，頁 231。
37 邵雍：《近代會黨與民間信仰研究》(台北：秀威資訊，2011)，頁 161-162。

最高的原則就是「互助」。[38]「開口不離本，出手不離三」不只是做為同門的辨識暗號，也是他們遂行互助的機制，互不相識的天地會份子在這個原則相互幫忙，甚至可以被動員。林爽文事件後，天地會因同門關係而組織同一陣線的例子很多，嘉慶七年廣東博羅縣的添弟會陳爛屐四聯合歸善地區天地會陳亞本、蔡步雲叛亂，也獲得永安溫登元、曾清浩天地會的響應。

　　要說天地會在組織聯合上最具典範作用的，應首推太平天國時期的上海小刀會。小刀會首領劉麗川當時聯合的對象包括地方幫派（羅漢幫、三千幫、廟幫、塘橋幫）、會館士紳（如李紹熙、李仙雲、李咸池），以及上海大部份閩粵籍船運水手，甚至有地方里正（周立春）也加入小刀會，參與起事。[39]上海小刀會這種跨組織的聯合模式在天地會史上可謂首創，不管這個聯合背後的真正目的是什麼，都為天地會的「互助」模式建立新的形態。事實上，太平天國能順利起事，也得力於天地會提供先前進行的各種實際的革命行動。從道光中晚期，兩廣地區的天地會就發動多起暴力集體行動，這是間接促成廣西拜上帝會起義的原因。拜上帝會起義後，兩廣天地會便順理成章與太平天國建立策略聯盟。「互助」和「義氣」看似一體兩面，事實上卻有所分別，在天地會成員的行事邏輯裡，義氣可以解釋情感關係，卻不能解釋利益關係，但利益又通常才是促成他們合作

38　為什麼不是政治信仰？互助在天地會的三十六誓中有規範，這個規範與現實利益有相關性，從現實面來講，互助與政治信仰對底層群眾是不同的意義，至少有輕重緩急之別。

39　郭緒印：〈評東南社會變遷與上海小刀會起義〉，收於周育民編：《中國秘密社會史論》（北京：商務印書館，2013），頁147-159。

最重要的因素。同質性高，利益一致性也高，促成物以類聚的機會也相對較高。即便同質性不高，階級也可以被某種共同的利益統一起來，上海小刀會的合作，就充份說明了這個現象的存在。

　　天地會的組織方式和政治信仰在清代中後期以後的會黨組織形態起了很大的示範作用，多數會黨的組織架構都依天地會的模式建立。尤其清末幾個重要的會黨後來在政治的「最高原則」下被激進的革命派知識份子統一起來，這是天地會「反清復明」效應的延續。例如，龍華會即由革命派知識份子以推翻滿清為號召，結合清末三大會黨：天地會、哥老會及青幫所組成。我們對照天地會與白蓮教在清末的發展，白蓮教從光緒以後，結合民間反西教的情緒，從打劫教會中獲得利益。而天地會企圖從混亂中，完成政治目的。載玄之說，白蓮教是一個「奪權團體」，天地會是一個「有民族意識的革命團體」，[40]從清末的發展趨勢看，結果剛好相反。白蓮教反洋教是基於自己的利益，但最後的身影是「扶清滅洋」，與奪權的原始意象相去已遠。倒是天地會的奪權的企圖心，隨著時間進程越見明朗，變化之大，滄海桑田。

　　清代中期以後的巨大社會變遷分別對白蓮教與天地會發生影響，由於兩者在組織體質上的差異，回應社會變遷的方式也不同，結果也迥異。Hobsbawm 在分析民間結社和政治運動的關係時，把民間結社的政治運動是否具備「千禧年運動」

---

40 戴玄之：《中國秘密宗教與秘密會社》下冊，(台北：商務印書館，1992)，頁21-25。

（millenarianism）的事實做為判斷它們最後能否與現代革命接軌的基本條件。[41]Hobsbawm 以源於西方猶太—基督教彌賽亞信仰的千禧年革命意識形態，因主張徹底的權力轉移，而非傳統的取而代之，故較容易與現代的革命形式如社會革命、民族革命結合。就 Hobsbawm 的歷史邏輯，白蓮教的彌勒信仰彌勒降生，應該較天地會更有可能走向現代革命，但事實適得其反（Hobsbawm 甚至認為佛教不存在千禧年革命意識形態，他顯然不知道佛教中有彌勒信仰），走向現代革命的，竟是倡議恢復傳統的天地會，[42]可見，Hobsbawm 的西方立論不適用於中國。白蓮教與中國現代革命未曾有過交集，儘管晚清的革命派曾經企圖鼓勵白蓮教加入他們的現代革命行列，接受革命黨的收編（例如陶成章），但白蓮教自始至終都與革命派保持距離，不曾涉入現代革命。這個現象說明，晚清白蓮教已失去改變政治現狀的企圖。

第三節　小　結

我們看到，秘密社會透過某些方式形成自己的生活世界，這些方式我們以「社會何以可能」的逆命題進行求證，而且得

---

41 Eric Hobsbawm，楊德睿譯：《原始的叛亂-十九至二十世紀社會運動的古樸形式》(台北：麥田出版，1999)，頁 11、94-97。
42 「反清復明」旨在實現漢人掌權的理想，何況天地會根本不具宗教性。

到一定程度的解釋。秘密社會儘管是秘密的，但形成社會的過程具有社會學知識的趣味。本書排除秘密化、政治化的分析手段，把生存於傳統社會的秘密結社進行分析比較，勾勒出一個鮮明的歷史面貌：一群生存於古典中國的游離份子（游離於政治與文化統治），活在自成的社會系統裡，不時覬覦外面世界，想方設法進行利益奪取。此一鮮明的歷史輪廓赤裸裸地反映傳統中國底層社會的生活本質，那些潛在的、不為人知的個體慾望，被秘密社會用坦白且不遮掩的行為表露出來。但這種本質所反映的不只是底層社會的廣大群眾，或許也包括一部份社會統治精英。如同詩人聞一多所說的，「在大部份中國人的靈魂裡，鬥爭著一個儒家，一個道家，一個土匪。」[43]「大部份」是個模糊的數字，可以換個說法：在古典中國社會的人們看似尊重傳統的內心，其實備受傳統價值、信仰和慾望的拉扯，所以內在總是住著一個不安定的靈魂，伺機而動。他們一部份人用結社的形式試圖為自己找到生命的出路，卻因不安定靈魂與現實的拉扯，最後向著慾望和暴力傾斜而去。

　　因此，我們有必要對秘密社會在古典中國的歷史意義重新調整認識機制，暴民、土匪、反抗者、革命者、投機者都可能是秘密社會成員的特質之一，甚至集其於一身者有之，就是不能用單一的條件為秘密社會下注解。行文至此，不得不再來挑戰 Hobsbawm 關於盜匪（bandits）和革命份子的界定。Hobsbawm 始終不願把盜匪與社會革命團體放在一起，除非他們（盜匪們）

43　《聞一多全集》，引自王學泰：《游民文化與中國社會》上，(北京：同心出版社，2007)，頁 5。

有了「政治的覺醒與意識」。[44]Hobsbawm 所稱的政治意識是指階級意識或民族主義意識。但天地會的「反清復明」沒有階級概念，而是傳統的天命觀和狹義民族主義的融合體。天地會與革命黨合作，僅僅在狹隘的種族主義中找到共同點，更非階級意識。盜匪和革命者之間不能用某種價值去切割之間的關係，他們的演化有許多主客條件相互交雜、相互成全，若要瞭解詳實的「進化」情形，唯有進到歷史過程中去抽絲剝繭。至於白蓮教，距離階級意識的覺醒則更是遙遠。

---

44 Eric J. Hobsbawm，鄭明萱譯：《盜匪》(台北：麥田出版，2004)，頁 151。

第六章 結 論

　　本書的論證大部份的時候繞著微觀社會學中的互動論而行，其中，Durkheim 和 Simmel 的理論為本書的提供諸多立論基礎，因此，結論就從 Durkheim 和 Simmel 的對話中開展。無疑的，五個向量確實提供秘密社會對內形成相互依存的社會關係和形式。每一種社會形式代表不同的關係形態，也隱含不同的內在秩序。這意味著社會因不同的互動內容形成不同的社會形式，而從 Durkheim 的角度來說，決定社會形成的主要元素為社會連帶，他用「社會分工」這個社會內容進行區別：社會分工成熟與否把人類社會區分為兩個不同的社會形式，成熟以前為「機械連帶」社會，成熟後稱為「有機連帶」社會。傳統社會由於社會分工不發達，人與人的關係密切，交往資訊透明，所以同質性高，彼此的情感、道德、信仰有趨於一致性，凝聚力強，個體受集體意識的主宰。而後者因社會分工的成熟產生分化，個體擺脫集體的控制，人的情感、道德及信仰也不再趨於一致。人的分殊化使每個人都具備特殊性，人因此開始彼此依賴，不再依賴集體的力量。

　　那麼，秘密社會屬於什麼社會形式？以大環境來講，十八世紀的乾嘉時代，雖然社會相對繁榮，但生產方式仍相當傳統，

尚未出現明顯而大量的城市化和分工化。從個別性來看，秘密
結社是民間結社傳統的延續。在白蓮教的社會特質上，集體道
德從他們的集體性中產生，進而產生集體情感，兩者的源頭都
是信仰。因此，就社會連帶的特質而言，白蓮教內個人與個人
的聯繫頻繁，集體性強烈，有共同的價值和信仰，這些都反映
了秘密宗教的機械連帶特質。天地會集體意志的產生首先來自
他們的共同價值，即互助，信仰也在相當程度上強化了他們的
集體價值。一般來說，白蓮教與天地會都是利用關係建立的團
體，關係中的個人在與其他人建立實體組織之後，這個組織的
社會關係就不能再由個人的特殊性去決定，是由集體的利害關
係決定。我們瞭解的白蓮教和天地會大部份是從他們的整體特
質分析，最重要的切入點就是他的集體意識或集體道德，這一
部份正是它們的機械連帶最具體的表現。

　　但要說機械連帶社會最基本的條件，非血緣關係莫屬。古
典中國社會演繹血緣連帶不但全面，而且深入，最典型的表現
方式就是宗法制度所衍生的父系單系原則，白蓮教在這個原則
下建立教首為尊的類血緣系譜，即便教派分枝出去，教首為尊
的地位不變。這套倫理沒有契約性，由習性形成規則。血緣形
成的社會關係是典型的機械連帶，白蓮教採取宗族模式建構他
們的上下倫理。從功能上看，這是必要的過程，透過此一過程
建立明確的支配關係，有利於領導者進行內部的規則操作和動
員。

　　天地會雖然間接使用血緣關係，他們對血緣關係的重視甚
至較諸白蓮教有過之而無不及。天地會並非只是因為共同的興

趣、相互吸引、相互交往，在彼此相互需要下才結成的團體，更可能是以彼此需要為前提成立的民間結社。成員對領導核心表現絕對的服從，由此發展出來的一套限制性規範。也由於這個特質，當超越現實生活的政治理念被引進時，很快就成了他們可操作的政治信仰。不過，互助仍舊為天地會的主要的道德系統，許多生活原則都是從中衍生出來，例如義氣、情感和懲罰精神，這些正是機械連帶社會展現的生活特質。

集體道德及血緣連帶是機械連帶最基本的兩個現象，在 Durkheim 的脈絡裡，區別機械連帶與進化的有機社會最明確的方法就是看社會的懲罰機制。機械連帶社會的法律傾向刑法，一種約束性的懲罰形式，它預設集體意志的存在，天地會的懲罰機制的特色是不實踐個人意志，而是集體意志，其懲罰的立足點以維護多數人利益為基礎。惟，這個「利益」是奠基於「互助」：相互幫助，避免彼此陷入災難為優先，而非從中獲得利益，可見天地會的懲罰表面上乃以維繫關係網為主要目的而設計。

日常生活中，白蓮教以信仰關係建立他們的連帶，這種關係是他們平常進行動員的基本力量。當他們面對死亡威脅時，動員的方式會從信仰跨越到肉體的懲罰。死亡威脅和信仰在這個時候合而為一，因此沖淡了信仰本來的效用。在這點上，白蓮教與天地會倒是殊途同歸，這意味著，當信仰、情感及關係網都無法在民間結社的動員上奏效時，報復性懲罰是可以憑藉的手段。總體而言，不管是天地會或白蓮教，他們的懲罰都建立在約束性懲罰形式，意在維繫集體利益，不提供個人利益的保護。

　　但人不為己，天誅地滅，經濟行為（包括暴力奪取）的合理與否，對一個團體而言（包括 Weber 經濟行為脈絡下的「國家暴力」也一樣）不能僅用手段去判斷，而是看其目的和結果，因為這種合理性通常不被道德範疇所包括。不管是白蓮教抑或天地會，實施懲罰都是基於一種考量，即維護某種利益結構不被破壞，保持利益的最大化。在這個前提下，懲罰的預防功能在表現集體利益獲得保障，避免因個人的疏失讓整體組織受到傷害。「利益」出現在連帶關係的討論有兩個面向：強調整體利益形成的連帶屬於機械連帶，強調個人利益者傾向有機連帶。民間結社在「互助」與「分工合作」的前提下結盟，通常屬於創造共同利益的機械連帶的關係表現。這種追求利益最大化的關係模式可能從中發展出集體情感、集體意識。但白蓮教與天地會這種非典型民間結社，對於利益的理解方式與一般民間結社不同，更多充滿算計的思考出現在他們的利益追求行為上。

　　白蓮教或天地會的成員都很難從集體利益的理由中找到他們參與組織的動機，個人利益反而特別突出。但這並非意味著，當個人利益出現在組織中時，機械連帶強調的「社會環節」、「集體情感」在此刻完全消失。更正確地說，當面臨生死交關時，死亡這件事讓領導者有權力，而且必須即刻做出最符合利益的判斷和決策。但這個利益屬於個人的，還是集體的，很難下定論。被捕的反叛者口供往往避重就輕，很少人願意一肩扛下所有責任，常見在提審官員面前把責任推到別人身上，和行動當時的意氣風發不可同日而語。只能說，集體情感在機械連帶的結構裡也不是萬靈丹。

利益足以讓社會關係紐帶因此斷裂，強調以情感做為黏合劑的秘密社會，可能因為利益或生死困境之下使情感喪失作用。即便信仰做為秘密社會形成強連帶的條件，卻也不可能永遠一本初衷。清代秘密結社是從中國傳統社會中繁殖出來的特異民間團體，某種程度反映清代社會底層的日常文化底蘊。因而，檢視 Durkheim「機械連帶」對傳統社會的定義，似乎略有不足。如同陶希聖以「工業化」區分中國社會的「傳統」與「現代」，Durkheim 以社會分工做為社會形式分化的分界線，忽略了人類趨利的本性也可能破壞集體意志，或使集體意志在機械連帶社會徒具形式，它的發生與社會分工不一定有關係。我們從白蓮教及天地會的實際行動中反思 Durkheim 對社會進程的分類，看到了古典中國社會並不全然反映機械連帶的學理，因此，對當時的社會形態的描述必須有所調整。

因而，我們採取另一種觀看古典中國社會的方式。如同 Simmel 追問「社會如何可能」的架構，把社會當作人類互動的場域。然而，在回答「秘密社會如何可能」之前，應該以 Simmel 的角度為「社會」及其成員之間的關係下一個定義。簡單來說，社會因為存在眾多個人以及他的代理者—所屬團體—才形成社會，個人可能和他的社會直接發生關係，但大部份都是透過團體與社會產生交往。在 Simmel 的脈絡裡，社會中的個人是透過互動與團體中的其他人產生生理學與心理學的關係，但除了血緣，情感發生的前提是互動交往，這種交往被特定的範疇

所限定。[1]

　　Berger & Luckmann 也說：社會是一個主客觀上的實體，需經由外化、客觀化及內化三種持續的辯證過程來了解，個人必須與這種辯證的過程，才得以成為社會的成員。[2]外化、客觀化是人類踏進某特定社會的基本訓練，包括家庭、文化、傳統及社會規範對他的影響；內化則是指一個人接受及認同上述外在客觀價值的主觀意願和選擇。所以，人表現他與社會的關係，或者認同何種團體，都在經過情感階段後（如基於家庭因素而接受長輩的教養），再表現出個人理性的選擇（離開初級團體的家族後，基於各種不同的需要和喜好而決定不同的集體認同），即便最後決定背叛初級團體（即 Berger & Luckmann 所說的「社會化不成功」），也是個人「自我」的表現，他以自我的角色與社會的其他人進行溝通，一定程度擺脫了傳統的控制。當這些人集合成一種團體時，自然形成一種「反對性的實體」。[3]這就是秘密社會的特質。

　　任何社會實體都是個人與社會關係的集合體，人與人交往才能建立關係，關係再形成社會，所以社會是關係的總合，這

1　Simmel 在他的＜感覺社會學＞一文中提到：我們之所以可以進行人際互動，是因為人們相互之間引發了感官效應……每一種感官都具有自身的特性，它們合力構建個體的社會存在……所有的感官印象或許都具有類似的特質，它們既作為主體的情緒與情感，將我們帶入主體世界，又作為關於客觀的知識把我們引向客體。可見，Simmel 並不認為，社會中的個體可以被某種預設的、先天存在的集體力量支配。見 G.Simmel，費勇等譯：《時尚社會學》(北京：文化藝術出版社，2001)，頁 3。

2　Peter L. Berger & Thomas Luckmann，鄒理民譯：《社會實體的建構》(台北：巨流圖書，1997)，頁 147。

3　Peter L. Berger & Thomas Luckmann,：《社會實體的建構》，頁 179。

是 Simmel 認為「形成社會」的理論基礎。從這個面向看，社會關係是流動的，情感隨時因客體的流轉而改變，即便 Durkheim以幾近吶喊的方式強調集體情感及集體道德的存在，還是必須承認，集體價值會因為社會關係的改變而發生轉移，甚至產生對立。我們看到秘密社會透過信仰、情感建立他們的社會，用虛擬血緣和挪用傳統文化做為他們建構組織的倫理，成員得以實踐他們對組織的承諾，但也因此與文化的母體發生決裂。於是，有一個值得辯論的問題在這裡產生：既然移植傳統母社會的結社文化，秘密社會的文化應該受集體意識的影響，還是由個人人格影響秘密社會而形成的新文化？這顯然是 Durkheim 與Simmel 的辯論。

若不設定偏好或立場，我們會發現，兩者都存在於秘密社會的組織文化中。一方面，有傳統結社文化才有了結社的參考架構，依據架構建立自己的團體與次文化。另一方面，加入秘密社會的人對於自己加入社團是相對自由、理性的，在相當程度上，他們對社團的決策有表達意見的自主性。按 Durkheim 的說法，越是古老純粹的社會，集體意識越強烈，個人越受其支配。他說，集體意識是信仰與情感的總合，[4]所以他把「集體」與「社會」對等起來。但反過來說，假設不存在一種可以讓人們結社的信仰及情感基礎，人們是否就不能聚集在一起，團體就不具黏合性？事實上，社會或任何社團存在的另一個條件是「約束」，它是社會諸多功能之一，衍生於集體的概念，但它具

---

4 Emile Durkheim, :《社會分工》，頁 36。

有決定性。尤其當信仰和情感都不能再對社會或團體成員產生行為的指導時，約束可以發揮相關的功能，以確保團體繼續運作，這個功能在白蓮教或天地會的操作痕跡顯而易見。

團體的約束功能在 Durkheim 和 Simmel 的理論中有不同的解釋，Durkheim 的集體主義把約束視為集體意識的體現，Simmel 卻認為是由人與人之間互動產生的統一體，是個人意志的總合。個人意志的總合與集體意識的差別在於可以隨著互動而改變約束的形式及內容，而集體意識的改變必須和社會結構變遷同步。「個人的心靈永遠不會處於一種結合之內而又不同時處於結合之外；它不可能被置於一種秩序之內，又不發現自己與之相對立」。[5]明白來說，一個人的心智與社會形成看似對立統一的辯證關係，實際上卻不以矛盾衝突，而是互動及調整的方式達成社會構成的任務；它變動不居，卻又向著一個可能的統一形式統合。所以，任何大小社會都存在衝突與統一的過程，社會不會僅僅靠著某種社會行動的內容就決定它的單一形式。因此，從大範圍來講，即便清代社會是個典型的機械連帶社會，也不存在不可改變的集體意志；從小範圍來看，白蓮教及天地會這類的特殊社會，也沒有一成不變的信仰和情感。

因此，若因秘密社會某些獨立的特徵而限定它只能在機械連帶的意義內被理解，我們將看不到有別於過去所詮釋秘密社會，以及他們發動集體行動的不同原因。在 Durkheim 的脈絡下，所有關於傳統社會的社會行為都可以被集體主義解釋，直到進

---

5 Georg Simmel, :《社會學-關於社會化形式的研究》，頁 25。

入分工的社會，集體意識才逐漸被個體意識取代。Simmel 的不同就在於他認為，社會所以可能，是個人與社會相互決定而形成意義，隱含了多層次的個體性和多樣性，最後才被某種「最高原則」所統合。因此，仔細忖度 Durkheim 與 Simmel 在本書中的交鋒，以及兩者各自為本書的立論做了什麼有利的背書，可以這麼說：Durkheim 的社會乃由集體的、非個體的、非心理學層次的無機社會向強調個體的、分殊的、情感依賴的有機社會演化；Simmel 則從個體的、獨立的、強調互動與情感交流的個體社會，透過交流逐漸形成一個具價值融合、信仰統一的社會。我們發現，這兩個相互盤旋交錯的理論在拙作的分析主體的歷史描述中產生交會點，這個交會點恰恰正是本書論證秘密社會所以可能的基準。因此，檢視五個向量對清代秘密社會結社及發動集體行動的影響，可以看到其間的複雜性，包括屬於文化的傳統習性所建立的機械連帶，以及強調個人利益的有機連帶；換言之，他們的集體行動可以來自利己主義，以個人為出發點，也受到集體主義的制約。

　　本書的核心乃問：秘密社會的結社本質如何反映清代底層社會的文化習性與日常生活，並且與他們的集體政治暴力行為（叛亂）形成因果性？而非只問：他們為什麼要叛亂？這兩個問題層次不同，回應的方式也有差異。如果我們的目的只在分析秘密社會叛亂的原因，可以從客觀的環境因素中入手，民變一般都與生存問題有直接而密切的相關，這是常見的分析邏輯，而且相當倚重可見的史料。但這不意味著社會學的分析不必忠於史實，社會學基於特有的理論視角和對事件的敏銳度，

史實同樣不可或缺。

　　就叛亂這個面向看，本書說明一件事，那就是，清代秘密社會所以走向叛亂，乃集各種因素而發生，這些因素交雜了許多複雜的背景。換言之，古典中國社會民間組織走向叛亂一途，有其相對應的主客條件。而就本書的歸納發現，古典中國社會存在某些潛在秩序支配著民間秘密社會發展集體暴力行動，這些潛在的秩序與他們的日常生活息息相關。經驗上認為，中國傳統社會受到一股深層的文化結構支配日常生活，包括人際關係、信仰生活、倫理道德和某些文化的集體價值。但，這些由儒教文化中分泌出來的深層氛圍一直被放在理解傳統中國社會的絕對高度，因此常有的見解以為，古典中國社會的民間叛亂，與文化習性無關，天災人禍也就成了最直接、最理所當然的詮釋向度。本書卻發現，文化面和傳統生活習性與民間結社發展集體暴力有直接的因果性，這個發現說明過往的分析存在著某種盲點。

　　作者竭盡可能，從各方面尋找秘密社會與傳統中國社會民間日常生活及文化習性的連結，包括對宗族制度的模仿，利用中國社會重視人倫的特性，以及民間信仰在中國傳統社會的盛行等等，這些文化特性被秘密社會用來穩定結社本身結構的各個重要關節。但我們也發現，秘密社會透過傳統文化習性獲得成長的養份，反過頭來破壞由文化傳統所架構成形的母社會。此現象似乎在說明著，即便像古典中國以農業為主要生產模式的社會，並非人人都忠於安定的生活和既有的社會秩序。更直白地說，中國社會存在著不同的價值系統相互爭奪著對社會的

支配權,秘密社會則是這些力量的綜合體。在清代中國社會中,由秘密社會所反射出來的是一種反上層結構的文化,雖不能說它是中國傳統習性或儒家文化以外的另一個支脈,卻是對傳統價值某種程度的反叛。

誠然,我們對秘密社會的概念應該有所修正,尤其針對秘密社會與叛亂之間的連結,不能循傳統原則框架一個變動不居、充滿不確定的社會團體。秘密社會雖為傳統中國社會眾多民間結社中的一種,他們大部份的社會行為已然跳脫一般的模式,與制度性的宗族、信仰團體或血緣團體,甚至一般性互助結社等,都有很大的差異,文化上呈現幾近反噬式的實踐形式,這是秘密社會特有的本質。大部份的民間結社不主張與社會對抗,秘密社會卻視它為生存的必要手段。他們不斷地嘗試踰越統治者的法令極限,從中獲得生存的保障。從「反抗」到「叛亂」的過程,對秘密社會來說,只是形式上從反社會走向反政府,大部份的反抗並不具有政治企圖,只是一種機會主義實踐的延伸。因此,本書從底層生活及民間文化的實踐面進行考查,把他們放在同一個理解民間生存心態的平台上觀看,對理解秘密社會如何發展集體暴力行為與庶民文化行為的相關性具有關鍵的解釋力,這項發現是本書的重要發現。

相同的軸線下,本書另有一個重要發現,即透過揭示清代秘密社會的底層生活,把神秘的秘密社會從文化領域拉回到現實面。清代官方文獻以「邪教」和「會匪」稱呼秘密社會,藉以和一般可統御的、可監視的「正常」社會區隔。這種政策性命名左右了當時大部份人對這類群體本質的認識,文化上把他

們貼上負面的標籤。後人也大部份採用同樣的態度理解這個群體的人，神秘的、暴力的、非我族類的歷史意象成了他們難以擺脫的文化標誌。在這種命名下，民間秘密結社成了正常社會的化外之名，藉用 Darnton 的話說，他們是啟蒙運動的漏網之魚。[6]

　　的確，以白蓮教為例，清代官方文獻或民間著作中，白蓮教被統治階級設想為由巫術和邪說所支配的宗教團體，他們用「離經叛道」對秘密教派下註解，他們的庶民常態因此遭到扭曲，社會行跡無法受到平實記錄，日常生活的描述付之闕如。統治者直接從權力與利益的立足點思考，輕率地把各種非制度性信仰都想像為潛在的敵人，雙方因此始終處於對立狀態。政治統治者用權力直接取締他們想像中的白蓮教，儒生則用如椽之筆發揮他們的論述權，「諱名白蓮，實習白蓮」就成了統治階級治理民間信仰的慣用口實。這種由統治階級帶動的強大論述權指導一般人如何理解白蓮教，影響後世詮釋白蓮教集體行動的方向。

　　我們的確習慣將秘密結社視為清代社會中的「例外」團體，當然，像天地會從他們的結會目的就反映了他們做為社會例外的特質，他拒絕服從「正常社會」的規範，互動場域甚至較白蓮教更為封閉。天地會不避諱暴力，有時候以此為起會目的，所以互動的形態和互動目的都強調自己與社會處於對立狀態。從這個立場看，天地會的確是一群不接受社會統一的例外團體。但若不強調這種例外行為的法律問題，他們的社會意義就像大部份的次級

6　原意是指未經開化的民間故事或粗鄙的行為，見 Robert Darnton，呂健忠譯：《貓大屠殺-法國文化史鉤沉》(台北：聯經出版，2005)，頁 1。

團體，從自處例外中發現自己的獨特性，而產生屬於他們的互動方法和互動系統。就這個理解的脈絡可以看到，作者極力對底層文化習性普遍性的強調，目的在揭去秘密社會的神秘面紗，排除具目的性或意識形態的立場對他們進行命名，讓秘密社會的研究回歸一般範疇、而非例外團體的情況下被研究。

　　本書嘗試擺脫傳統形式主義革命論（即無限放大外在因素的革命論述）的糾纏，代之以社會關係及日常文化等微觀內容去感應清代秘密結社日常實踐所散發出來的集體能動性，從微觀的社會學分析，以圖逼近秘密社會的歷史真實。這種微觀的社會學分析重點強調分析角度的獨特性，對於解釋清代白蓮教和天地會為什麼走向叛亂之途，呈現不同的歷史風景。不過，這樣的歷史風景儘管綺麗多樣，卻因此必須面對諸如「碎片化歷史」的批評。作者把秘密社會走向叛亂一途的原因歸向由民間傳統文化和日常生活的實踐的綜合性因素，但不是以單一因素去統攝所有相關的歷史因素，而是把這些不同的範疇相互扣緊在彼此的因果中，形成一個更寬廣的解釋面，避開落入 Dosse 碎片化的批評：個體化和局部化。[7]事實上，回應這樣的批評不應該只是社會學的任務，本書期待能在相對主觀的態度上間接回答一些歷史學的提問，例如，清代秘密社會如何演出自己的歷史。依 Hobsbawm 的說法，傳統社會的民間抗爭、反叛及革命，因為內在本質不同，所以不能一概而論，尤其不能隨意與現代革命混為一談。Hobsbawm 對於「現代型」平民革命的認定

---

7 Fransois Dosse,，馬勝利譯：《碎片化的歷史學-從「年鑑」到「新史學」》(北京：北京大學出版社，2008)，頁 154。

相當嚴謹，包括組織的基本原則、戰略和戰術，以至於革命後的「權力轉移」都以嚴格的標準觀看，這些學術趣味反而與社會學相近。

在 Hobsbawm 的學術關懷下，他「自下而上的歷史」保持以底層群眾能動性做為歷史分析的核心，看得到底層的生活與革命之間的因果。同樣談革命，在 Tocqueville、Moore 和 Skocpol 等人的研究中，底層群眾反而在「舊制度」的宏大敘事中消聲匿跡。然而，即便 Hobsbawm 有心掌握古典社會底層群眾反抗的「古樸形式」（archaic forms），卻始終揮不去馬克思史觀的糾纏，阻礙了傳統反抗和現代革命連結的更多可能性，例如革命團體面對社會變遷時的自我調適。[8]本書分析中國古典社會的反抗形式，從底層社會的文化結構與日常習性入手，既可擺脫宏大敘事的見林不見樹，也避開了因立場預設而被扯大距離的經驗與理論，尤其在社會變遷這個重要的變數上能提供合理的背景陳述和推論。就這個面向而言，本書在草根史（grassroots history）以及底層研究上有創新的貢獻。草根史所以能夠在傳統史學中出現，往往是因為平民已經成為能夠影響決策與事件的要素。[9]新史學倡導「全面歷史」（total history），草根史在這股潮流中受到鼓舞。在傳統中國史學獨尊政治史，又長期支配歷史研究領域的情形下，中國草根史的發展受到一定程度的抑

---

8 Hobsbawm 雖然有條件承認古樸形式的革命向現代革命過渡的可能性，卻要求必須接受一套屬於「現代」的革命新思維的帶領，例如民族主義、社會主義、共產主義等。預設現代革命思想為現代革命行動的大前題，容易落入與革命的宏大敘事一樣，見林不見樹。

9 Eric Hobsbawm，黃煜文譯：《論歷史》(台北：麥田出版，2005)，頁 340。

制，平民生活的歷史記錄因之闕如。即便有，也是依附於政治之下，被當作邊材，隨意裁切。資料的有限性是草根史最大的限制，草根史學家為迴避這個難題，多數放棄實證主義取向，他們「必須先想好要找什麼，然後再確認他找到的符不符合它的假設，如果不合，再做新的模型。」[10]因此，草根史研究者通常需要具備一定的想像力，而想像力一向被社會學視為第一要務。本書採用的文獻多來自官方資料，許多方面也受到同樣限制。惟，透過社會學的想像力，把對秘密社會的研究安置在微觀的層次進行研究，偶而嘗試向宏觀的政治層次滲透，在一定程度上滿足社會學的底層研究視角，也豐富了清代草根史，符合了歷史社會學的基本學術要求。

---

10 Eric Hobsbawm,：《論歷史》，頁 350。

參考書目

古籍文獻

《川湖陝白蓮教起義資料輯錄》，1980，成都：四川人民出版社。

《中國地方志集成-台灣府縣志輯》，上海書店等。

《天地會》（1-7），1983-1987，中國人民大學清史研究所暨中國第一歷史檔案館合編。北京：中國人民大學出版社。

《台灣林爽文起義資料選編》，1984。福州：福建人民出版社。

《軍機處 林案供詞檔 1、2》，2014，收於齊汝萱：《清代秘密會黨人物研究》附件一。台北：文史哲出版社。

《軍機處檔摺件》。台北：國立故宮博物院。

《宮中檔奏摺-乾隆朝》。台北：國立故宮博物院。

《皇清奏議》，卷二，1967。台北：文海出版社。

《清中期五省白蓮教起義資料》第 1-5 冊，1981，中國社會科學院歷史研究所清史室編。南京：江蘇人民出版社。

《清代邪教》（下），中國公安部一局編。

《清代檔案史料叢編》第三、九輯，1979，故宮博物院明清檔案部編。北京：中華書局。

《清高宗實錄》，電子書。

《葛瑪蘭誌》，電子書。

《廣西會黨資料匯編》，1989。南寧：廣西人民出版社。

蕭一山編，1970，《近代秘密社會史料》。台北：文海出版社。

羅爾網編著，1943，《天地會文獻錄》。南京：正中書局。

中文書目

于陽，2009，《江湖中國：一個非正式制度在中國的起因》。北京：當代中國出版社。

王學泰，2007，《游民文化與中國社會》上、下。北京：同心出版社。

王純五，1993，《洪門、青幫、袍哥-中國舊時民間黑社會習俗》。成都：四川人民出版社。

王爾敏，1983，<灤州石佛口王氏族系及其白蓮教信仰傳承>，《近代史研究集刊》第十二期。台北：中研院近代史研究所，頁13-40。

王見川、皮慶生，2010，《中國近世民間信仰：宋元明清》。上海：上海人民出版社。

王一樵，2011，<清朝乾嘉時期庶民社會的邪教恐懼與秩序：以檔案中的民間秘密宗教案為中心>，《政大史粹》，第二十期。台北：政大歷史系，頁95-104。

王日根，1996，《鄉土之鏈-明清會館與社會變遷》。天津：天津

人民出版社。

王日根，2003，《明清民間社會秩序》。長沙：岳麓書社。

王先明，2009，《變動時代的鄉紳-鄉紳與鄉村社會結構變遷（1901-1945）》。北京：人民出版社。

史式，2011，《革命這回事-太平天國不太平》。台北：風格司。

平山周，2011，《中國秘密社會史》。北京：商務印書館。

田金昌，2006，＜清初民變與治台政策關係-以林爽文事件為例＞，《史匯》第一期。桃園：中央大學，頁 180-200。

朱琳，2010，《洪門志》。南昌：江西教育出版社。

李亦園，2004，《宗教與神話論集》。台北：立緒文化。

李向平，2006，《信仰、革命與權力秩序-中國宗教社會學研究》。上海：上海人民出版社。

李志茗，2007，《湘軍-成就書生勳業的「民兵」》。上海：上海古籍出版社。

李世瑜，2007，《寶卷論集》。台北：蘭臺出版社。

李培德編，2009，《商會與近代中國政治變遷》。香港：香港大學出版社。

李子峰，2010，《海底》。南昌：江西教育出版社。

李恭忠，2012，＜「江湖」：底層群體的生存體驗和社會構圖-以姚大羔《會簿》為中心的考察＞，《第二屆中國秘密社會史國際學術研討會論文集：會黨、教派與民間信仰》。北京：知識產權出版社。

沈大明，2007，《大清律例與清代社會控制》。上海：上海人民出版社。

宋兆麟，1989，《巫與巫術》。成都：四川民族出版社。

林豪，1957，《東瀛紀事》。台北：台灣銀行。

林偉盛，1993，《羅漢腳-清代台灣社會與分類械鬥》。台北：自立晚報。

林良如，2003，＜林爽文事件之起因與其亂事擴大的因素＞，《台灣人文》第八號。台北：台灣師大，頁117-152。

巫仁恕，2011，《激變良民—傳統中國城市群眾集體行動之分析》。北京：北大出版社。

李健民，1993，＜清嘉慶元年川楚白蓮教起事原因的探討＞，《中央研究院近代史研究所集刊》第22期（上）。台北：中央研究院近代史研究所。頁357-396。

李世眾，2006，《晚清士紳與地方政治-以溫州為中心的考察》。上海：上海人民出版社。

李樹喜，2007，《江湖-中國近代幫會》。北京：中國中央編譯出版社。

易江波，2010，《近代中國城市江湖社會糾紛解決模式》。北京：中國政法大學出版社。

邱麗娟，2011，《清乾嘉道時期民間秘密宗教醫療傳教活動之研究》。台北：新文豐出版社。

吳德源，2003，＜論國際關係社會建構論與組織社會學新制度論之關連性＞，《台灣政治學刊》第七卷第一期，台北：政治大學政治系。頁3-37。

吳雪梅，2009，《清代一個土家族鄉村社會秩序的重構》。北京：中國社會科學出版社。

何明修，2004，＜集體行動中的情緒、儀式與宗教：一個涂爾幹社會學的分析＞，《社會理論學報》第七卷第一期。頁41-87。

何明修，2004，＜文化、構框與社會運動＞，《臺灣社會學刊》第 33 期，台北：台灣社會學會。頁 157-199。

高樂才，2010，《近代中國東北移民研究》。北京：商務印書館。

周建超，2002，《秘密社會與中國民主革命》。福州：福建人民出版社。

周雪光，2003，《組織社會學十講》，北京：社會科學文獻出版社。

周育民，2011，《史海試勺-晚清史管窺》，上海：上海人民出版社。

周蓓，2013，《清代基層社會聚眾案件研究》。鄭州：大象出版社。

孟憲實，2009，《敦煌民間結社研究》。北京：北大出版社。

孟超，2009，《明清秘密教門滋蔓研究》。福州：福建人民出版社。

邵雍，2010，《秘密社會與中國革命》。北京：商務印書館。

邵雍，2011，《近代會黨與民間信仰研究》。台北：秀威資訊。

邵雍，2012，《中國近代土匪史》。合肥：合肥工業大學出版社。

邵雍，2013，《近代江南秘密社會》。上海：上海人民出版社。

徐安琨，1989，《哥老會的起源及其發展》。台北：臺灣省立博物館出版部。

陸寶千，1975，《論晚清兩廣的天地會政權》。台北：中研院近

代史研究所。

秦寶琦，2004，《洪門真史》。福州：福建人民出版社。

秦寶琦，2005，《中國地下社會》。北京：學苑出版社。

秦寶琦，2007，＜「香花僧秘典」、「萬五道宗」、「西魯故事」與天地會起源＞，《清史研究》，2007 年第三期。頁 64-72。

路遙編，2011，《民間信仰與社會生活》。上海：上海人民出版社。

馬西沙，2008，＜歷史上的彌勒教與摩尼教的融合＞，收於《民間宗教卷》。北京：民族出版社。

馬西沙、韓秉方，1992，《中國民間宗教史》。上海：上海人民出版社

馬西沙，2013，《清代八卦教》。北京：中國社科出版社。

常建華，2006，《清代的國家與社會研究》。北京：人民出版社。

莊德仁，2013，＜有情有義：清代民間秘密宗教情感史初探＞，《東吳歷史學報》，第三十期。台北：東吳歷史系，頁 41-76。

莊吉發，1981，《清代天地會源流考》。台北：國立故宮博物院。

莊吉發，1994，《清代秘密會黨史研究》。台北：文史哲出版社。

莊吉發，2002，《真空家鄉-清代民間秘密宗教史研究》。台北：文史哲出版社。

郭緒印，2013，＜評東南社會變遷與上海小刀會起義＞，收於周育民編：《中國秘密社會史論》。北京：商務印書館。

陳慧兒，1953，＜林爽文事件中的義民＞，《文獻專刊》四卷三期。台北：國立故宮專博物院，頁 27-63。

陳華，1979，《捻亂之研究》。台北：台大出版委員會。

陳玉女，2011，＜晚明羅教和佛教勢力的相依與對峙-以《五部六冊》和《嘉興藏》刊刻為例＞，《成大歷史學報》第四十號，頁 93-128。

陳樺編，2008，《多元視野下的清代社會》。合肥：黃山書社。

陳啟鐘，2009，《明清閩南宗族意識的建構與強化》。廈門：廈門大學出版社。

陳姿郁，2014，＜新制度論的困境與挑戰＞，《政治學報》第五十八期，台北：中國政治學會。頁 1-36。

馮佐哲、李富華，1994，《中國民間宗教史》。台北：文津出版社。

馮爾康，2002，《中國古代宗族與祠堂》。台北：臺灣商務印書館。

馮爾康，2005，《生活在清朝的人們》。北京：中華書局。

陶希聖，1972，《中國社會之史的分析》，台北：食貨出版社。

喻松青，2008，＜《彌勒出西寶卷》研究＞，收於馬西沙編：《當代中國宗教研究精選叢書—民間宗教卷》。北京：民族出版社。

楊國安，2012，《國家權力與民間秩序：多元視野下的明清兩湖鄉村社會史研究》。武漢：武漢大學出版社。

黃重寬編，2009，《中國史新論-基層社會分冊》。台北：聯經出版社。

郭松義，2012，《清代社會環境和人口行為》。天津：天津古籍出版社。

溫雄飛，1929，《南洋華僑通史》。上海：東方印書館。

趙清，1990，《袍哥與土匪》。天津：天津人民出版社。

趙鼎新，2007，《社會運動與革命》。台北：巨流文化。

經君健，2009，《清代社會的賤民等級》。北京：中國人民大學出版社。

葉濤、周少明，2010，《民間信仰與區域社會》。桂林：廣西師大出版社。

劉如仲，1980，《台灣林爽文起義》。福州：福建人民出版社。

劉妮玲，1989，《台灣的社會動亂-林爽文事件》。台北：久大文化。

劉錚雲，1993，＜哥老會的人際網絡-光緒十七年李洪案個案研究＞，《中央研究院歷史語言研究所期刊》，62-1。台北：中研院語言歷史研究所，頁39-64。

劉聯珂，2005，《中國幫會史》。北京：團結出版社。

劉平，2000，＜林爽文起義原因新論＞，《清史研究》2000年第二期。北京：中國人民大學，頁92-99。

劉平，2002，《文化與叛亂》。北京：商務印書館。

劉平，2010，《中國秘密宗教史研究》。北京：北京大學出版社。

鄭志成，2014，＜藝術作品的社會性如何可能：——一個 Georg Simmel 觀點的審視＞，《社會分析》第九期。台北：東吳社會系，頁1-44。

雷家宏，1998，《中國古代鄉里生活》。台北：臺灣商務印書館。

雷東文，2004，《近代廣東會黨》，廣州：暨南大學出版社。

歐陽恩良、潮龍起，2003，《中國秘密社會第四卷：清代會黨》。福州：福建人民出版社。

錢杭，2009，《中國宗族史研究》。上海：復旦大學出版社。

蔡少卿，2009，《中國近代會黨史研究》。北京：中國人民大學
　　出版社。

戴玄之，1992，《中國秘密宗教與秘密會社》（上下冊）。台北：
　　台灣商務印書館。

戴玄之，2010，《義和團研究》。北京：北京大學出版社。

鄭振滿，2009，《明清福建家族組織與社會變遷》。北京：中國
　　人民大學出版社。

赫治清，1996，《天地會起源研究》。北京：社會科學文獻出版
　　社。

赫治清，1999，《幽暗的力量：古代秘密結社》。台北：萬卷樓
　　圖書。

鶴闌珊，2010，《天朝的狂歡-義和團運動興衰史》。桂林：廣西
　　師大出版社。

外文暨翻譯書目

山田賢，2011，《移民的秩序-清代四川地域社會史研究》，曲建
　　文譯。北京：中央編譯出版社。

酒井忠夫，2011，＜善書的流傳以及新儒教、新道教和民間信
　　仰＞，青格力譯，收於路遙編：《民間信仰與社會生活》。
　　上海：上海人民出版社。

海野弘，2007，《秘密結社的世界史》，黃靜儀譯。台北：麥田出版。

Alan Richard Sweeten, 2013，《中國鄉村的基督教：1860-1900 年江西省的衝突和適應》，吳薇譯。南京：江蘇人民出版社。

Anthony Giddens, 2002，《社會的構成》，李康、李猛譯。台北：左岸文化。

Alex Callinicos, 2007，《創造歷史-社會理論中的行動、結構與變遷》，萬毓澤譯，台北：群學出版公司。

Georges Bataille, 2003，《色情、耗費與普遍經濟—喬治・巴塔耶文選》，汪安民編。長春：吉林人民出版社。

Charles Tilly, 1978, *From Mobilization to Revolution*, New York: Random House.

Charles Tilly, 2011，《集體暴力的政治》，謝岳譯，上海：世紀出版社。

C. Wright Mills, 1996，《社會學的想像》，張君玫、劉鈐佑譯。台北：巨流圖書。

Clifford Geertz, 1973, *Interpretation of Culture.* New York: Basic Books.

David Ownby, 2009，《兄弟結拜與秘密會黨—一種傳統的形式》，劉平譯。北京：商務印書館。

Dian Murray, 2013，＜天地會與「千年王國」的含義＞，馬國璽譯，收於周育民編：《中國秘密社會史論》。北京：商務印書館。39-66。

Edward Palmer Thompson, 1963, *The Making of the English*

Working Class. N. Y.: Pantheon Books.

Eric R. Wolf, 2006,《歐洲與沒有歷史的人民》,趙丙祥、劉傳珠、楊玉靜等譯。上海:世紀出版社。

Eric Hobsbawm, 1999,《原始的叛亂-十九至二十世紀社會運動的古樸形式》,楊德睿譯。台北:麥田出版。

Eric Hobsbawn, 2004,《盜匪》,鄭明萱譯。台北:麥田。

Eric Hobsbawn, 2005,《論歷史》,黃煜文譯。台北:麥田。

Emile Durkheim, 1995,《社會學方法的準則》,狄玉明譯。北京:商務印書館。

Emile Durkheim, 2002,《社會分工論》,渠東譯。台北:左岸文化。

Emile Durkheim,2006,《宗教生活的基本形式》,渠東、汲喆譯。上海:上海人民出版社。

Emile Durkheim, 2006,《職業倫理與公民道德》,渠東、付德根譯。上海:人民出版社。

Erving Goffman, 2010,《污名—管理受損身份的筆記》,曾凡慈譯。台北:群學出版社。

Frank Fured, 2004,《恐懼》,方軍等譯。南京:江蘇人民出版社。

Frederic Wakeman, Jr., 2011,《大清帝國的衰亡》,廖彥博譯。台北:時報文化。

Geog Simmel, 2001,《時尚的哲學》,費勇等譯。北京:文化藝術出版社。

Georg Simmel, 2002,《社會是如何可能的-齊美爾社會學文選》,林榮遠譯。桂林:廣西師大出版社。

Georg Simmel, 2012，《社會學—關於社會形式的研究》，林榮遠譯。北京：華夏出版社。

Gerard Noiriel, 2009，《社會歷史學導論》，王鯤譯。上海：上海人民出版社。

Gustave Le Bon, 2012，《革命心理學》，佟德志、劉訓練譯。廣州：廣東人民出版社。

Gustave Schlegel, 1991，《天地會研究》，薛澄清譯。上海：文藝出版社。

Herbert Blumer, 1946, "Elementary Collective Behavior". Pp. 170-177 in *New Outline of the Principles of Sociology,* edited by Alfred McClung Lee. New York: Barnes ＆ Noble, Inc.

James C. Scott, 1985, *Weapons of the Weak-Everyday Forms of Peasants Resistance.* N.H.: Yale Press. 1985.

Jonathan H. Tuner & Jan E. State, 2007，《情感社會學》，孫俊才等譯。上海：上海人民出版社。

Jorn Rusen, 2005，《歷史思考的新途徑》，綦甲福、來炯譯。上海：上海人民出版社。

Lewis Coser, 1990，《古典社會學理論》，黃瑞祺、張維安譯。台北：桂冠圖書。

Le Monde Chinois, 2010，《中國社會史》，黃建華、黃迅余譯。南京：江蘇人民出版社。

Marc Block, 2007，《封建社會》上卷，張緒山譯。北京：商務印書館。

Mark Granovetter, 2007，《鑲嵌-社會網與經濟行動》。北京：社

會科學文獻出版社。

Max Weber, 2006,《經濟與社會》上卷,林榮遠譯。北京:商務
　　印書局。

Michael Mann, 2007,《社會權力的來源》,劉北城、李少君譯。
　　上海:世紀出版集團。

Michel Foucault, 1991, *Discipline and Punish-The Birth of the
　　Prison*. N. Y.: Penguin Books.

Natalie Zemon Davis,《檔案中的虛構-十六世紀法國司法檔案中
　　的赦罪故事及故事的敘述者》,楊逸鴻譯。台北:麥田出版。

Paul Ricoeur, 2003,《虛構敘事中時間的塑形:時間與敘事》第
　　二卷,王文融譯。北京:三聯書店。

Peter Blau, 1991,《社會生活中的交換與權力》。台北:桂冠文化。

Peter Burke, 2005,《歐洲近代早期的大眾文化》,楊豫、王海良
　　譯。上海:人民出版社

Peter L. Berger, 1991,《神聖的帷幕-宗教社會學理論之要素》,
　　高師寧譯。上海:上海人民出版社。

Peter L. Berger & Thomas Luckmann, 1997,《知識社會學-社會實
　　體的建構》,鄒理民譯。台北:巨流文化。

Philip A. Kuhn, 1999,《叫魂-1768 年中國妖術大恐慌》,陳兼、
　　劉昶譯。上海:三聯書局。

Philip A. Kuhn, 2004,《中華帝國晚期的叛亂及其敵人-1796-1864
　　年的軍事與社會結構》,謝亮生、楊品泉、謝思婷等譯。台
　　北:時英。

Prasenjit Duara, 2003,《文化、權力與國家:1900-1942 的華北農

村》，王福明譯。南京：江蘇人民出版社。

Randall Collins, 2009，《互動儀式鏈》，林聚任、王鵬、宋麗君等譯。北京：商務印書館。

Serge Moscovici, 2006，《群氓的時代》，許列民、薛丹云、李繼紅譯。南京：江蘇人民出版社。

Stephan Feuchtwang, 2009，《帝國的隱喻-中國民間宗教》，趙旭東譯。南京：江蘇人民出版社。

Susan Mann, 2005，《蘭閨寶錄-晚明至盛清的中國婦女》，楊雅婷譯。台北：左岸文化。

Susan Naquin, 2008，《山東叛亂：1774 年王倫起義》，劉平、唐雁超譯。南京：江蘇人民出版社。

Susan Naquin, 2012，《千年末世之亂：1813 年八卦教起義》，陳仲丹譯。南京：江蘇人民出社。

Sydney Tarrow 等，2011，《社會運動論》，張等文、孔兆政譯。長春：吉林人民出版社。

Theda Skocpol 編，2007，《歷史社會學的視野與方法》，封積文等譯。上海：上海人民出版社。

Thomas H. Reilly, 2011，《上帝與皇帝之爭-太平天國的宗教與政治》。上海：上海人民出版社。

Victor Turner, 1969, *The Ritual Process: Structure and Anti-Structure*, New York: Aldine Publishing Company.